印象·中国历史

魏晋南北朝卷

在分分合合中前行

严耀中/著

人民教育出版社
·北京·

图书在版编目（CIP）数据

印象·中国历史．魏晋南北朝卷：在分分合合中前行 / 严耀中著．—北京：人民教育出版社，2021.3

ISBN 978-7-107-35717-6

Ⅰ.①印…　Ⅱ.①严…　Ⅲ.①中国历史—研究—魏晋南北朝时代
Ⅳ.① K207

中国版本图书馆 CIP 数据核字（2021）第 057310 号

印象·中国历史［魏晋南北朝卷］　在分分合合中前行

著　　者 / 严耀中

责任编辑 / 李　倩

装帧设计 / 李宏庆

出版发行　人民教育出版社

（北京市海淀区中关村南大街 17 号院 1 号楼　邮编：100081）

网　　址　http://www.pep.com.cn

经　　销　全国新华书店

印　　刷　北京恒艺博缘印务有限公司

版　　次　2021 年 3 月第 1 版

印　　次　2021 年 6 月第 1 次印刷

开　　本　787 毫米 × 1092 毫米　1/16

印　　张　18

字　　数　218 千字

定　　价　65.00 元

目 录

第一章

合久为何易分

在时间上前后相继的历史包含着大量的因果关系。犹如舞台或银幕上在新的一幕拉开之前回顾刚刚演过的剧情，对理解即将展现在眼前的内容，是很有好处的。

“天下大势，分久必合，合久必分”。此语虽是小说家言，但它从某种意义上契合了自《易经》时代起就形成的对世事变幻的认识，并常常被用来解释朝代的兴亡与国土之分合。从后人的视角观察魏晋南北朝这段历史时，犹如在看一个旋转着的万花筒，其中的画面在连续地分解组合，诸如社会结构、政治制度、民族关系、思想意识等，并在分合变化中呈现新貌，令人目不暇接。而这些变化，却是从东汉末年开始的。

在中国的历史上，汉朝曾是一个强大繁荣并延续数百年的王朝，从刘邦建立西汉到东汉献帝时被灭亡，前后历时四百多年，中间虽夹有十余年的王莽新朝，但刘家的朝廷在历史上足以称得上“合久”了。

按照历史唯物主义的观点，并从维护政权的长远利益着眼，就必须不断对现行体制进行改革调整，即与时俱进，方有可能延长政权之寿命。但历史上贪恋权力所带来的各种眼前好处并身处要津者则占着大多数，有先见之明而力图革故鼎新，并对眼前政治、军事形势可以掌控的人寥寥无几。后者一般就是当时的风云人物，并见诸史册。现有的史料主要就是记载那些人的言行所构成的历史。当今史学工作者的任务之一就是从中找出各种因果关系，以有益于智慧的启迪。从这个角度来看，为了更好地知晓三国两晋的历史，先了解一些与其密切相关的汉朝的情况，或许是很有好处的。

一 尊崇儒术带来的利与弊

汉武帝尊崇儒术，虽然与魏晋时期相隔较远，影响却非常之大。要解说两者之间的因果关系，先要弄清楚尊崇儒术对包括魏晋在内的整个中国历史意味着什么。

尊崇儒术，就是赋予儒学国家唯一的官学地位，并把儒家思想当作整合社会、治理国家的主导意识，作为颁行各种政策法令之依据。秦朝建立起一个庞大的行政机构来进行统治，又推行各种法令和制度来管辖民众，让他们缴税服役，以维护行政机构的运行和实现统治者的愿望。但当时的农业生产还在相当程度上依赖石器和木质的耒耜，铁质农具的使用和牛耕尚欠普遍，因此产量不高。秦始皇除了要供养众多的官吏、军队等之外，还要实现很多宏大愿望：造长城，修驰道，巡视全国和封禅等。这些都需要大量的人力物力。于是他沿着商鞅的法家路子，用重律酷刑来逼迫民众贡献出几乎是他们的一切。假如民众办不到，便是触犯刑律，要成为刑徒去做苦工，例如仅参与修造他陵墓的刑徒就有70万人之多。这些苛政峻法使民众生活在水深火热之中，而让民众失去所有活路的唯一结果就是逼着人们反抗。因此，陈胜、吴广率众揭竿而起并引发普遍的响应，三年之内就葬送了秦朝。

汉朝建立后，统治者们认识到若按照秦朝那样用严刑酷法来剥削和压迫人民行不通，于是采用政治一统前提下有着清静无为主张的“黄老之道”，用“休养生息”的政策，尽可能地减少民众的租役负担来恢复秦末战乱后凋敝的社会经济。在数十年之后的汉文帝和景帝时代，实现了社会安定、国库充裕，史称“文景之治”。但汉武帝继承皇位后，面临着两个主要问题。一是汉朝继承了秦的行政制度，但一时无法供养众多的官员让其全面运转，于是就把很大一部分国土分封给皇族子弟和功臣国戚，给他们很大的自治权。不过随着整个社会经济的复苏，这些诸侯国也强大起来，开始不服从朝廷，成了政治不稳定的重要因素。二是北方的游牧民族匈奴也发展强大起来，汉初因为无力承担军事行动之付出，采取和亲退让的方针，但匈奴变本加厉地不断袭扰，对汉朝构成严重的威胁。而要应付和彻底解决这两方面的问题，就不能继续实行道家清静无为的方针，必须大幅度地提高中央朝廷和皇帝本人的威权，使之能够更好地动员和集中人力物力，以强化中央控制力和扩军备战。达到这个目的的一条捷径便是执行法家政策，但秦朝崩溃的前车之鉴使得雄心勃勃的汉武帝不敢重蹈覆辙，于是就选择了儒学来作为实现文治武功的思想基础。

儒家思想属于讲究人际关系的政治哲学。它的核心观念，一是以尊重生命的仁义道德作为达成社会和谐的基本价值观；二是“亲亲”为本及以礼为标识的等级体系，是维护社会秩序的最好方式。在中国古老的观念里，早就有天下一家而国君为“天子”的家国一体的“国家”意识。儒家主张的道德伦理也是以此为出发点，所以有着深厚的社会基础。儒家和法家相比，主要区别在于：作为凝聚社会的纽带，是通过提倡道德教化以自我约束为先，还是通过外在的法律来强制约束为先。贾谊说：“礼者禁于将然之前，而法者禁于已然之后。”[1]即要将犯罪行为消弭于发生之前，就需要靠人们用道德观念来自我规范。用法律来治理社会则要在罪行发生之后，破案审判乃至看押犯人都需要众多人手，供养他们必然要不断加重民众负担，秦朝就是最后结果的样板。儒家认为只要将道德教化深入民间，家训族规足以维持基层

[1]《汉书》卷48《贾谊传》。

社会的太平，能够大大简化行政机构，降低施政成本。儒家在很长一段时间里是以荀子学说为主流。荀子将原本作为一种遵循等级秩序的道德表现的礼发展成为礼制，使其具有可以按照身份等级对人的行为进行强制约束的性质，并将维护道义和天子权威作为制定法律的依据。因此可见，儒家提倡的社会双重约束机制，能够成为统治中国的理论工具的优点十分明显。

在长时期内变化不大的农业社会中，一个政权要得到稳固，必须在思想、道德、政治等方面都占据权威的地位。所谓思想的权威，就是要把统治者应该掌权的理由说得明白通畅，让大家口服心服，使别人无法站出来反对。道德的权威是指统治者能够以身作则，成为楷模。因此道德是一种克己的行为，统治者自身能够把自己得到的一些好处分给大家，惠及庶民，当然也可以得到社会上下的一致拥护。最高统治者可以放弃一些自身的欲望追求，摆出一些大公无私的姿态，老百姓就是再吃一点亏也就无法抱怨了。所以为掌权者树立道德形象，在奉行儒家观念治国的情况下显得尤为重要。政治的权威是在制度化的前提下，通过各级机构以强力为后盾来实施。所谓的“三纲五常”，君为臣纲、父为子纲、夫为妻纲具有不可违背的强制性，而仁、义、礼、智、信等“五常”又闪耀着道德的光彩，二者结合起来，即使有人想反抗也难以得逞。思想、道德、政治结合起来，恰如鼎之三足，完全能够支撑起一个稳定的社会及政权。在儒家的学说里正好包含着何以在此三方面树立起威权的道理，这就是儒术被尊崇的背景，也是此后两千多年，不管是什么朝代，都被统治者所推崇的原因所在。

儒家思想被尊崇，当然给它的传播带来极大的好处。自汉武帝时代起，无论官学还是私学，都是讲授各种儒学的，即使在东汉晚期被称为“党人”的儒家士大夫受到残酷镇压之时，儒学在国学里的地位也不可动摇。如汉灵帝熹平“四年春三月，诏诸儒正《五经》文字，刻石立于太学门外……（五年十二月）试太学生年六十以上百余人，除郎中、太子舍人至王家郎、郡国文学吏……（光和三年）六月，诏公卿举能通（古文）《尚书》《毛诗》《左氏》《谷梁春秋》各一人，悉除议郎”[1]。儒家的道义成了评估人才品德高低的唯一标准，而且很快成为能否入仕做官的标准，无论在荐举制还是在科举制中。

但事物的利弊往往都是并存的。首先，儒家的学说受到的尊崇是独一无二的，那么其他的学说受到歧视和排斥也就成为必然。从学术史的观点上说，春秋战国时期其他诸子的思想由此受到冷落甚至湮灭。当曾经盛开百花的园林景观变成一花独放时，代表着美好的春天已经不在。其次，“独尊”意味着对思想意识的垄断，而垄断不仅不允许在外部对其挑战，而且内部也不准在基本观念上展开争议，所谓“汉儒无无师之学”[2]，就是将学术范围固定化。汉朝所谓今文经学与古文经学之争，大体属于治学方法不同的范畴。如此局面在思想意识领域里容易变成一潭死水，后人所称经学的僵化主要就是指这方面的僵化。思想理论的僵化，说明其开始跟不上事物发展的步伐，也和社会观念的变化脱节，其宣说的教化在一定程度上成了不切实际的空话、大话和套话，对社会政治的影响变得越来越表面化。最后，儒家的道德在于言行一致，当思想学说仅仅是一种学问的显示时，必定和人的实际行为相分离，容易导致言行不一。同时，道德实践的重心由指导个人的修养转移到文句的细化及如何维持社会道德行为的书面准则。尤其成问题的是，儒术的功效转向为个人成名和做官服务时，其道德准则不仅成了摆设，甚至起着负面的作用。如东汉晚期流传的“察孝廉、父别居”成为被民间普遍嘲笑的现象。

---

[1] 《后汉书》卷8《孝灵帝纪》。

[2] 《答问二》，载钱大昕撰，吕友仁校点:《潜研堂集》，上海古籍出版社1989年版，第69页。

这样一来，随着儒术在思想和道德两个方面权威地位被渐渐削弱或掏空，象征着皇权的汉鼎之三足显得粗细强弱不一，于是政权开始有了失衡的危险。最后，儒学的“独尊”，使其不可避免地被神圣化。董仲舒所提出的“天人合一”论虽然使得儒家思想进入了宇宙结构论的领域，为人本哲学提供了新的理论，但由此也越出了“子不语怪、力、乱、神”[1]的传统。他“以儒家宗法伦理观点为体，以阴阳五行说为用”[2]，必然会使儒家学说染上神秘化的色彩。由此，谶纬的流行，在让现有体制神圣化的同时，也为前前后后朝代的更替提供了舆论依据，在后世看来，这犹如一把双刃剑。

[1]《论语·述而》。

[2] 刘起釪:《尚书学史》，中华书局1989年版，第75页。

二 新角色加入权力切割后的党锢之祸

秦自商鞅变法之后，中下级官吏的培养采取“以吏为师”的方式，即新吏跟着旧吏学，下级跟着上级学，来源源不断地充实官吏队伍。“汉承秦制”，但随着朝廷行政力的扩展，需要越来越多的人才补充官僚系统，这使得原有方式难以满足需求，所以汉廷试用其他各种办法。惠帝时就开始实行荐举的方法，文帝时地方上出现了有利于培养人才的学校，景帝时又出现了纳钱做官的方法，先是“赀算十以上乃得官”，后又“减至四算得官”[1]，似乎是一举两得。但通过这种途径出来的官吏的素质是否胜任职务却很难说。汉武帝在尊崇儒术的同时，先在京师建立太学，一律以儒学为官学。此后，随着各级学校的设立和规模的扩大，从就读的学生中挑选官吏成了补充官吏的一种主要方式，因为他们所学的内容用来贯彻以儒家理念治国的方针是很适合的。

东汉开国之初，和其他朝代大同小异，皇亲国戚与功臣贵族构成了统治阶级的主体，但权力和既得利益之分配永远会是统治集团之间产生裂痕的根源。由于东汉皇室有着和功臣贵族联姻的传统，因此被立为皇后者一般都有厚实的家世背景为依托。加之大多数皇帝驾崩时继位的太子或皇子年龄都很小，皇权因而往往受到太后的控制，太后亲族的成员随之占据各种要职，形成了强大的外戚势力。当小皇帝渐渐长大，知道自己地位的至高无上，却没有什么实际的权力，当然很不甘心，一旦有了机会，就要把

[1] 《通典》卷13《选举一》。

权力从外戚手中夺回来。但生长在深宫中的皇帝无法单凭一己之力实现自己掌握实权的愿望，必须要有一批人来作为助手，于是宦官开始登上东汉的政治舞台。所谓宦官，就是担任内宫中各种服务职司的失去生育机能的男子。小皇子们自出生起，这些人就在身边服务或作为伙伴一同游戏玩耍。如东汉“灵帝好胡服、胡帐、胡床、胡坐、胡饭、胡空侯、胡笛、胡舞……灵帝于宫中西园驾四白驴，躬自操辔，驱驰周旋，以为大乐”[1]。如此作乐习惯之养成是需要同伙的，而能相伴的，主要是宦官们。当皇子中的一位做了太子，继而又登上大位，最熟悉的人就是宦官。灵帝甚至常说“张常侍是我公，赵常侍是我母”[2]。在封建体制下，宦官不可能夺权篡位来建立新皇朝，所以皇帝任用他们觉得放心可靠，一般也由此把宦官的权势看作皇权的变相延伸。在史家的眼里，他们系“刑余之丑，理谢全生，声荣无晖于门阀，肌肤莫传于来体，推情未鉴其敝，即事易以取信，加渐染朝事，颇识典物，故少主凭谨旧之庸，女君资出内之命，顾访无猜惮之心，恩狎有可悦之色”[3]。在东汉，长大了的皇帝就任用自己信任的宦官来向外戚夺权，并且在权力得手之后，让他们行使以皇帝名义颁发的各种权力。由于皇权在体制上处于崇高地位，而且太后也是在宫中生活，宦官通常在政治权力上处于有利的地位。这种权力结构上的矛盾斗争，在东汉轮回般地出现，彼此交替把持政权，使东汉政权长期陷入动荡不安之中。

东汉一朝之所以能够维持近二百年，是因为外戚和宦官的斗争虽然激烈而残酷，但基本上还是局限于统治集团上层。而维持整个行政机器运转的众多的中下级官吏，既不是宦官，也没有做

[1] 《后汉书》卷13《五行志一》。

[2] 《后汉书》卷78《张让传》。

[3] 《后汉书》卷78《宦者传》。

外戚的资格，使得高层之间你死我活的斗争并不影响普通官员依照律令和惯例办事。但有三个原因使局势慢慢地起了变化。一是东汉的行政机器已经按照循礼和正名的原则来运行，官吏们接受的是儒家教育，通识文墨与知书识礼合二为一，成为任职官府的充要条件，且不少因学业优良、名声大振而被任用和提拔。儒生们“莫不纡青拖紫，服冕乘轩，或徒步而取公卿，或累旬以膺台鼎”[1]。因此他们几乎在整体上都奉行儒家的伦理道德观，和往昔的官吏群体，至少和汉武帝时代以前的官僚们相比有着很大的差异。二是提倡儒学造就了一大批儒家知识分子。这个群体在西汉形成雏形，到东汉已经变得相对强大而自信。儒家教育的普及使得当时称得上“知识分子”的，不仅思想观念上都是儒家的，而且人数远远超过体制里的职务空缺，如史称质帝本初元年（146年）时“令郡、国举明经诣太学，自大将军以下皆遣子受业；岁满课试，拜官有差。又千石、六百石、四府掾属、三署郎、四姓小侯先能通经者，各令随家法，其高第者上名牒，当以次赏进。自是游学增盛，至三万余生”[2]。他们中的多数集中在京师，身在学校又无须服役，读书之余议论天下大事，臧否人物，以意见相同为朋党，成了官场之外的一个舆论场，即如王夫之所评议：“党锢诸贤，或曰忠以忘身，大节也；或曰激以召祸，畸行也。”[3]而这种言行激化了矛盾，在东汉后期越来越变成一种影响政局的不安定因素。三是在任何政治体制里，事务的处理就意味着权力的运行，是掌握实权的体现。当外戚和宦官为了控制统治权闹得不可开交时，负责行政事务的官员的社会影响和势力得到稳步增长，并萌生出了一批官僚家族。如在东汉

[1]《晋书》卷91《儒林传》。

[2]《资治通鉴》卷53“汉质帝本初元年四月庚辰”条。

[3]《读通鉴论》卷8《桓帝》。

中期之后，就出现了号称“四世三公”的袁氏家族和杨氏家族。他们都是以儒学起家，如杨震：“少好学，受《欧阳尚书》于太常桓郁，明经博览，无不穷究。诸儒为之语曰：‘关西孔子杨伯起。’”此后杨氏“四世太尉，德业相继，与袁氏俱为东京名族云”。[1]这些作为新型官吏代表的家族“门生故吏遍天下”，具有巨大的政治潜势力，已经具备凭借儒家信念参与政治博弈的条件。

这些新型官吏是行政机构的代表者，巩固其自身的存在是义不容辞的职责，所以对外戚和宦官的争权夺利所形成的局势动荡自然而然地抱有反对立场。同时，在不断牵涉进政治斗争的过程中，他们对外戚带有稍稍的偏向性。这是因为：第一，受到儒家观念熏陶的行政官员和知识分子们，有着根深蒂固的成见，即将宦官归属于没有接受过教化的“小人”一类，更何况绝大多数宦官出身贫寒之家或自身受刑，这些官员自然耻以与他们为伍；第二，开国功臣勋贵的子弟们普遍受着良好的教育，其实也就是儒家的教养，因此他们后来成为外戚的同时，依然和一般官吏有着共同的思想基础和语言，彼此之间容易产生一致的认知和立场；第三，西汉开国，行政事务的实权便掌握在担任丞相的萧何、曹参等人手里，形成了后人所谓的“虚君制”，而且在黄老学说影响下似乎成了传统。后来虽然这种政治传统变得淡薄，但影响并未轻易消失，何况这种传统对高级行政官员们来说是很符合他们利益和心愿的。宦官的势力源于皇权，所以当他们凭借皇帝的意旨或名义越来越多地干涉行政事务并谋取私利时，遭受其他官员们的反感和抵制是自然而然的。当然，卷入政治权力的斗争意味着机遇和挑战并存，或者说权力与危险俱来。如外戚梁冀倒台时，“所连及公卿、列校、刺史、二千石，死者数十人。太尉胡

[1]《后汉书》卷54《杨震传》。

广、司徒韩缜、司空孙朗皆坐阿附梁冀，不卫宫，止长寿亭，减死一等，免为庶人。故吏、宾客免黜者三百余人，朝廷为空”[1]。

由于体制结构决定着皇权的至高无上，于此儒家和法家并无二致，故而“手握王爵，口含天宪”[2]的宦官在和外戚的斗争中取得了上风。桓帝后期，因为诛灭梁氏之功，宦官单超、徐璜、具瑗、左悺、唐衡等俱封县侯，五人同日封，故世谓之“五侯”。又封小黄门刘普、赵忠等八人为乡侯，“自是权归宦官，朝廷日乱矣”[3]。《后汉书·宦者传》说他们“皆竞起第宅，楼观壮丽，穷极伎巧。金银罽毦，施于犬马。多取良人美女以为姬妾，皆珍饰华侈，拟则宫人。其仆从皆乘牛车而从列骑。又养其疏属，或乞嗣异姓，或买苍头为子，并以传国袭封。兄弟姻戚皆宰州临郡，辜较百姓，与盗贼无异”。

宦官们横行霸道、为非作歹的劣迹不仅干扰行政制度，损害官员的利益，而且严重地冲击了儒家的道德价值观。这是士大夫阶层所不能容忍的，于是他们也就渐渐成为和宦官斗争的主要一方。“桓、灵之际，阉寺专命于上，布衣横议于下”[4]，以京师为主的舆论场就纷纷谴责宦官，如尚书郎成翊世“少好学，深明道术。延光中，中常侍樊丰、帝乳母王圣共谮皇太子，废为济阴王。翊世连上书讼之，又言樊丰、王圣诬罔之状”[5]。如此千夫所指的抨击，使得宦官“与盗贼无异”成了一种社会共识。同时在各种场合与宦官斗争的士大夫们，赢得了社会上下的普遍同情。

---

[1] 《资治通鉴》卷54“汉桓帝延熹二年八月丁丑”条。

[2] 《后汉书》卷43《朱穆传》。

[3] 《后汉书》卷78《单超传》。其实梁冀等外戚在残害百姓、贪污腐败等方面和宦官们没有多大区别，但在干预政治这一点上特别不见容于儒家士大夫，所以在史籍上记载的宦官劣迹总是十分显目。

[4] 《全三国文》卷8。

[5] 《后汉书》卷57《杜根传附成翊世传》。

如太尉杨震屡次上表指责宦官樊丰等浊乱朝政，祸国殃民，结果反被罢官，愤而自杀，“道路皆为陨涕”，后来平反，“以礼改葬于华阴潼亭，远近毕至”[1]。此后还如司隶校尉李膺敢于将宦官张让之弟、百姓痛恨的贪官张朔处死。太尉陈蕃、南阳太守王畅等也积极打击宦官势力，出现了“太学诸生三万余人，郭泰及颍川贾彪为其冠，与李膺、陈蕃、王畅更相褒重。学中语曰：‘天下模楷，李元礼；不畏强御，陈仲举；天下俊秀；王叔茂。’于是中外承风，竞以臧否相尚，自公卿以下，莫不畏其贬议”[2]的局面。这种形势，使得宦官们处于相对孤立的局面。

不过宦官毕竟有着皇帝的支持，所以在政治斗争中依然常常取得胜利。桓帝延熹九年（166年），宦官们指使同党攻击李膺等人“诽讪朝廷”，于是桓帝下诏禁锢李膺、陈实等二百余人，史称此为第一次党锢。这也表明以儒家知识分子组成的官吏队伍主体虽然尊奉君王，认为皇权的执行者应该是他们而不是宦官，但如此理念与权力的实际运行间有着难以调和的矛盾，在东汉特殊的皇帝与太后关系结构里慢慢发育成熟，由暗转明，终于到了鱼死网破的地步。由于第一次党锢后的次年桓帝驾崩，继位的灵帝只有12岁，事情就有了转机。新帝即位，太后之父窦武为大将军辅政，窦武又和“以仁心为己任”[3]的太傅陈蕃合作。史称：“政无大小，皆委于蕃。蕃与窦武同心戮力，以奖王室，征天下名贤李膺、杜密、尹勋、刘瑜等，皆列于朝廷，与共参政事。于是天下之士，莫不延颈想望太平。”[4]外戚和儒家官僚们携起手来对抗宦官，这也说明当时宦官势力之强大。于是窦武、

[1] 《后汉书》卷54《杨震传》。

[2] 《资治通鉴》卷55“汉桓帝延熹九年四月”条。李膺，字元礼；陈蕃，字仲举；王畅，字叔茂。

[3] 《后汉书》卷66《陈蕃传》。

[4] 《资治通鉴》卷56“汉灵帝建宁元年八月”条。

陈蕃及尚书令等密谋诛杀中常侍曹节、王甫等，企图铲除宦官势力。但消息泄露，曹节等矫诏发兵抢先动手，窦武、陈蕃等被害。曹节等又趁机扩大事件牵连的范围，前后收捕李膺、范滂等六七百人，李膺等百余人后来都死于狱中。宦官们并不就此善罢甘休，灵帝熹平元年（172年），窦太后死，宦官借口有人就此造谣，四处搜捕，将千余太学生们定为“党人”而系于狱中。不久因永昌太守曹鸾上书请为党人平反，“帝省奏，大怒，即诏司隶、益州槛车收鸾，送槐里狱，掠杀之。于是诏州郡更考党人门生、故吏、父子、兄弟在位者，悉免官禁锢，爰及五属”[1]。此为第二次党锢，其过程前后十余年，曲折而尖锐，也说明宦官势力的核心就是皇帝本人。

经过党锢事件，宦官势力可谓大获全胜。但由于“党人”代表着统治理念和道德典范，同时又是行政系统里的骨干成员，“自两汉至两宋之际，其学潮间作，不问赓续累年，且其性质多纯洁，无私人恩怨及贿赂运动等事”[2]。因此数以千计的党人或死或囚，使得东汉朝廷完全失去了能够在道德和意识方面维系人心的能力，行政能力也被大大削弱。于此，离刘家政权大厦倾覆的日子也就已经不远了。

---

[1] 《资治通鉴》卷57“汉灵帝熹平五年闰月”条。五属，胡三省引李贤注：“谓斩衰、齐衰、小功、大功、缌麻也”。

[2] 《学潮徵故》，载柳曾符、柳定生选编：《柳诒徵史学论文续集》，上海古籍出版社1991年版，第249页。

三 从黄巾起事到地方割据——皇朝崩溃之典型进程

党锢实施之后，东汉朝廷已经徒具国家殿堂之外表，不仅其中梁柱已朽，砖瓦也残缺不全，给其重重一击而致使其最后倒塌的便是黄巾起事。关于黄巾起事，《资治通鉴》卷58有着集中而较为明白的叙述。

> 初，钜鹿张角奉事黄、老，以妖术教授，号“太平道”。咒符水以疗病，令病者跪拜首过，或时病愈，众共神而信之。角分遣弟子周行四方，转相诳诱。十余年间，徒众数十万，自青、徐、幽、冀、荆、扬、兖、豫八州之人，莫不毕应。或弃卖财产，流移奔赴，填塞道路，未至病死者亦以万数。郡县不解其意，反言角以善道教化，为民所归。……角遂置三十六方；方，犹将军也，大方万余人，小方六七千，各立渠帅；讹言“苍天已死，黄天当立，岁在甲子，天下大吉”。以白土书京城寺门及州郡官府，皆作“甲子”字。大方马元义等先收荆、扬数万人，期会发于邺。元义数往来京师，以中常侍封谞、徐奉等为内应，约以三月五日内外俱起。春，角弟子济南唐周上书告之。于是收马元义，车裂于雒阳。诏三公、司隶按验宫省直卫及百姓有事角道者，诛杀千余人；下冀州逐捕角等。角等知事已露，晨夜驰敕诸方，一时俱起，皆著黄巾以为标帜，故时人谓之“黄巾贼”。二月，角自称天公将军，角弟宝称地公将军，宝弟

梁称人公将军，所在燔烧官府，劫略聚邑，州郡失据，长吏多逃亡；旬月之间，天下响应，京师震动。[1]

根据上述记载，黄巾起事和秦末的陈胜、吴广起义与西汉末的绿林、赤眉起事相比有着很大的不同，具备一些重要特点。第一，这次黄巾起事不是偶发事件，而是经过张角等人十余年的精心组织，范围几乎遍及全国，按地域编成“三十六方”，设置渠帅将军以统率，并有使者交通其间，所以能够同时俱起。第二，“太平道”是具有宗教性质的组织，也是后来道教的源头之一。不过从它打着“苍天已死，黄天当立，岁在甲子，天下大吉”旗号看，太平道的“道”是阴阳五行说中的道，而非老子不可言说之道。甚至可以说，太平道观念中以百姓民意判定是否符合五行顺逆之天道，更像是被儒家天人合一思想所熏陶出来的，说张角“奉事黄、老”恐怕主要是和黄帝居中色为黄有关系，也可能有着和儒家党人相异的意思，而把老子封为道教教主是魏晋之后人们的事。地方郡县认为张角等“以善道教化，为民所归”，也是因为他们的言行和儒家理念实质上是一致的。又若儒家把“天、地、人”合称为“三才”，张角兄弟分别自称为天公将军、地公将军、人公将军，明显是接受了儒家的观念。张角善于从各方面吸取符合需要的思想内容，也是能够吸引众多信徒的一个原因。第三，在黄巾起事过程中，是“中常侍封谞、徐奉等为内应”，且位列“十常侍”的张让等“实多与张角交通”[2]，说明与黄巾合谋的不是某个宦官的个人行为，而是宦官势力的整体行为。当时宦官势倾天下，两者之内外勾结，从宦官方面来说，大概是为了在社会中吸取力量以对抗外戚和党人之联合，很多宦官出身于

[1] 《资治通鉴》卷58“汉灵帝光和六年至中平元年”条。

[2] 《后汉书》卷78《张让传》。

社会底层，有着此种想法也是很自然的。从张角方面说，通过掌握权势的宦官为内应来实行苍天变黄天的政权变更，当然是件大好事。所以在东汉晚期的政治博弈中，黄巾动乱是算不得什么“起义”的。

如果进一步解析黄巾起事的这些特征，可以看到统治者道德形象的消失、统治思想的僵化所造成道德意识领域里的空白，必然会导致社会异端的兴起。张角等人能够在长达十多年的时间里从容活动不被察觉，虽然可能和宦官们的庇护有关，但也说明有关部门麻木不仁，缺乏敏感性，这应该和行政系统在遭受二次整肃党人后官吏队伍的士气低落有关。所以党锢和黄巾起事之间存在着一种因果关系。

分布于各地的黄巾军“同日而叛”，在很多地方取得了胜利，使东汉朝廷措手不及。如“南阳黄巾张曼成攻杀郡守褚贡……朱俊为黄巾波才所败……汝南黄巾败太守赵谦于邵陵。广阳黄巾杀幽州刺史郭勋及太守刘卫”。还有其他地方趁机反叛的，如“交趾屯兵执刺史及合浦太守来达，自称‘柱天将军’……巴郡妖巫张修反，寇郡县……湟中义从胡北宫伯玉与先零羌叛，以金城人边章、韩遂为军帅，攻杀护羌校尉伶征、金城太守陈懿”[1]等。这些都是同一年内发生的事，虽然给东汉政权四面起火的感觉，但派遣去镇压的官军将士毕竟是训练有素的职业军人，在战场上正面对阵，吃亏的当然是黄巾军。所以到了将近年底的时候，黄巾军主力先后战败，张氏三兄弟也都死了。不过黄巾军主力被歼灭并不等于事情的解决。这根据史载表现在：黄巾军在很多地方的余部还继续攻城略地，此起彼伏，和地方官军互有胜负；有不少地方都先后出现反叛；边地少数族武装也借此时机频繁袭扰。张角等是在灵帝中平元年（184年）起事的，

[1] 均见《后汉书》卷8《孝灵帝纪》。

次年即有“鲜卑寇幽、并二州”，第三年又是“鲜卑寇幽、并二州”，及“武陵蛮叛，寇郡界”[1]等。东汉朝廷忙于调兵遣将，但军事上也没有取得完全成功。

事情都是关联着的。黄巾起事是在宦官与外戚和党人斗争的背景下发生的，但在镇压黄巾军的同时，他们之间的争斗并没有完全停止。宦官们把持政权，当然不肯自动退出，于是他们也尽力防止大臣们因功坐大。如“卢植破黄巾，围张角于广宗。宦官诬奏植，抵罪”，及“前太尉张延为宦人所谮，下狱死”[2]等。但形势很快发展到新的斗争高潮，黄巾起事后第五年，即189年，34岁的汉灵帝驾崩，17岁的刘辩继位，并按照故事，由太后何氏临朝，太后之兄何进以大将军参录尚书事，开始执政。这似乎是外戚和宦官之间关系的又一个轮回，何进本人对宦官也抱有很大的恶感。但与以往不一样的是，何太后并非出身世家，而是社会身份低下的屠户，因被宠幸封为贵人，后来生下皇子刘辩而升为皇后。或许因为这样的缘故，何进感到自己势单力薄，缺乏自信，于是一方面引太傅袁隗共同执政，并以袁术、袁绍等分领中军；另一方面征召董卓等率兵进京以为后盾。但何太后和灵帝刚即位时的窦太后相同，在宫中久与宦官相处，不同意何进诛杀宦官。于是中常侍张让、段珪等诈以太后诏命骗何进入宫杀之。已率军在宫外的何进部将王匡和袁术、袁绍及董卓之弟董旻等闻知何进被害，便攻入宫内“勒兵捕宦者，无少长皆杀之。或有无须而误死者，至自发露然后得免。死者二千余人”[3]。至此，东汉的宦官势力算是被彻底清除，东汉王朝也就快走到尽头了。

解决了宦官的问题之后，由于何进的旧部投奔了董卓，“卓

[1] 均见《后汉书》卷8《孝灵帝纪》。

[2] 《后汉书》卷8《孝灵帝纪》。

[3] 《后汉书》卷69《何进传》。

又使吕布杀执金吾丁原，并其众，故京都兵权唯在卓”。之后董卓“遂废帝为弘农王。寻又杀王及何太后。立灵帝少子陈留王，是为献帝。卓迁相国，封眉侯，赞拜不名，剑履上殿，又封卓母为池阳君，置家令、丞。卓既率精兵来，适值帝室大乱，得专废立，据有武库甲兵，国家珍宝，威震天下”[1]。董卓是以勇武和战功逐步被提升，在西北掌握军政大权，这种在边地战场环境里成长起来的将领往往会在性格上显现出一些特殊的方面，既刚毅任侠，也残忍粗鲁。若有史载说董卓爱其七岁孙子，“为作小铠胄，使骑駃騠马，与玉甲一具，俱出入，以为麟驹凤雏。至杀人之子，如蚤虱耳”[2]。董卓带兵入京，执掌大权后，性格上的特点被充分放大并体现在行动上。史载当时“洛中贵戚室第相望，金帛财产，家家殷积。卓纵放兵士，突其庐舍，淫略妇女，剽虏资物，谓之‘搜牢’。人情崩恐，不保朝夕。及何后葬，开文陵，卓悉取藏中珍物。又奸乱公主，妻略宫人，虐刑滥罚，睚眦必死，群僚内外莫能自固。卓尝遣军至阳城，时人会于社下，悉令就斩之，驾其车重，载其妇女，以头系车辕，歌呼而还。又坏五铢钱，更铸小钱，悉取洛阳及长安铜人、钟虡、飞廉、铜马之属，以充铸焉”。同时，“卓素闻天下同疾阉官诛杀忠良，及其在事，虽行无道，而犹忍性矫情，擢用群士。乃任吏部尚书汉阳周珌、侍中汝南伍琼、尚书郑公业、长史何颙等。以处士荀爽为司空。其染党锢者陈纪、韩融之徒，皆为列卿。幽滞之士，多所显拔”，及“卓乃与司徒黄琬、司空杨彪，俱带鈇锧诣阙上书，追理陈蕃、窦武及诸党人，以从人望。于是悉复蕃等爵位，擢用子孙”[3]，等等。在现实生活里，得益者往往以为理所当然，受害

[1] 《三国志》卷6《董卓传》。

[2] 《太平御览》卷356引《董卓传》。

[3] 《后汉书》卷72《董卓传》。

者则会恨之入骨而永生难忘，何况受董卓之害者涉及面广，人数巨大。这使得董卓面临的敌人必定会远远多于他的拥护者，从而注定了他的下场。

董卓的性格和在朝廷的作为，触犯了很多方面的利益，背离了传统的观念。董卓自行废立，给众多的反对者找到了借口。“初平元年，（袁）绍遂以勃海起兵，以（与）从弟后将军术、冀州牧韩馥、豫州刺史孔伷、兖州刺史刘岱、陈留太守张邈、广陵太守张超、河内太守王匡、山阳太守袁遗、东郡太守桥瑁、济北相鲍信等同时俱起，众各数万，以讨卓为名。绍与王匡屯河内，伷屯颍川，馥屯邺，余军咸屯酸枣，约盟，遥推绍为盟主”[1]。虽然这只是个松散的联盟，但其至少在表面上对洛阳已形成夹击之势。

董卓在战略上走错要命的一步是迁都长安。或许他在洛阳感觉到周围很多敌意，不愿坚守京师与之周旋，所以不顾众多反对而一意孤行。迁都的决定是仓促的，造成的结果是悲惨的：“初，长安遭赤眉之乱，宫室营寺焚灭无余，是时唯有高庙、京兆府舍，遂便时幸焉。后移未央宫。于是尽徙洛阳人数百万口于长安，步骑驱蹙，更相蹈藉，饥饿寇掠，积尸盈路。卓自屯留毕圭苑中，悉烧宫庙官府居家，二百里内无复孑遗。”[2]更重要的是，由于国家政治中心的突然西迁，导致政权的正当性被严重质疑，行政系统的功能被大大削弱，已经到达了无法管理全国的地步。董卓以献帝名义进行的政治控制，有效性已经很难超出关中的范围。迁都刚满二年，初平三年（192年）四月，大臣王允以董卓亲信吕布为内应诛杀董卓。董卓部将李傕、郭汜、樊稠等又起兵杀王允，攻吕布，嗣后再陷入互相征战。史载：“时长安中

[1]《后汉书》卷74上《袁绍传》。

[2]《后汉书》卷72《董卓传》。

盗贼不禁，白日虏掠，傕、汜、稠乃参分城内，各备其界，犹不能制，而其子弟纵横，侵暴百姓。是时谷一斛五十万，豆麦二十万，人相食啖，白骨委积，臭秽满路。”[1]随着关中的一片混乱，东汉的中央政权不复存在，各个地方自行其是，这样也就拉开了历史新的一幕。

[1]《后汉书》卷72《董卓传》。

第二章

分合变化——三国形势中的人谋与天算

东汉的灭亡完全在于内部的人祸，包括皇帝在内的整个朝廷陷于各种形式的争权夺利之中，使得皇朝在丧失了道德和思想方面统治力之后，行政系统也趋于瓦解。不过，社会政治上的混乱既然是人与人关系失调引起的，收拾乱局也就需要有人重新整合各种人际关系。这其实也是一个时势造英雄同时又英雄造时势的过程，反映在这段历史画面上的，就是三国鼎立局面所表现出来的不断分合起伏。

一 英雄也造时势——曹操一统北方的个人因素

人类历史是一个个人的活动之汇总，犹如一部无比巨大的交响乐，每一个时段好比是其中的一章。虽然在理论上每一位演出的参与者都是不可或缺的，但对听众产生实际影响的则是乐团最主要的成员，如指挥、钢琴手、第一提琴手等，他们的水平与作为决定着乐章的特点和悦耳程度，也决定着整个演奏会给听众留下何种印象。这就是为什么本书要把人的活动情况作为主要内容，并把其中一些人的影响勾描得比较仔细，以便读者对历史有更为简单而清晰的印象。

宋代词人辛弃疾所作《南乡子》中有一名句："天下英雄谁敌手？曹、刘，生子当如孙仲谋。"另一位词人刘克庄的《沁园春》写的是："天下英雄，使君与操，余子谁堪共酒杯？"对相同历史印象之反复吟唱，集中反映出对历史中强者的仰慕之情，因为一些关键历史人物的奋斗经历往往也能够代表这个时段的政治史。

词句里提到的三个人即是曹操、刘备和孙权，即魏、蜀、吴三国的实际缔造者，因此也可以说是这三个人造就了汉末之后三国相争的形势。不过如果再细分一下，蜀、吴两国的统治区域是在长江流域，前者占着上游的益州，后者领有下游的扬州，中游的荆州则是两家争夺的地方，而整个黄河流域代表的北方，却是曹操势力一统的天下，显然要比蜀、吴两家强得多。这样的一个政治事业，曹操是如何取得成功的呢？

1. 在正确选择中登上历史舞台

曹操的父亲曹嵩官至太尉，但曹嵩却是桓帝时中常侍曹腾的养子。这样的家庭出身对曹操来说可谓有利有弊，既有利于他入仕，也会被一些士大夫视为另类。不过更影响曹操前途的是他的性格，史称曹操“少机警，有权数，而任侠放荡，不治行业”[1]。这样的特点放在“乱世”是最合适不过了，东汉末的政治局面正好给他提供了用武之地。

认清形势，果敢决断，是在混乱形势中脱颖而出必不可少的品质。先是，曹操和一般官家子弟一样，按照通常程序，“年二十，举孝廉为郎，除洛阳北部尉，迁顿丘令，征拜议郎”。黄巾起事后，“拜骑都尉，讨颍川贼。迁为济南相，国有十余县，长吏多阿附贵戚，赃污狼藉，于是奏免其八；禁断淫祀，奸宄逃窜，郡界肃然”[2]。不知道担任“骑都尉”一职是否是他自己争取得来的，但至少使他有了带兵平叛的经验。在做了一任地方长官济南相之后，曹操就以养病为借口回归乡里。当然，他是为了更好地观察形势，避免贸然被卷入乱局。在这期间，曹操很聪明地作出三次正确的选择。

第一次是冀州刺史王芬“连结豪杰，谋废灵帝，立合肥侯”，并请求曹操参与。一个地方主官，虽然手头也掌握着一些兵，但要干废立皇帝这样的大事，未免有些不自量力，于此曹操看得很清楚，所以他回复表示拒绝，说：“夫废立之事，天下之至不祥也。……今诸君徒见曩者之易，未睹当今之难。诸君自度，结众连党，何若七国？合肥之贵，孰若吴、楚？而造作非

[1]《三国志》卷1《魏武帝纪》。

[2]《三国志》卷1《魏武帝纪》。

常，欲望必克，不亦危乎！”[1]。王芳后来果然失败而自杀。

第二次是在董卓举兵进入洛阳后，提名曹操为骁骑校尉，但曹操目睹董卓的作为和“京都大乱”的场面，并且袁绍、卢植、袁术等已各自逃匿，曹操亦“以卓终必覆败，遂不就拜，逃归乡里”。事后证明，这也是一个很正确的决定。

第三次是曹操起兵反对董卓，《三国志·魏武帝纪》说他在中平六年（189年）“至陈留，散家财，合义兵，将以诛卓。冬十二月，始起兵于己吾”。这个时候袁绍等已纷纷起兵，声势之大已使董卓有所畏惧，举旗起兵是没有什么危险的。紧接着各路起兵的诸侯推举袁绍为盟主，曹操也立即加盟。值得注意的是，曹操刚起事时，“合兵得五千人”[2]，而在大约一个月左右时间里，已经挤入“众各数万”的反董诸军的行列，并得到“奋武将军”的名号。在如此短暂的一段时光里，麾下的军队人数扩充了好几倍，充分证明曹操早已认识到在乱世中掌握军事力量的重要性。这也使曹操有了进入群雄逐鹿队伍的资格。

在对抗董卓的战事中，曹操提出的一些建议虽然未被采纳，但得到了声誉，也由此获得了机遇。当时有号称百万的青州黄巾军进入兖州，兖州刺史刘岱与之交战，失败被杀。曹操属下陈宫说服了兖州官吏鲍信、万潜等，由他们迎曹操领兖州牧。曹操“遂进兵击黄巾于寿张东”而破之，及“追黄巾至济北，乞降。冬，受降卒三十余万，男女百余万口，收其精锐者，号为青州兵”[3]。这次胜利，尤其是收编了三十万黄巾降卒，为曹操以后统一北方打下雄厚的武力基础。

董卓败亡后，群雄开始逐鹿中原，曹操也参与其中。在具体

[1] 《三国志》卷1《魏武帝纪》及注引《魏书》。

[2] 《资治通鉴》卷59“汉灵帝中平六年十二月”条。

[3] 《三国志》卷1《魏武帝纪》。兖州牧，《资治通鉴》卷60作“兖州刺史”。

的战事里，曹操也曾被吕布、张绣等打败过，不能说是常胜将军，但最后的胜利者却是曹操。他先后战胜了吕布、袁术、刘备、袁绍等，最后统一了中国北方。他之所以成为战争的胜利者，是在当时比谁都更清楚地认识到粮食补给是军队的命脉。黄巾起义及后来军阀之间的混战，使得北方人口大量减少。粮食是人种出来的，种田的人少了，粮食就成了稀缺物资，往往决定着战争的结果。对此，曹操有着深刻的体会，如在兴平元年（194年）和吕布对抗，彼此“相守百余日。蝗虫起，百姓大饿，布粮食亦尽，各引去”。又如当年“十月，太祖至东阿。是岁谷一斛五十余万钱，人相食，乃罢吏兵新募者”[1]。为此，曹操在作战中尽力破坏敌方的粮食供应，为自己制造胜机。如在和袁绍对垒时，“袁绍运谷车数千乘至，公用荀攸计，遣徐晃、史涣邀击，大破之，尽烧其车。公与绍相拒连月，虽比战斩将，然众少粮尽，士卒疲乏。公谓运者曰：‘却十五日为汝破绍，不复劳汝矣。’冬十月，绍遣车运谷，使淳于琼等五人将兵万余人送之，宿绍营北四十里。绍谋臣许攸贪财，绍不能足，来奔，因说公击琼等。左右疑之，荀攸、贾诩劝公。公乃留曹洪守，自将步骑五千人夜往……士卒皆殊死战，大破琼等，皆斩之”，从而使“绍众大溃”[2]。此外，曹操为保证粮食供应，还做了一个重大的战略决策。《三国志·魏武帝纪》注引《魏书》对此的概述是：

自遭荒乱，率乏粮谷，诸军并起，无终岁之计，饥则寇略，饱则弃余，瓦解流离，无敌自破者不可胜数。袁绍之在河北，军人仰食桑葚。袁术在江、淮，取给蒲蠃。民人相食，州里萧条。公曰：“夫定国之术，在于强兵足食。秦人

[1]《三国志》卷1《魏武帝纪》。

[2]《三国志》卷1《魏武帝纪》。

以急农兼天下，孝武以屯田定西域，此先代之良式也。”是岁乃募民屯田许下，得谷百万斛。于是州郡例置田官，所在积谷。征伐四方，无运粮之劳，遂兼灭群贼，克平天下。

在内地展开大规模的民屯和军屯，曹操可以说是先行者。他不仅是把开展屯田作为战略决策，而且是当作稳定社会的国策，因为粮食的供给状况也是政权行政能力的标志。曹操此举所包含“足食足兵，民信之矣”的原理，做到所谓“手中有粮，心中不慌”，不仅为当时蜀、吴所仿效，也成为千百年来治国者所要借鉴考虑之头等要务。曹操在当时实施大规模的屯田，可能还附加另外一个考虑，就是对人口的直接控制。以往的农户隶属于郡县，并由这些地方行政机构按制向他们征收赋役。这不仅仅是多了一些中间环节，在战争年代里由于诸多复杂因素的加入，如军队管辖区域的变动、民户的逃亡、物价的波动等都会造成军队实际到手的粮食减损很多。在当时的屯田制度中是通过设立田官进行直接的管理，其收成“兵持官牛者，官得六分，士得四分；自持私牛者，与官中分”[1]，于此民屯和军屯应该是一样的，系官赋和地租的合一，官府同时兼有地主身份，对屯田民或屯田兵的剩余价值之占有达到了量的最大化。而对屯田收获之粮食可以在征战中直接支配，使其军队有了充分和方便的粮草补给。后来也“是曹魏财政不同于孙吴财政、蜀汉财政的特色之一”[2]。更重要的是，政权由此也获得充足的兵源。因为曹操设立的典农中郎将等田官是属于军官序列，也就是说屯田组织有着军事性质，所以一旦战事需要，军事编制下的屯田民可以立即将身份转为士兵。

[1] 《晋书》卷47《傅玄传》。

[2] 《“修耕植，畜军资”——曹魏财政基本建设方针述论》，载陈明光：《寸薪集》，厦门大学出版社2017年版，第36页。

这样，通过屯田能够同时做到足食足兵，就有了进行军事征服的强大物质基础。

2. 高明的政治方略——以建安十三年为参照点

仅仅依靠军事胜利，至多只能称霸一时，正确的政治方略才能真正地建立和稳固政权。曹操在这方面有两个高明之处。

其一是做到唯才是举，为此，曹操于建安十五年（210年）亲自发布了著名的《唯才是举令》。

> 自古受命及中兴之君，曷尝不得贤人君子与之共治天下者乎！及其得贤也，曾不出闾巷，岂幸相遇哉？上之人不求之耳。今天下尚未定，此特求贤之急时也。“孟公绰为赵、魏老则优，不可以为滕、薛大夫”。若必廉士而后可用，则齐桓其何以霸世！今天下得无有被褐怀玉而钓于渭滨者乎？又得无盗嫂受金而未遇无知者乎？二三子其佐我明扬仄陋，唯才是举，吾得而用之。[1]

此令也可以说是曹操对自己以往行事的总结和解释，如曹操在收得荆州之后，以刘表之子“刘琮为青州刺史，封列侯，并蒯越等，侯者凡十五人。释韩嵩之囚，待以交友之礼，使条品州人优劣，皆擢而用之。以嵩为大鸿胪，蒯越为光禄勋，刘先为尚书，邓羲为侍中”[2]，及“以刘表大将文聘为江夏太守，使统本兵”[3]等。如此既稳定了荆州原来官员的情绪，也使一些行政才

[1]《三国志》卷1《魏武帝纪》。

[2]《资治通鉴》卷65“汉献帝建安十三年八月”条。

[3]《三国志》卷1《魏武帝纪》。

干为其服务，可谓一举两得。用人的一大要点在于如何驾驭有用之人，因为这需要气度和能力。如曹操曾荐举魏种为孝廉，后者却投靠袁绍，为其守射犬城。后来曹军攻下射犬活捉魏种，曹操却说“唯其才也！”释其缚而用之，并“以魏种为河内太守，属以河北事”。又如在战胜袁绍后缴获的书信文件里有许多“许下及军中人书，皆焚之”[1]，稳定了属下一些曾经动摇过的人，成了古代政治中因大度而获得人心的一个明显的例子。曹操能够聚集起一大批猛将谋士为他出力，助他成就功业，与此是分不开的。

其二是抓住机遇，做到挟天子以令诸侯。董卓死后，其部将杨奉、李乐、韩暹及外戚董承等奉汉献帝从满目疮痍的长安回到洛阳，但当时洛阳也是“宫室烧尽，百官披荆棘，依墙壁间，州郡各拥强兵，委输不至；群僚饥乏，尚书郎以下自出采稆，或饥死墙壁间，或为兵士所杀”[2]。那时候，曹操也不过是参与逐鹿的群雄之一，却能听取谋士荀彧的建议而当机立断，发兵护驾。《资治通鉴》卷62对此有一段点明要害的记叙。

> 曹操在许，谋迎天子。众以为“山东未定，韩暹、杨奉，负功恣睢，未可卒制”。荀彧曰：“昔晋文公纳周襄王而诸侯景从，汉高祖为义帝缟素而天下归心。自天子蒙尘，将军首唱义兵，徒以山东扰乱，未遑远赴。今銮驾旋轸，东京榛芜，义士有存本之思，兆民怀感旧之哀。诚因此时，奉主上以从人望，大顺也；秉至公以服天下，大略也；扶弘义以致英俊，大德也。四方虽有逆节，其何能为？韩暹、杨奉，安足恤哉！若不时定，使豪杰生心，后虽为虑，亦无及矣。”操乃遣扬武中郎将曹洪将兵西迎天子。

[1] 《三国志》卷1《魏武帝纪》。

[2] 《资治通鉴》卷62“汉献帝建安元年八月”条。

接着曹操又使人为说客打消杨奉、董承等人的顾虑，最后让献帝及诸臣同意"迁都许。己巳，幸曹操营，以操为大将军，封武平侯。始立宗庙社稷于许"[1]。文中的"许"即许昌，这样，献帝就被置于曹操的实际控制之下。曹操可以用皇帝的名义来实现自己的各种意图。这给曹操带来了极大的政治好处，当时他的军事实力在群雄中并未占有优势，却造成了谁与他为敌就像是在反叛朝廷的局面，他由此可以名正言顺地征讨四方。袁术在建安二年（197年）春"自称天子"，但他此时在政治上就明显处于劣势，这应该也是其失败的原因之一。

挟天子以令诸侯固然可以取得很大的政治优势，但要维持这种优势却并非易事，曹操至少要做两方面的努力。

第一，刘氏的汉朝毕竟已经存在了近四百年，在以皇族为中心的各种关系和民众的心目中都有着非常深厚的社会基础，何况那时儒家君君臣臣的伦理观念也已经不可置疑。所以当曹操"挟天子"的意图渐渐显露后，就会激发起各种明的暗的反抗，曹操必须花力气来对付。自献帝来到许昌后，大的斗争回合就进行了好几次。一是建安五年春正月，车骑将军董承、偏将军王服、越骑校尉种辑等声称受献帝密诏诛曹操。事泄，曹操杀董承等，夷三族。二是曹操在建安十三年自为丞相之后，杀太中大夫孔融，夷其族。这二者之间应该是有关系的，曹操自为丞相意味着他可以从此以丞相名义在邺处理一切事务而皇帝被彻底架空。《资治通鉴》记载孔融在当时上书"'宜准古王畿之制，千里寰内不以封建诸侯。'操疑融所论建渐广，益惮之"[2]。郑玄在注解中指出因为邺城在畿内，所以孔融的上书实质上是反对曹操遥控朝政，因为孔融早就知道曹操"终图汉室"，所以后者势必要将其灭族

[1]《资治通鉴》卷62"汉献帝建安元年八月"条。

[2]《资治通鉴》卷65"汉献帝建安十三年八月"条。

而后快。三是建安十七年“董昭等欲共进操爵国公，九锡备物，密以访（荀）彧”[1]。荀彧反对，此事因而不成。曹操心不能平。于是，曹操以慰问荀彧生病为由送来食盒。后者打开，发现是空的，于是饮药而卒，时年五十。四是曹操要杀董承之女董贵人，献帝伏皇后见此害怕，就写信给父亲伏完“言曹操残逼之状，令密图之”[2]。至建安十九年（214年），此信被泄露，曹操大怒，遂逼献帝废去伏皇后，并鸩杀她所生的两个皇子及伏后的兄弟和宗族百余人。五是《三辅决录》记载，在建安二十三年“时有京兆全祎，字德伟，自以代为汉臣，乃发愤，与耿纪、韦晃欲挟天子以攻魏，南援刘备。事败，夷三族’”[3]。通观在曹操“挟天子”的建安时期内与反对方五次大的斗争，一是涉及面广，最后连曹操的重要谋士荀彧也卷入了进去；二是斗争的手段十分血腥残忍，失败者大多身死族灭，而曹操于此毫不手软，因为他也清楚，假如对方成功，他也会遭遇同样的命运。

第二，体现出曹操在政治上了不起的韧性和耐心。从建安元年曹操开始把汉献帝置于自己控制之下，到建安二十五年离皇帝大位还有一步之遥时死去，时间长达25年之久。这25年虽然在历史的长河里只能算是一瞬间，但对人的一生来说却不能算短了。曹操死时65岁（155—220年，依农历为66岁），古俗云“人生五十非为夭”，所以在当时已经是长寿的了。曹操的最后25年，既是他最重要的人生时光，也是充满艰难危险的人生经历，靠着坚韧与能耐，他使自己在历史上留下了辉煌的一笔。在史籍的记载中，可以看到不少历史人物一旦有了掌执大权的机会就迫不及待地想当皇帝，结果往往是白忙活一场。或许是吸取

[1]《后汉书》卷70《荀彧传》。

[2]《后汉书》卷10下《献帝伏皇后纪》。

[3]《后汉书》卷9《孝献帝纪》及注引《三辅决录》。

了王莽、董卓等人的教训，曹操十分注意把自己的政治基础一点点地夯实，一步一步地将内内外外的政敌逐个收拾掉。如建安三年击杀吕布；四年张绣、刘勋来降，袁术死；五年击破刘备，于官渡大败袁绍；九年曹操攻占邺，基本平定河北；十二年征服三郡乌丸，降者二十余万；十三年刘表死，占有荆州之长江以北地域；十六年讨伐马超、韩遂之叛，平定关中；十九年杀陇西割据者宋建，平凉州；二十年征张鲁，使其降，得巴中、汉中地；等等。可以说，古时所谓九州之地，曹操已经占了十之六七。

如果把曹操的一系列军事胜利在时间上和与朝廷里政敌交锋的情况对照一下的话，可以明显地看到建安十三年是一个转折点，标志着曹操的关切和着力方向从军事转向政治，开始加速芟除拥汉反曹势力。在建安十三年杀孔融之后，双方在护汉还是拥曹的斗争就越来越鲜明了。此前，和曹操公开对抗的只有以外戚董承为核心的数人。董承率着本部兵从长安一路护驾向东到洛阳再到许昌，在近五年的时间里他一再被加官，由卫将军到辅国将军再到车骑将军。建安元年时，曹操在军事上也不过“行车骑将军事”，所以董承在军内的地位已经相当高了，仅次于大将军。董承的不满应该是感到实权的逐步丧失及他和献帝都越来越被人左右，因那时曹操还没有明显暴露取代汉室的意图，所以这也可以被理解为仅是权力斗争。曹操在十余年时间里取得军事上的节节胜利，除西部一些地方外，到建安十三年已经基本上统一了北方。这一年，孔融的被杀虽然在表面上是因为“数戏侮曹操，发辞偏宕”，而实际上是反对曹操对朝政的控制。曹操对他忍耐了这么多年，至此终于动了杀手，意味着曹操功业已初步成就，同时因赤壁之败也使他明白割据局面已有长期化的趋势，于是就着意巩固内在的权力并开始做换代的打算。尽管如此，他还是小心翼翼，如在建安十五年下达了所谓《自明本志令》，声明他之所以掌执权柄不放是不让“国家倾危，是以不得慕虚名而处实祸，此所不得为也”，目的还是为了“助汉室”[1]。这说明曹操在舆论面前是很当心的。又如建安十七年（212年）董昭等上表要让他爵国公、备九锡而被荀彧所阻止，于此虽心怀不满，但表面上还是忍了下来，仅是暗暗用间接的手段搬开挡路石。由此可见，曹操在夺权篡位的路上表现出很强的坚韧与耐力。如此一步步走向建立政权之成功，当然是十拿十稳的事。

3. 被官渡之战和赤壁之战框定的军事家

在所谓乱世，军事行动的成败所导致的结果是最直接的，而如果战役之规模够大的话，其影响往往也是决定性的。曹操自189年起兵，在多数战事中取得了胜利，虽然亦“败者十二三”[2]，但决定他政治事业的成就及界限的，是参战兵力多达二三十万人的两个关键性战役：官渡之战和赤壁之战，两者先后决定了曹操能够统一北方但统一不了中国的局面。

官渡之战前后经历数年，是袁绍、曹操在华北平原上的一次决战。建安四年（199年），袁绍在攻灭公孙瓒部及收抚三郡乌丸之后，尽得幽州之地，也解除了后顾之忧，“于是简精兵十万，骑万匹，欲出攻许”。曹操也分兵驻守汴水之官渡，决心对抗。激烈的战事是在建安五年初展开的，至是年八月，先是袁军“连营稍前，渐逼官度，遂合战。操军不利”。双方相持中曹操“遣奇兵袭绍运车，大破之，尽焚其谷食”，接着袁绍“遣淳于琼等将兵万余人北迎粮运……操自将步骑五千人，夜往攻破琼等，悉斩之”，使袁军的粮食补给产生严重问题。“于是绍军惊扰，大溃。绍与谭等幅巾乘马，与八百骑度河，至黎阳北岸……余众伪

[1] 《三国志》卷1《魏武帝纪》注引《魏武故事》。

[2] 《三国志》卷1《魏武帝纪》裴松之注。

降，曹操尽坑之，前后所杀八万人”[1]。是役曹操大胜，袁绍则“自军败后发病”，死于建安七年（202年）之夏。冀州等地由袁绍的几个儿子分领，他们却陷于内斗，曹操予以各个击破。华北的统治权之争，也就此定局。

建安十三年，荆州牧刘表病死，其位由少子刘琮继承，于是曹操趁机南下。及曹军到襄阳，刘琮举州请降，投靠刘表的刘备奔夏口，荆州的大部分地区归曹操所有，且因之得到冀州的水军，有“船步兵数十万”之多。曹操希望凭此扩大战果，全占长江中游后顺流而下。这就严重威胁到孙权以扬州为主地域的统治，于是孙权听从手下周瑜、鲁肃等人的意见，和刘备联合抵抗曹军。《资治通鉴》卷65对这次战役的过程有生动描述。

> （孙、刘联军）与操遇于赤壁。时操军众，已有疾疫。初一交战，操军不利，引次江北。瑜等在南岸，瑜部将黄盖曰：“今寇众我寡，难与持久。操军方连船舰，首尾相接，可烧而走也。”乃取蒙冲斗舰十艘，载燥荻、枯柴，灌油其中，裹以帷幕，上建旌旗，豫备走舸，系于其尾。先以书遗操，诈云欲降。时东南风急，盖以十舰最著前，中江举帆，余船以次俱进。操军吏士皆出营立观，指言盖降。去北军二里余，同时发火，火烈风猛，船往如箭，烧尽北船，延及岸上营落。顷之，烟炎张天，人马烧溺死者甚众。瑜等率轻锐继其后，雷鼓大震，北军大坏。操引军从华容道步走，遇泥泞，道不通，天又大风，悉使羸兵负草填之，骑乃得过。羸兵为人马所蹈藉，陷泥中，死者甚众。刘备、周瑜水陆并进，追操至南郡。时操军兼以饥疫，死者太半。操乃留征南将军曹仁、横野将军徐晃守江陵，折冲将军乐进守襄阳，引

[1]《后汉书》卷74上《袁绍列传》。

军北还。[1]

由于这次战役的主要战场在湖北赤壁，故而是以“赤壁之战”著名。这场仗打下来，曹操不仅在军力上损失惨重，而且也失去了企图一统天下的锐气。后来曹操迟迟不登皇帝之位及三国鼎立的最后形成，都和这场战役有着很大的关系。

通过一长串的战争记录，可以证明在同时代的军事指挥者中间，曹操无疑是最出色的一位。不过在官渡与赤壁这两场大规模战事中，既显露了曹操凭借自身的军事才能和取得的胜利推动了政治形势的发展，也可以看到“天时、地利、人和”构成的环境影响对他所形成的限制。曹操的战术指挥特长在于利用骑兵长途奔袭，以断敌粮道而致使其军心动摇，恰如当时歌颂其战功的《鼓吹曲》所云：“选骁骑，纵两翼，虏崩溃，级万亿。”[2]官渡之战发生在华北平原，十分有利于曹操战术意图的展开，加之袁军的骄兵之状与内部不和，一战而造就统一北方之势。反之，曹操不熟悉赤壁地区的气候地理，作为曹军主力的北兵也不习水战。同时，轻易取得荆州鼓励了曹操急于求成的雄心壮志，也促成了对手的联合，使战败的概率被大幅度提升。不过他虽“兵败”而不致“如山倒”，仍能从容撤退，保住了荆州部分地区。还要加以补充的是，据《隋书·经籍志三》，曹操撰有《兵书接要》《兵书略要》《魏武帝兵法》等，这些著作的内容可能有些重复，但如此不同的版本在隋唐之际依然流传，至少说明了曹操军事思想的影响之大和在中国军事史上的地位，亦可知当时中国北方由曹操来完成统一也绝非偶然。

[1] 《资治通鉴》卷65“汉献帝建安十三年十月”条。

[2] 《宋书》卷22《乐志四》。

4. 刘备的奋斗之路——与曹操相对比

宋人的词句中认定刘备是曹操的对手，他们之间也确实有着不少相似之处。将刘备的事迹附在曹操之后，无非是要再表示一下："历史学的说明乃是一种还原，即还原到一种我们所习惯的彼此重迭（Aufeinander）：通过类比。"[1]

刘备成为曹操的主要敌人至多是从赤壁之战开始，那时离曹操的死只有大约12年的时间。不过刘备确实是三国鼎立局面形成的推手之一，而且他完全是依靠自己的努力而成为此角色的，这和有着父祖权势为基础的曹操不一样，更不用说孙权了。史载刘备"少孤，与母贩履织席为业……不甚乐读书，喜狗马、音乐、美衣服。身长七尺五寸，垂手下膝，顾自见其耳。少语言，善下人，喜怒不形于色。好交结豪侠，年少争附之。中山大商张世平、苏双等赀累千金，贩马周旋涿郡，见而异之，乃多与之金财。先主由是得用合徒众"。这些类似社会团伙之头领形象的记载应该是实录，但后来根据刘备自云出自汉景帝之后而成了"刘皇叔"。尽管中间"世数悠远，昭穆难明"[2]，这既是当时政治的需要，也是儒家建立史学价值观的需要。假如刘备后来没有成为蜀汉的开国皇帝，史籍所载汉景帝的后裔名单里恐怕不会出现他的名字。

黄巾起事所造成的社会动乱给一切精力充沛而有性格特点的人提供了机会，刘备投军，因武勇而屡立战功，多次担任县尉、县丞等小官。此后投奔公孙瓒，也数有战功，试守平原令，后领平原相。接着因曹操进攻徐州，"徐州牧陶谦遣使告急于田楷，楷与先主俱救之。时先主自有兵千余人及幽州乌丸杂胡骑，又略

[1] ［德］弗里德里希·尼采著，孙周兴译：《权力意志》，上海人民出版社2018年版，第10页。

[2] 《三国志》卷32《先主传》及裴松之注。

得饥民数千人。既到，谦以丹杨兵四千益先主，先主遂去楷归谦。谦表先主为豫州刺史，屯小沛”[1]。不久适逢陶谦生病死去，于是刘备在建安元年领徐州，成为一方诸侯，初步有了参与逐鹿天下的资格。但刘备毕竟政治基础薄弱，军事实力也不足，所以他此后的发展过程中胜败相间，曲曲折折，先后投靠吕布、曹操、袁绍、刘表等，一直到赤壁之战打赢了曹军，并占有荆州属下数郡，才开始有了自己比较稳固的地盘。纵观刘备在这十余年间的经历，有三个地方是值得注意的。其一，刘备随着形势何时依靠谁，又何时离开，时机都拿捏得很准，几乎和曹操一样，能够不断做出正确的选择。其二，不管身处何地都多多少少抓着一支军队不放手，人数有时虽不多，但在困难关头却顶得上，使得刘备即使在依靠别人时还可以作为一支独立的力量存在。如以所部击破了曹操先后派遣的蔡阳、夏侯惇所率追兵。其三，一如其青年时好交结豪侠，他始终注意收罗人才，其中文臣谋士如诸葛亮、庞统、马良、许靖、糜竺、简雍等，武将如关羽、张飞、赵云、黄忠等都是在入川之前成为他的羽翼的。他们即若诸葛亮在其《后出师表》中所谓“此皆数十年之内所纠合四方之精锐，非一州之所有”[2]。由于具备了以上所说的三个特点，刘备能够在军阀混战中脱颖而出也就不是偶然的了。

真正促成三分天下局面最后形成的，是刘备决定入川，并从刘璋手里夺下益州。赤壁之战以后，群雄之争趋向末期，曹、孙、刘三家是比较醒目的存在。其中曹操实力最强，拥有半壁江山，但遭遇新败。孙权下辖的地盘已经大于其父兄，正忙于消化，把主要注意力放在与曹军对峙的九江、合肥一线。刘备虽有了荆州数郡（南郡、零陵、武陵）为立足点，但毕竟地方狭小，

[1] 均见《三国志》卷32《先主传》。

[2] 《三国志》卷35《诸葛亮传》注引《汉晋春秋》。

若无新的发展则前途可忧。不过与其毗邻的巴蜀却是汉末弱肉强食争夺中仅剩的一块肥肉。当时统治蜀中的是刘璋，其父刘焉在董卓执政时为益州牧，死后由刘璋嗣位。但刘璋性格懦弱，既不能解决敌对的张鲁，也无法摆平内部的矛盾，如追随刘焉之“南阳、三辅人流入益州数万家，收以为兵，名曰东州兵。璋性宽柔，无威略，东州人侵暴旧民，璋不能禁，政令多阙，益州颇怨”[1]。于是以法正、张松为代表的一些益州人士勾结刘备以讨伐张鲁的名义入川。刘璋没有察觉刘备的真实意图，反而“以米二十万斛，骑千匹，车千乘，缯絮锦帛，以资送刘备”[2]。刘备则在站稳脚跟后，找借口翻脸进攻成都。时城中尚有精兵三万人，谷帛可支持一年，但刘璋为避免战火祸及百姓遂开城出降。这样刘备便轻易地成为益州的新统治者，有了对抗曹操和孙权的牢固基地，也使得天下一分为三的形势成了定局。

历史是由人创造的，或者说每个人都参与了历史，但在其中担当的分量或作用是不一样的。尤其在所谓乱世中，只有强者才有力量拨乱反正，至少是可以改变局势，一如汉末的曹操和刘备。曹操在《让县自明本志令》里宣称：“设使国家无有孤，不知当几人称帝，几人称王！”[3]虽然此话显得有些得意自夸，但也反映了当时的实际情况。因此在开创三国历史的主要角色里，孙权或可被替代，曹操与刘备却无法被替换。

顺便提一下的是，从曹操和刘备各自遗留至今的文字来看，曹操似乎对孔子及儒家之道赞扬备至。若称“仁义为名，礼乐为荣；歌以言志，明明日月光”，及“丧乱以来，十有五年，后生

[1]《三国志》卷31《刘璋传》注引《英雄记》。

[2]《三国志》卷31《刘璋传》注引《吴书》。

[3]《三国志》卷1《魏武帝纪》注引《魏武故事》。

者不见仁义礼让之风，吾甚伤之”[1]之类话语在曹操笔下可谓比比皆是。正如北原加织先生指出，曹操是“将儒教经典《周礼》所刻画的世界视为自己的理想世界”。他的唯才是举等主张和儒家思想也并不矛盾，“并没有通过法家主义来否定儒家，而是一种希望在儒的王道和法的霸道之间采取均衡的统治”[2]。这种对政治均衡的注意，其实也反映了曹操对中庸之道的领悟。与此对比，在有关刘备的史料里却几乎找不到如此的思想表达。很难说曹操这些言论不代表他的真实思想而系作伪，但后世的儒者多从他在朝代更替中的实际作用出发，将他置于反面，应该是出于维护儒家价值观对政治秩序制约的需要，也算是一种“古为今用”。所以对历史人物的评价，认清是从何种角度视之，十分重要。

[1] 分见《秋胡行》《修学令》，载林久贵、李露编著：《曹操全集》，崇文书局2020年版，第30、60页。

[2] [日]北原加织：《曹操的霸道与王道》，载楼劲主编：《魏晋南北朝时期的政治与社会》，中国社会科学出版社2020年版，第56、57页。

二 形势不饶人——三国鼎立局面之起伏

1. 三国鼎立形态的基本成型

当刘备占有了巴蜀时，三分天下的态势就已经基本确立。不过根据史家关于王朝更替标志的约定，三国分立之始放在220年曹操之子曹丕建立了魏国。是年“十月，乙卯，汉帝告祠高庙，使行御史大夫张音持节奉玺绶诏册，禅位于魏。王三上书辞让，乃为坛于繁阳，辛未，升坛受玺绶，即皇帝位……十一月，癸酉，奉汉帝为山阳公，行汉正朔，用天子礼乐；封公四子为列侯。追尊太王曰太皇帝；武王曰武皇帝，庙号太祖；尊王太后曰皇太后”[1]。孙权在当年接受魏“吴王”之封。第二年，刘备自为蜀汉皇帝，标志正式进入三国时代。

不过，如果从所辖人口及以此为代表的经济实力来看，魏、蜀、吴三者之间并不平衡。据一些史料所提供的数字，当时“魏有户六十六万二千四百二十三，口四百四十三万二千八百八十一……蜀汉章武元年，户二十万，男女口九十万。吴赤乌五年，户五十二万，男女口二百三十万”[2]。大体上蜀、吴二方加起来，才稍微比魏方多一些。从版图上说，蜀、吴两家一起占有着长江流域，整个黄河流域则属于魏，后者的经济发达程度在当时要远远超过前者。为什么在蜀、吴的统治阶层里主张彼此

[1] 《资治通鉴》卷69“魏文帝黄初元年十月”条。

[2] 《三国会要》卷28《民政一》，上海古籍出版社1991年版，第584页。

联合抗曹的意见在大多数时间里是占着上风？就是因为事实明显地摆着，即“今天下三分，中国十有其八。吴、蜀各保一州，阻山依水，有急相救，此小国之利也”[1]。两家合在一起的实力还不一定胜得过曹魏，如果各自单干，被分化击破是早晚的事。而赤壁之战的结果表明，蜀、吴之间团结了，不仅可以保得眼前安全，将来北方一旦有变，大家都还有成就霸业的机会。

对蜀、吴两家的联合来说，有一道很难过得去的坎儿，那就是荆州的归属问题。在赤壁之战中，双方抗击曹军的兵力，据《三国志·诸葛亮传》，刘备一方参战的是“今战士还者及关羽水军精甲万人，刘琦合江夏战士亦不下万人”，孙权一方则“即遣周瑜、程普、鲁肃等水军三万”，仅此对比就是四六开。整个赤壁战役中最关键的一仗是孙吴军主帅周瑜指使部将黄盖伪降而火烧曹营，关于这个过程《江表传》是如此描述的：“至战日，盖先取轻利舰十舫，载燥荻枯柴积其中，灌以鱼膏，赤幔覆之，建旌旗龙幡于舰上。时东南风急，因以十舰最著前，中江举帆，盖举火白诸校，使众兵齐声大叫曰：‘降焉！’操军人皆出营立观。去北军二里余，同时发火，火烈风猛，往船如箭，飞埃绝烂，烧尽北船，延及岸边营柴。瑜等率轻锐寻继其后，雷鼓大进，北军大坏，曹公退走。”[2]接着周瑜又率军渡江击败曹仁，占领了江陵，自己还被“流矢中右胁，疮甚”。但最后瓜分胜利果实，刘备得到的荆州郡县要比东吴多些，刘备还正式挂上了“荆州牧”的头衔。吴国上下为此愤愤不平，在心理上也是很自然的。更重要的是从战略角度来讲，荆州对于江东远要比益州重要得多。诸葛亮曾在隆中向刘备描绘过有机会北伐时分别从益州和荆州发兵，形成两路夹击的进军蓝图，不过那只是一种美好

[1] 《三国志》卷14《刘晔传》注引《傅子》。

[2] 《三国志》卷54《周瑜传》。

的设想。而对于防卫自境，由于蜀道之难难于上青天，两地之间的交通十分不便，于是一方面，在有敌情时彼此很难进行迅速支援；另一方面，失去荆州也不会对蜀中构成致命的威胁。可是对于孙吴政权来说情况就大不相同了，要保住江东，有两个方向是很关键的：一是江淮之间的地域，保江必先保淮，一旦敌方饮马长江，不仅天险变成共有，都城建业也就直接暴露在对手眼前；二是位处中游的荆州对江东有居上临下之势，假如敌军从荆州出发，水陆并进，顺流而下，东吴就有无险可守之危。所以站在吴国的立场上，无论是感情上还是利害上，对荆州都是志在必得，只是北方强敌当前，一时没有可乘之机而已。

建安二十四年（219年），汉朝即将被魏取代的前夕，北方各种政治矛盾愈加激化。此前一年，曹操诛灭起兵反对他的少府耿纪、丞相司直韦晃等三族。当年，邺都魏讽、陈祎等谋反，被曹丕所杀，连坐死者数千人，魏相国钟繇坐免官。接着，曹操又杀了在政治不甘寂寞的名士杨修。或许是利用这种形势，一边是孙权进攻合肥，另一边镇守荆州的关羽也挥师北上，率众攻曹仁于樊。曹操遣于禁协助曹仁守城。当时，“秋，大霖雨，汉水泛溢，禁所督七军皆没。禁降羽，羽又斩将军庞德。梁郏、陆浑群盗或遥受羽印号，为之支党，羽威震华夏”。这种形势下，曹操听从司马懿、蒋济等人的意见，认为“关羽得志，孙权必不愿也。可遣人劝权蹑其后，许割江南以封权，则樊围自解”[1]。同时孙权接受吕蒙的建议，写信给曹操，趁关羽后方空虚，“乞以讨羽自效”[2]。于是，吴军主将吕蒙至寻阳，埋伏精兵于船舱之中，又使人穿商人服装摇橹，昼夜兼行。至关羽所置江边屯候，尽收缚之，所以关羽不知道后方已经危急。吴军进至关羽大营所

[1]《三国志》卷36《关羽传》。

[2]《三国志》卷47《吴主孙权传》。

在的南郡，与关羽有矛盾的守将士仁、糜芳等皆降。吕蒙进入南郡后则严肃军纪，并抚慰蜀军将士家属，还设法将这些情况让蜀军知晓。于是关羽手下吏士皆无斗志。“羽自知孤穷，乃走麦城，西至漳乡，众皆委羽而降。权使朱然、潘璋断其径路，即父子俱获，荆州遂定”[1]。一般把关羽的失败归咎于他个人的性格、行事，也就像当时陆逊对他的分析：一是关羽非常骄傲，盛气凌人，包括对一些属下的将领；二是他一心考虑如何对付曹军，不在乎东吴动向，所以对吴军没有防备，即后来所谓大意失荆州。但在客观上也由于荆州与益州在地理上相邻却相隔，关羽实际上是在孤军作战，他将江陵、公安的守军调至樊城前线，也是兵力不足，又得不到益州方面支援的缘故。

由于痛失荆州和与其情同手足的大将关羽，刘备在如此情势之下，顾不得联孙抗曹的战略考虑，也不听赵云等臣下的谏言，亲自率领大军要与吴军决战。值得注意的是，据《三国志·先主传》，刘备是在221年秋七月率诸军伐吴，但直至次年二月，他才自秭归率将进军，于夷道猇亭驻营，到达与吴军作战的前线，前后过程竟有半年多！刘备进军时恐怕主要走的是水路，所以后来败退时有弃船舫之举，但当时长江三峡的水道流急礁多，应该遇到不少困难，以致被陆逊判断为兵疲意沮，而吴军正在夷陵道上以逸待劳。夷陵一带山多地少，也只能依山扎营。刘备是久经沙场之人，但事起仓促，出兵前不可能有很好的谋划准备，只好依实况将就。陆逊看出了问题之所在，于是乃敕士兵“各持一把茅，以火攻拔之。一尔势成，通率诸军同时俱攻，斩张南、冯习及胡王沙摩柯等首，破其四十余营。备将杜路、刘宁等穷逼请降。备升马鞍山，陈兵自绕。逊督促诸军四面蹙之，土崩瓦解，死者万数。备因夜遁，驿人自担，烧铙铠断后，仅得入白帝城。

[1]《三国志》卷54《吕蒙传》。

其舟船器械，水步军资，一时略尽，尸骸漂流，塞江而下”[1]。这次战事后来被称为“夷陵之战”。是役双方出动兵力共十万以上，算得上三国时期继官渡、赤壁之后的第三大战役。但这一仗打下来，不仅未能为关羽报仇与收复失地，反而大伤蜀军的元气，有说陆逊大败刘备，杀其兵八万余人，备仅以身免的。刘备因此大惭恚而病死于白帝城，不能说是很意外的事。

此前，曹魏的一位谋士刘晔在关羽死后议论刘备是否会出兵时分析道：“蜀虽狭弱，而备之谋欲以威武自强，势必用众以示其有余。且关羽与备，义为君臣，恩犹父子；羽死不能为兴军报敌，于终始之分不足。”[2]后来刘备果出兵击吴。可见，身居高位者在情势逼迫下，会从自身的角度作出与通常理性不一之决定，但导致的结果往往是悲剧性的。夷陵之战后，蜀汉从此成为三国之最弱，也是后来最先被灭的一方。

2. 人谋难胜“天算”——从诸葛亮透视蜀汉之政治博弈

我们今天见到的三国历史，是由当时人记载，并经后代人整理与评议的历史。如此过程之后使得在三国时期人物中，留给后世印象最深、影响最大的是诸葛亮。他的人格与智慧，以及他与刘备之间堪称典范的君臣关系，都在儒家政治中起着不可或缺的标杆作用。这也是诸葛亮成为中国古代最出类拔萃的历史人物之一的一个深层原因。

大体上，在汉献帝建安时代，表现在诸葛亮身上的主要是战略家的眼光，而在刘备去世后，他就担当起维护蜀国存在之重任，成了“鞠躬尽瘁，死而后已”的实干政治家。诸葛亮在隆中

[1]《三国志》卷58《陆逊传》。

[2]《三国志》卷14《刘晔传》。

与刘备见面之初就提出了为后者量身打造的战略意向，也是当时议论中所能见到对天下何以能一分为三之最清晰的分析。刘备后来按着这个方针努力，果然占了荆州，得了益州，联吴抗曹，自成一方。只是关羽、刘备的先后战败，尤其前者荆州之失带有一定的偶然性，致使“霸业可成，汉室可兴”的目标最后落空。

刘备在称帝后第三年，即223年病死，临终前把辅助少主的后事托付诸葛亮。刘禅继蜀汉之帝位后，也即刻“封亮武乡侯，开府治事。顷之，又领益州牧。政事无巨细，咸决于亮”[1]。诸葛亮成了蜀汉实际的执政者，当时他有几个必须要处理好的大问题。

首先，对外事务上要恢复联吴抗曹的基本方针。联吴不成问题，孙权得到荆州之后，既无继续与蜀作战的意愿，也无攻蜀的实际可行性，因为从荆州进军益州所遇到交通等困难，要比从益州沿江而下还大得多，更何况北面还有虎视眈眈的曹军。所以在诸葛亮“遣使聘吴，因结和亲，遂为与国”举措之后，孙权也“遣辅义中郎将张温聘于蜀”[2]。于是蜀汉所要对付之外敌就是曹魏了。为此，诸葛亮先巩固后方，225年“春，亮率众南征，其秋悉平。军资所出，国以富饶，乃治戎讲武，以俟大举”[3]。此后，直至滇池的蜀国西南部分被诸葛亮所牢牢控制。接着就是贯穿着他此后一生以“六出祁山”为代表的伐魏事业。227年，诸葛亮开始第一次伐魏，也是最有希望成功的一次。据《三国志·诸葛亮传》记述，是年“春，扬声由斜谷道取郿，使赵云、邓芝为疑军，据箕谷，魏大将军曹真举众拒之。亮身率诸军攻祁山，戎阵整齐，赏罚肃而号令明，南安、天水、安定三郡叛魏应亮，关中响震。魏明帝西镇长安，命张郃拒亮，亮使马谡督诸军在前，与

[1] 《三国志》卷35《诸葛亮传》。

[2] 《三国志》卷35《诸葛亮传》、卷47《吴主孙权传》。

[3] 《三国志》卷35《诸葛亮传》。

部战于街亭。谡违亮节度，举动失宜，大为郃所破。亮拔西县千余家，还于汉中，戮谡以谢众”。当年冬天，诸葛亮又出祁山一次，其后又发兵数次，虽然或有斩获，但可以说都无功而返。其中一个很重要的原因是军粮不继，这当然是受到“蜀道难”的客观条件之影响。至234年，诸葛亮出兵后在渭水之滨实行屯田来解决后勤补给问题，“为久驻之基”。但在“其年八月，亮疾病，卒于军，时年五十四”[1]。就此，其最后的努力被画上了句号。

为什么诸葛亮要如此不遗余力地连续对曹魏进行攻势作战？因为他心里非常明白，欲以一州之地与曹军持久是不可能的，所以“今民穷兵疲，而事不可息”[2]，也必须不断地“攻也，特以为守焉”[3]，方有望带来一丝生机，并以此为理由压制蜀国的内部矛盾。但最后事实即如唐代杜甫在诸葛亮祠堂前为他发出的感叹：“三顾频烦天下计，两朝开济老臣心；出师未捷身先死，长使英雄泪满襟！”可见诸葛亮留给后世人们心目中的形象，不仅在于他品格之高，还在于他是一个有志者事竟不成的悲剧式人物，从而赢得千百年来壮志未酬者们的共鸣。

人们不太注意的是，除此之外诸葛亮在执掌朝政时还要面对并处理的两大问题。其一是要平衡内部的各股势力，当时蜀国内部在政治态度上大致可分为三个群体。即由刘焉、刘璋父子带入四川的数万兵民，益州本地的士绅豪强以及追随刘备进入巴蜀征讨的一众文臣武将。将这三者关系处理得好，就还有力量能和魏、吴进行抗争。否则的话，所谓“东州兵”与土著人士矛盾激化而为刘备提供了进入益州的机会，便是前车之鉴。由于诸葛亮做到被史家所盛赞的：“抚百姓，示仪轨，约官职，从权制，开

[1]《三国志》卷35《诸葛亮传》。

[2]《三国志》卷35《诸葛亮传》注引《汉晋春秋》。

[3]《读通鉴论》卷10《三国》。

诚心，布公道；尽忠益时者虽仇必赏，犯法怠慢者虽亲必罚，服罪输情者虽重必释，游辞巧饰者虽轻必戮；善无微而不赏，恶无纤而不贬；庶事精练，物理其本，循名责实，虚伪不齿；终于邦域之内，咸畏而爱之，刑政虽峻而无怨者，以其有心平而劝戒明也。”[1]所以至少在诸葛亮执政期间这方面没有出什么大事情。

其二是一个在史籍上写得比较隐晦，但事实上却是很棘手的问题，即诸葛亮如何处理与后主刘禅之间的君臣关系。刘备在死前对诸葛亮说了一些令人惊愕的话：“君才十倍曹丕，必能安国，终定大事。若嗣子可辅，辅之；如其不才，君可自取。”[2]这种话在强调“君君，臣臣”的封建时代说出来肯定会造成无比的震动，不仅仅对于诸葛亮的内心！关于刘备说这些话的动机，也有很多猜测与评议，如王夫之认为刘备曾怀疑诸葛亮“之交固于吴”，所以不愿让他替代关羽镇守荆州，表明信不过之状“明矣”[3]，当然都没有旁证。可是对后来诸葛亮处理与刘禅的君臣关系还是有影响的。方北辰先生则认为刘备话中的“自取”非“取代”而是“选取”，即假如刘禅不行，诸葛亮可以“自行”大权，“在刘备另外的子嗣（例如鲁王刘永或梁王刘理）中选择合适的人立为新君”[4]。无论如何，这不仅给刘禅压力，也同样给了诸葛亮压力，若按刘备这样的意思行事，以汉之霍光为榜样，后来霍氏的遭遇也足够使诸葛亮胆战心惊[5]。刘禅继位时已经17

[1] 《三国志》卷35《诸葛亮传》。

[2] 《三国志》卷35《诸葛亮传》。

[3] 《读通鉴论》卷9《献帝》。

[4] 方北辰：《刘备遗嘱“君可自取”句辨释》，载中国魏晋南北朝史学会编：《魏晋南北朝史研究》，湖北人民出版社1996年版，第136页。

[5] 《三国志》卷52《张昭传》注引《吴历》载，孙策临终前将孙权托付给张昭时说了与刘备类似的话：“若仲谋不任事者，君便自取之。”看来这是群雄割据时代的一种权谋套路，但当时的刘备与彼时的孙策地位名分相差极大。按儒家的理念，孙策之言可以模糊过去，刘备之言则非同小可。

岁，至诸葛亮死则是28岁，这个年龄在古代的皇帝中间并不算小。其实刘禅是个很机敏的人，智力至少在普通人之上。有两点可以证明。

一是他在秦之后两千多年所有的亡国之君中受到待遇最好的一个，不仅保全了性命，还能“食邑万户，赐绢万匹，奴婢百人，他物称是。子孙为三都尉封侯者五十余人”。这是他用行为来向胜者证明自己的存在是有益无害之结果。史载“司马文王与禅宴，为之作故蜀技，旁人皆为之感怆，而禅喜笑自若。王谓贾充曰：‘人之无情，乃可至于是乎！虽使诸葛亮在，不能辅之久全，而况姜维邪？’充曰：‘不如是，殿下何由并之。’他日，王问禅曰：‘颇思蜀否？’禅曰：‘此间乐，不思蜀。’郤正闻之，求见禅曰：‘若王后问，宜泣而答曰：先人坟墓远在陇、蜀，乃心西悲，无日不思。因闭其目。’会王复问，对如前，王曰：‘何乃似郤正语邪！’禅惊视曰：‘诚如尊命。’左右皆笑”[1]。后世将其小名“阿斗”当作形容愚者的贬义词，大概是根据这些故事得到的印象。其实只要反思一下：刘禅和郤正的对话马上被司马懿知晓，说明后者对他进行了严密监视，假如刘禅果真按郤正所教向疑心甚重的司马懿说了，会受到什么样的处置不难想象，所以说他有若愚之智。

二是有自知之明。以往认为他在蜀国做了这么多年的皇帝却无大的事迹可言，便以庸君论之。其实这正是他聪明之处，诸葛亮之才干无须多言，又一再上表誓言要忠陛下，既然不愁有江山被夺的危险，乐得不劳心费神是正常的选择。在诸葛亮之后，蒋琬、费祎依次执政约20年。前者曾为诸葛亮的长史，后者则为诸葛亮所推荐，都是所谓“社稷之器”或“天下淑德”[2]。即使是在

---

[1]　《三国志》卷33《蜀后主刘禅传》及注引《汉晋春秋》。

[2]　《三国志》卷44《蒋琬传》《费祎传》。

蒋琬死后，刘禅自摄国事，但也没有在政事上干预费祎，且“军旅屡兴而赦不妄下”[1]，所以史家评说他“为循理之君”。只有在姜维执政五年之后史籍上才提到一句“宦人黄皓始专政”[2]，不过也没说黄皓究竟做了些什么坏事，而且军权还一直在姜维手里，所以要把蜀亡之责归结到这一点上，是不公允的。可话要说回来，尽管刘禅可能觉得承袭汉初“虚君制”的传统也不错，但最高权力出自宫中（无论是皇帝还是太后）的观念已成政治习惯，所以刘禅周围的人一定于此很不甘心，闹出一些特殊性的表现是很自然的，而刘禅在处理中有所偏袒亦属人之常情。这大概就是诸葛亮为什么在前出师表里要用不少篇幅来强调“宫中府中，俱为一体，陟罚臧否，不宜异同”[3]之原因所在。而在后出师表中诸葛亮又一再请求后主为他解释各种疑问，应该是碰到了一些阻力，《史通》谓“蜀老犹存，知葛亮之多枉”[4]，当非空穴来风，而且很可能也与刘禅的态度有一定的关联。虽然后来诸葛亮的意愿基本被实行，但他为此花费了很多心力，也是不争的事实。

在诸葛亮死后，蜀国的先后执政者蒋琬、费祎、姜维等都是诸葛亮看重和提拔的人，可以说不管是对内还是对外，包括姜维对魏的屡屡用兵，其实都是诸葛亮政策的继续。但蜀汉以一州之地与中原抗衡，最后被灭是不可避免的，也算得上是诸葛亮悲剧的延续。

3. 转向文治之前因后果——曹魏前期政治

除蜀国外，魏、吴政权的消失和它们内部的政治有很大关

[1] 《答问九》，载钱大昕著，吕友仁校点：《潜研堂文集》，上海古籍出版社1989年版，第192页。

[2] 《三国志》卷33《蜀后主刘禅传》及注引《魏略》。

[3] 《三国志》卷35《诸葛亮传》。

[4] 刘知几撰，浦起龙释：《史通通释》卷7，上海古籍出版社1978年版，第199页。

系，虽然有着不同的表现形式。这与统治集团的组合基本出于利害考虑，并非是价值理念上的一致有一定关系。

作为中原正统皇朝的延续，曹魏统治集团一直有着南下而一统天下的意愿。220年，曹丕以禅代的形式建立了魏朝。在对待蜀、吴的方针上曹丕继承了曹操的遗志，但内政方面事情却在悄悄地起着变化。

在曹丕登上皇帝大位之前，曹操在政治上打下了坚实的基础，已经把内内外外各种政敌收拾得差不多了。曹丕名为魏朝的开国皇帝，实际上却是守成君主。以武功得天下和用文士治天下是中国历史上行之有效的转换模式。曹丕本人是一个出色的文人，史云其“所著《典论》、诗赋，盖百余篇，集诸儒于肃城门内，讲论大义，侃侃无倦”[1]，所以禅代的仪式刚一结束，就接二连三地颁发诏书。如黄初二年（221年）正月实行举孝廉之制，接着下诏奉行教化政策，并以孔子后代孔羡为宗圣侯，邑百户，奉孔子祀。及黄初五年四月，立太学，制《五经》课试之法，置《春秋谷梁》博士，等等。既然如此，在实际施政中推行儒术，大量起用文人成了必然的趋势。曹丕于此做了两件影响深远的事。

其一，在选拔官吏上实行“九品官人之法”。该法出台初意是为了更好地使用人才而“权立九品，盖以论人才优劣，非为世族高卑”，在加强文治过程中，顺势与九品官制配套，“因此相沿，遂为成法。自魏至晋，莫之能改”[2]。更大的背景按照宫崎市定的述论是：在建安时代，洛阳是名义上的朝廷，官僚的等级是以秩（俸禄）的数量来表现的汉制，而在邺城同时有一个以一至九品来区分的魏国官制，后者行使着政府之实权。“为了使禅让圆满实现，魏新政府就要尽量吸收汉朝的官僚，保证不让他

[1]《三国志》卷2《魏文帝纪》注引《魏书》。

[2]《宋书》卷94《恩倖传》。

们失业，令其安心。但是，既然目的是取消两重政府并统合为一，就不可能原封不动地按照汉朝官僚体制吸收汉朝官僚，因此，必须解散汉朝官僚体系，在回归个人的基础上，再根据个人的才能，于新政府内安排相应的位置。……但是，如果政府自己来做，就难免招致不公平的责难，所以就把它委托给本籍地来进行，由此产生了郡国的中正。……中正的任务是审查自公卿以下至郎吏为止的现任官吏，这就是最初设置中正的目的”。后来作为一种地方上由中正对人物高下的评议制度，称为“乡品”，并成了青年士子“起家”担任什么官职之依据，所以此制亦称“九品中正制”[1]。尽管后来该制产生了许多弊病，但把行政体系和选拔工作分离开来，以及对不同评价体系的有机融合，依然不失为中国政治制度史上的一个亮点。

其二，黄初七年（226年）五月，曹丕“疾笃，召中军大将军曹真、镇军大将军陈群、征东大将军曹休、抚军大将军司马宣王，并受遗诏辅嗣主”[2]。这四位顾命大臣虽然都顶着“大将军”的头衔，但司马懿和陈群都是文官出身，后者还是九品官人法的制定者。这也说明在曹魏的朝廷里，文武官员的势力已经处于相对平衡的状况。回顾建安年间被曹操所诛杀者多半是文人，如孔融、荀彧之类，出现如此情势就很值得注目了。

继曹丕之位的是太子曹叡，是为魏明帝。其在位13年，仍继续着曹丕以文治为主的统治方针。如于太和二年（228年）六月下诏：“尊儒贵学，王教之本也。自顷儒官或非其人，将何以宣明圣道？其高选博士，才任侍中常侍者。申敕郡国，贡士以经学为先。”[3]但与此同时，曹叡也继承了其父亲有损自家政权的

[1] 参见［日］宫崎市定著，韩昇、刘建英译：《九品官人法研究：科举前史》，中华书局2008年版，第58-72页。

[2] 《三国志》卷2《魏文帝纪》。

[3] 《三国志》卷3《魏明帝纪》。

一个政策或观念，即严防祸起萧墙，不让至亲者有实力、有机会谋夺帝位，酿成内乱。或许是曹丕在继位的过程中曾受到其弟曹植、曹彰等严重的挑战，有过激烈的斗争，留下了太深的刺激和印象，所以不让诸弟参与军事，并严加管束。曹叡登基后，诸位叔叔还正当壮年，可能感觉危险依旧，所以继续其父之方针其实是可以理解的。但问题是，由于其他一些必然与偶然的原因，曹氏政权后来竟落到了司马氏手里，于是一些史家把二者联系成因果关系，予以猛烈抨击。如孙盛曰："魏氏之封建也！不度先王之典，不思藩屏之术，违敦睦之风，背维城之义。……魏氏诸侯，陋同匹夫，虽惩七国，矫枉过也。"[1]《晋书·汝南王亮传》说曹魏："忘经国之宏规，行忌刻之小数，功臣无立锥之地，子弟君不使之人，徒分茅社，实传虚爵，本根无所庇荫，遂乃三叶而亡。"这些史家所论是站在儒家亲亲的角度看问题，但这不是后来魏晋鼎革的主要原因。

4. 东吴走向终局——被地域意识所决定

在集权统一的秦、汉帝国体制中，以长江流域为代表的南方既是经济发展相对落后的地方，也是朝廷控制力比较薄弱的区域。这样的情况遭遇乱世，是最容易出现割据政权的，犹如蜀、吴。不过蜀国朝廷是由外来的政治集团所建立，甚至此前的刘焉、刘璋父子以及稍后的李特、李流集团都可以说是外来的统治者。但东吴政权则与其大不相同。

吴郡富阳人孙坚几乎和刘备有着类似的经历，先是协助地方长官治安而成为县丞，又趁着黄巾起事造成的混乱而率军出征，通过战功成为长沙太守。后来受命于袁术，在与刘表部将黄祖作

[1] 《三国志》卷19《陈思王植传》注引。

战中被杀。孙坚的长子孙策更有头脑，十几岁时便“与周瑜相友，收合士大夫，江、淮间人咸向之”。在孙坚死后接收了其部曲返回江东，并依托袁术东征西讨。如此，孙策“转斗千里，尽有江南之地，诛其名豪，威行邻国”[1]，为孙氏政权在江东打下了基业。建安五年（200年），孙策狩猎时受到刺客攻击，伤重而死，时年二十六，遗命其弟孙权继承事业。

孙权继位时，直接掌握的有会稽、吴郡、丹杨、豫章、庐陵等郡。这些郡之境土是长江中下游的核心区域，也是经济相对发达的地方。辅助他的文武左右，有张昭、周瑜、顾雍、程普、吕范、张纮、阚泽、黄盖、韩当、蒋钦、周泰、董袭、吕蒙、步骘、凌统等，鲁肃、诸葛瑾等为其宾客。这些人里多数籍贯是长江中下游地域内的，只有少数是汉末避乱江东的，或是早年跟随孙坚、孙策的。所以以这些人为核心构成的统治集团使得东吴政权的地方色彩十分浓厚。其有利之处在于社会基础比较稳固，但地域意识的强烈，虽或有守土自保的意志，如能致力于对荆州和江淮间地域的争夺，却少有全局性战略眼光与打算。230年孙权欲与蜀结盟时的提案——“参分天下，豫、青、徐、幽属吴，兖、冀、并、凉属蜀。其司州之土，以函谷关为界”[2]，大约已经是东吴当权者们最高的政治目标了。

孙权在位时间达53年之久，所以他的在世几乎代表着吴国的历史。在这对个人来说并不算短的掌权岁月中，孙权的成绩在于巩固了父兄打下的江山并略有扩展。其主要表现在：

第一，正式建立吴国，他死后也因而得到“大皇帝”的谥号。此举意义则在乱世争霸中有利于稳定官心军心和民情，尤其是对割据政权而言，是一种合法性的构建。

---

[1] 《三国志》卷46《孙破虏讨逆传》、卷47《吴主孙权传》注引《傅子》。

[2] 《三国志》卷47《吴主孙权传》。

第二，占有荆州大部，比较彻底地解决了西顾之忧，也为在对吴有利的状况下定下了新的蜀吴联合基础。

第三，通过诸如分三郡恶地十县，置东安郡及讨平山越和武陵蛮夷等，获得不少土地与人口。这样不仅在客观上强化了东吴政权的国力和行政控制力，也为南方广大地区的文化融合起了推进作用。

与孙权在位的时间相比，《三国志·吴主孙权传》似乎写得有些过分简短，但传末之史论里，对他的差评多于赞誉，说他“性多嫌忌，果于杀戮，暨臻末年，弥以滋甚。至于谗说殄行，胤嗣废毙，岂所谓贻厥孙谋以燕翼子者哉？其后叶陵迟，遂致覆国，未必不由此也”。也就是把吴国最后灭亡的原因归结于孙权。这些评语大致包含两个方面：

其一，说他多疑好杀。如“信任校事吕壹，壹性苛惨，用法深刻。太子登数谏，权不纳，大臣由是莫敢言。后壹奸罪发露伏诛”。三国时期的“校事”是比较特殊的官职，系派驻官场与四方的纠察，但只向君主负责，因而有着使人惧怕的权力，多见于吴、魏。汉末群雄角逐，其间阴谋叛变司空见惯，趁着机会贪污舞弊也会更多些。儒学的僵化在失去了道德功能的同时也大大削弱了人们之间互相信任的纽带。在这样的情况之下，强势的君主更加会依仗权术治国，校事就成了工具之一。君王利用校事之类的官吏监察属下，行使权威，矛盾尖锐时再把他们推出来充当替罪羊以求平息公愤，在历史上也屡见不鲜。孙权性格上的“屈身忍辱”其实和“性多嫌忌，果于杀戮”是相辅相成的一体两面，有着如此性格的人在皇帝位置上坐久了，在政治上形成恐怖氛围和离心倾向似乎很难避免。

其二，或许是更重要的一面，是孙权废了太子孙和，并族诛苦谏他的督将陈正、陈象，流放骠骑将军朱据与尚书仆射屈晃，

"群司坐谏诛放者十数。众咸冤之"[1]。嗣后，又杀了图谋太子之位的鲁王孙霸及其党羽全寄、吴安、孙奇、杨竺等。在皇权专制政体里，太子之位意味着政权之未来，一旦动摇，觊觎此位而引起内斗不绝，还会使很多朝臣卷入，并连带引出外患。如当时魏国就有将军王昶上言："孙权流放良臣，适庶分争，可乘衅而制吴。"[2]孙权子孙众多，由此种下的祸根，是吴国走向灭亡的重要原因之一。

在孙权死后，吴国的内乱不断，核心问题是皇族之间的争权夺利。先是，孙权少子孙亮继位后不久，大将军诸葛恪因战败被将军孙峻所谋杀，执政权就落在后者及其从弟孙綝手里。其间，不断有反对者出现，孙峻杀吴侯孙英。孙綝杀皇后之父全尚并废孙亮，迎孙权第六子孙休为帝。由此孙綝"一门五侯皆典禁兵，权倾人主，有所陈述，敬而不违，于是益恣"[3]，因而被孙休所杀。264年孙休病逝，吴之众臣在多事之秋，欲以长者为君，遂迎孙权之孙子孙皓为帝。孙皓继位后既得志，粗暴骄盈。多忌讳，好酒色，大小失望，并杀了迎立他的丞相濮阳兴、左将军张布等大臣。史云孙皓后来更加残暴和荒淫，他"后宫数千，而采择无已。又激水入宫，宫人有不合意者，辄杀流之。或剥人之面，或凿人之眼。……好兴功役，众所患苦。是以上下离心，莫为皓（皓）尽力，盖积恶已极，不复堪命故也"[4]。只是因为北方正忙于政权更迭，一时无暇南顾，致使孙皓的统治能侥幸维持十余年。但这也并不能否定因孙吴政权内部分裂与加快三家合一进程的因果关系。

[1] 《三国志》卷59《孙和传》。

[2] 《三国志》卷27《王昶传》。

[3] 《三国志》卷48《嗣主孙休传》。

[4] 均见《三国志》卷48《嗣主孙皓传》。《三国志》原文作"孙晧"，"晧"今作"皓"。

三　惊心动魄的禅代与三国时代之终结

1. 司马懿政治优势之形成

三国之中，曹魏政权的根基最先动摇。249年，司马懿发动政变成功，史称“高平陵事件”，就已经是“雕栏玉砌应犹在，只是朱颜改”，开始了江山变色的过程，让建安年代的戏文换了一套背景与行头之后再重演一遍，进而结束三国鼎立的局面。

回顾事变发生的根由，要从魏文帝、明帝两朝的治国方略说起。曹魏以文治国为久远之计，原本不错，但有两个情况不能忽视。

其一，虽然魏国在实力上已经占有绝对优势，但毕竟统一尚未实现，战事依然不断，所以兵权之掌握，军事之成败仍然会决定着政治的动向。

其二，文治当然以推崇儒学为先，曹操父子虽然以文才著名，也提倡仁义之教，但对儒家的治国之道并没有很深的领会。如果在一般情况下也不是什么大问题，不过后来遇到经学世家出身且老谋深算的司马懿，江山就被其趁机变了色。

如此朝代更迭又夹杂着一些偶然因素，之一是自曹叡登基后，曹氏集团的重要成员王朗、曹休、钟繇、曹洪、曹真、董昭、华歆、陈矫、徐宣等纷纷逝世，于是缺少了能和司马懿抗衡的人物。设计九品官人法的陈群也在青龙四年（236年）去世，至此，当年曹丕临终时的顾命大臣就只剩下司马懿一个了。所以明帝在死前就只能拉着司马懿的手说：“吾疾甚，以后事属君，君其与爽辅少子。吾得见君，无所恨！”两朝托孤的情景对比鲜明，也是“大权偏据，社稷无卫”[1]的无奈结果。之二是明帝去世时，太子曹芳才八岁。而同时受顾命的曹爽也系司马懿的子侄辈，双方之间的政治、军事等方面的资历、经验和威望都存在着很大的差距，后者之“内忌而外宽，猜忌多权变”[2]绝非习惯于养尊处优的官二代所能对付得了的，也由此造就了“司马氏当魏室未衰，乘机窃权”[3]。不过尽管司马懿在当时朝廷中已成了无人能与之匹敌的政治高手，但他还是耐心地等待了近十年才发动政变。这是因为，一来个人的野心（或雄心）也是形势或环境变化所铸就，这需要有一个过程。可以说至少在明帝驾崩之前，司马懿还没有产生谋取江山的念头。二来曹魏的江山虽然也是谋夺得来的，但经过曹氏祖孙的几十年经营，皇权的正统性和君臣名分已经随时间而固化，再要想弱化它也得需要时间。三来对于当时作为主要政敌的曹爽，还得要有时间来观察他的性格和能力，找出其中短处，并等待他过失或错误之发生。

司马懿和曹爽第一次交锋在正始五年（244年）三月，受征西将军、都督雍、凉诸军事夏侯玄的鼓动，也为了自己能立军功树威望，曹爽决心伐蜀，至长安发卒十余万人，与玄自骆口入汉中，但在兴势山一带受蜀军抵抗，顿兵于坚城之下，因而“不得进，关中及氐、羌转输不能供，牛马骡驴多死，民夷号泣道路”。司马懿先后向曹爽和夏侯玄表示反对未果。至五月，曹爽不得已引军还，归途遭蜀军援兵依山截击，“爽争险苦战，仅乃得过，失亡甚众，关中为之虚耗”[4]。这一仗下来，曹爽声望大

[1]《三国志》卷3《魏明帝纪》及注引“孙盛曰”。

[2]《晋书》卷1《宣帝纪》。

[3] 赵翼著，王树民校证：《廿二史札记校证》卷7“魏晋禅代不同”条，中华书局1982年版，第148页。

[4]《资治通鉴》卷74“魏邵陵厉公正始五年正月”条。

损，司马懿则显先见之明，两者高下立分。更重要的是这次伐蜀的经过，使司马懿对曹爽的能力和性格应该有很清楚地了解，剩下的只是等候合适的时机了。同时，司马懿蓄意“称疾困笃，示以羸形”，声称自己“年老沈疾，死在旦夕”[1]。曹爽果然受骗而放松警惕，恣意享受。

2. 决定性的高平陵事件

249年正月，曹芳谒拜其父所葬之高平陵。该陵离洛阳城40多千米，说远不远，说近也不近。皇帝曹芳年少，曹爽作为宗亲大臣陪同出行也无可非议。问题是他带着几个弟弟：中领军曹羲、武卫将军曹训、散骑常侍曹彦一起走，其中特别是中领军曹羲掌握着洛阳城内禁军的兵权，兄弟几个都轻易地一齐离岗，就给了司马懿可乘之机。等曹芳、曹爽一行出了洛阳，司马懿立即“以皇太后令，闭诸城门，勒兵据武库，授兵出屯洛水浮桥；召司徒高柔假节行大将军事，据爽营；太仆王观行中领军事，据羲营”。曹爽得知后“迫窘不知所为，留车驾宿伊水南，伐木为鹿角，发屯田兵数千人以为卫”，只有大司农桓范出城前来投奔。这时，司马懿又设了一个圈套，“使侍中高阳许允及尚书陈泰说爽，宜早自归罪，又使爽所信殿中校尉尹大目谓爽，唯免官而已，以洛水为誓”。桓范“劝爽兄弟以天子诣许昌，发四方兵以自辅”，并陈言：“今日卿等门户，求贫贱复可得乎！且匹夫质一人，尚欲望活；卿与天子相随，令于天下，谁敢不应也！”桓范又谓羲曰：“卿别营近在阙南，洛阳典农治在城外，呼召如意。今诣许昌，不过中宿……”还说如“所忧当在谷食，而大司农印章在我身”。但曹爽犹豫再三却投刀于地曰：“我亦不失作富家

[1]《三国志》卷9《曹爽传》。

翁！”放弃对抗。最后的结果可想而知，不久有司秉承司马懿的旨意上奏：“‘爽与尚书何晏、邓飏、丁谧、司隶校尉毕轨、荆州刺史李胜等阴谋反逆，须三月中发。’于是收爽、羲、训、晏、飏、谧、轨、胜并桓范皆下狱，劾以大逆不道……俱夷三族。”[1]甚至“支党皆夷及三族，男女无少长，姑姊妹女子之适人者皆杀之”[2]。有言性格决定命运，曹爽“驽马恋栈豆”的性格弱点不仅决定了他本人的命运，也决定了曹魏政权的存亡。

3. 激烈而血腥的禅代过程

曹氏实行汉魏禅代的过程中进行的斗争是激烈的，其间也杀了不少人。但司马氏在重演类似的禅代时，血腥的味道更重，仅皇帝就被废了三个，每次必然会有一批人被杀，当然不仅于此。先是，曹爽被诛后，见司马懿挟年幼的皇帝曹芳以令天下，假节都督扬州诸军事的王淩和兖州刺史令狐愚，密谋以为“楚王彪长而才，欲迎立彪都许昌”，后被人告密。司马懿起军进讨。其间令狐愚病死，王淩自杀，“乃穷治其事。彪赐死，诸相连者悉夷三族”，并“发淩、愚冢，剖棺，暴尸于所近市三日”[3]。司马懿活到73岁死，先后接班的两个儿子司马师和司马昭，甚至孙子司马炎都早已能够独当一面。这种年龄和资历在古代，尤其在当时，是传承家族基业的可靠保障，所以用各种手段蚕食曹魏江山也保持着连续性。于是接着，“中书令李丰与皇后父光禄大夫张缉等谋废易大臣，以太常夏侯玄为大将军。事觉，诸所连及者皆伏诛”[4]，而且“皆夷三族”。随此，曹芳也失去帝位而被换

[1] 均见《资治通鉴》卷75“魏邵陵厉公嘉平元年正月”条。

[2] 《晋书》卷1《宣帝纪》。

[3] 《三国志》卷28《王淩传》。

[4] 《三国志》卷4《魏少帝曹芳纪》。

上曹髦。

曹髦是曹丕的孙子，少年好学，明晓经典，所以史称其“才慧夙成，好问尚辞，盖亦文帝之风流也”[1]。可惜他在错误的时间做了皇帝，他在位的数年间，惨烈的斗争场面一幕接着一幕。曹髦刚做了三个月皇帝，255年正月，假节监豫州诸军事，领豫州刺史毌丘俭因“素与夏侯玄、李丰善”，扬州刺史文钦则与曹爽同乡，所以联合起来“矫太后诏，起兵于寿春，移檄州郡以讨司马师”[2]。在罗列司马师十大罪状的檄文里，就有“(李)丰等为大臣，帝王腹心，擅加酷暴，死无罪名”，及“矫废君主，加之以罪”[3]等内容。结局是毌丘俭被杀，夷其三族，文钦则投奔东吴。过了不到半年，继任都督扬州的诸葛诞也因为“与(夏侯)玄、(邓)飏等至亲，又王凌、毌丘俭累见夷灭，惧不自安”而在两淮造反，并与东吴军队联合。于是司马昭“督中外诸军二十六万众，临淮讨之”，因而战争规模很大，也很激烈，经过九个月左右的攻防战斗，“斩诞，传首，夷三族。诞麾下数百人，坐不降见斩”[4]。随着不断的军事胜利，司马家族的政治地位日益巩固，这使得年轻的曹髦“见威权日去，不胜其忿”，于是出现了历史上罕见的场面。260年的一天，曹髦召见几个近臣，愤愤地说“司马昭之心，路人所知也。吾不能坐受废辱，今日当与卿自出讨之”，并“拔剑升辇，率殿中宿卫苍头官僮鼓噪而出”。此时属司马氏党羽的“中护军贾充自外入，逆与帝战于南阙下，帝自用剑”。贾充对手下骑督成倅、成济兄弟说：“司马公畜养汝等，正为今日。”成济听了“即抽戈前刺帝，殒于车下”。当时曹髦只有20岁。他死后司马昭“闻之，大惊，自投于地”。其

[1] 《三国志》卷4《魏少帝曹髦纪》。

[2] 《资治通鉴》卷76“魏高贵乡公正元二年正月”条。

[3] 《三国志》卷28《毌丘俭传》注引“俭、钦等表”。

[4] 《三国志》卷28《诸葛诞传》。

叔司马孚也立刻“奔往，枕帝股而哭甚哀”。嗣后司马昭又上言：“成济兄弟大逆不道，夷其族。”[1]他们大概也知道，一个皇帝居然这样被杀，当时的私议与日后之公论会如何说，所以用这些举动以为掩饰。不过史载曹髦下葬时“百姓相聚而观之，曰：‘是前日所杀天子也。’或掩面而泣，悲不自胜”。又“成济兄弟不即伏罪，袒而升屋，丑言悖慢；自下射之，乃殪”[2]。这些都能从不同侧面暴露出事件的真相。

司马昭在曹髦被杀后不便马上以晋代魏自做皇帝，所以就又捧出曹操之孙曹奂来继续魏朝的帝位。由于有着曹髦的前车之鉴，曹奂当然要小心谨慎，一切随着司马氏的摆弄而动作，直至禅位。此正若史家说他能“恭己南面，宰辅统政，仰遵前式，揖让而禅，遂飨封大国，作宾于晋，比之山阳，班宠有加焉”[3]。换言之，明知在形势制约下所有的作为将无济于事时，对个人来说，顺势而行也不失为一种智慧。

4. 三家全输的结局

司马氏取得政权，意味着魏国的结束，不过此前的灭蜀和此后的灭吴都是三国时代结束的共同标志，所以还得简单地串联一下，以便本时段有一个较为完整的轮廓。

263年，司马昭遣钟会、邓艾分兵两路进攻蜀国。邓艾所率之军担当奇兵的任务，“自阴平道行无人之地七百余里，凿山通道，造作桥阁。山高谷深，至为艰险”，先到了成都，刘禅投降。邓艾在蜀“检御将士，无所虏略，绥纳降附，使复旧业，蜀

[1] 均见《资治通鉴》卷77“魏元帝景元元年五月”条。

[2] 《三国志》卷4《魏少帝曹髦纪》注引《汉晋春秋》及《魏氏春秋》。

[3] 《三国志》卷4《三少帝纪》。“山阳”，指汉献帝禅位后被曹魏封为山阳公，并得善终。

人称焉”，但“深自矜伐”，又执意要让刘禅留在蜀中，不遵朝廷旨意，引起司马昭的疑忌。监军卫瓘、护军胡烈与钟会等也上书称“艾所作悖逆”，于是“诏书槛车征艾”[1]。钟会率主力入蜀后，奉司马昭之令夺取邓艾兵权，此后“自谓功名盖世，不可复为人下，加猛将锐卒皆在己手，遂谋反”[2]，并为此重用蜀将姜维，“欲授维兵五万人，使为前驱。魏将士愤发，杀会及维”[3]。这一段插曲也能有助于说明蜀国虽灭，但蜀地在中原政治不稳时可以支撑一个割据政权的条件尚在，所以引发了邓艾、钟会、姜维等人的种种想法，由于和当时局势不相符合，只是最后让司马昭手里又多了一个筹码。

灭蜀之后，刚从病死的司马昭手里继承了权力的司马炎就开始了禅代过程，经过几个月的忙碌，终于在266年之初结束了魏国的统治，晋朝走进了历史。接着，一边是东吴的暴政与内斗，另一边是晋朝开国皇帝的意气风发、顺势而为。后者于咸宁五年（279年）十一月，大举伐吴，遣镇军将军、琅邪王伷出涂中，安东将军王浑出江西，建威将军王戎出武昌，平西将军胡奋出夏口，镇南大将军杜预出江陵，龙骧将军王濬、广武将军唐彬率巴蜀之卒浮江而下，东西二十余万人。以太尉贾充为大都督，行冠军将军杨济为副，总统众军。这是一次全面进攻，顺流而下者速度最快，留给后人的景象是：“王濬楼船下益州，金陵王气黯然收；千寻铁锁沉江底，一片降幡出石头。”次年三月，王濬舟师到建业石头城之后，“孙皓大惧，面缚舆榇，降于军门”[4]，吴国

[1]《三国志》卷28《邓艾传》。

[2]《三国志》卷28《钟会传》。

[3]《三国志》卷44《姜维传》。

[4]《晋书》卷3《武帝纪》。

灭亡。这也是三国时代的结束，但似乎一度鼎立的三家谁都不是胜利者，收场的不是曹魏而是司马氏的晋朝，从而也证明了历史进程之难以预测。

第三章

寻找答案——西晋统一后的迅速分解

今之所见的历史现象，就是一些当时众所瞩目又难被轻易抹去的场景。这些现象皆事出有因，且往往会留下各种线索。寻找它的答案主要从两方面着手：一是靠文献考证与田野调查发掘相结合；二是根据逻辑来解析。如果强调印象，凭借后者的分量未免会多一些。

一 过犹不及——解读晋武帝一些有争议的政策

对司马炎来说，通过禅代而建立晋朝和消灭吴国是他一生中最辉煌的政治功绩，但这两件事都是司马家族数十年来连续努力之结果，他只是把已经成熟的桃子摘了下来而已，也就根本没有什么可争议的。引起当时及后世有着或多或少争论或非议的，都与司马炎本人的主动所为有着较为直接的关联。

建立晋朝之后又灭掉吴国，司马炎完成了天下之一统，能够“通上代之不通，服前王之未服。祯祥显应，风教肃清，天人之功成矣，霸王之业大矣”，虽然平心而论，做了开国皇帝的司马炎虽未免有“骄泰之心”[1]，但对如何维持皇朝的长治久安还是花费了一些心思，前前后后制定了若干政策并付诸落实。这些政策一般都是针对曹魏体制中的不足或缺失之处，也是其父、祖辈在执政时所未及施行的，可以带上晋武帝时代的标识。其中重要的有：

第一，鉴于“魏氏王公，既徒有国土之名，而无社稷之实，又禁防壅隔，同于囹圄；位号靡定，大小岁易；骨肉之恩乖，《常棣》之义废”[2]，由此使外姓有机可乘，夺取江山的教训。于是司马炎不仅给皇室至亲进行实封，而且诸封国皆配有兵马，如“太始元年（265年）封建子弟，为王二十余人，以郡为国。邑

[1]《晋书》卷3《武帝纪》。

[2]《三国志》卷20《魏王公传》。

二万户为大国，置上中下三军，兵五千人”等[1]。更要紧的是还让其中一些王掌握兵权，如“以司空齐王攸为大司马、督青州诸军事”“以汝南王亮为大司马、大都督、假黄钺。改封南阳王柬为秦王，始平王玮为楚王，濮阳王允为淮南王，并假节之国，各统方州军事”“遣太子母弟秦王柬都督关中，楚王玮、淮南王允并镇守要害，以强帝室”[2]等。于是诸王所统率的州军，加上本王国的兵，成了一支不小的武装力量，更不用说其中身为大司马、大都督的司马亮了。司马炎这样做当然是为了避免前朝之失，一般新朝的一些制度之设也都是针对着旧政权之弊病，但他似乎忘记了“过犹不及”。

第二，司马氏原本是经学世家，当然懂得道德在治国中的重要性，所以还在禅代前夕，就“令诸郡中正以六条举淹滞：一曰忠恪匪躬，二曰孝敬尽礼，三曰友于兄弟，四曰洁身劳谦，五曰信义可复，六曰学以为己”。若能做到这六条，无疑就是地地道道的正人君子。以这样的标准来选拔官吏，就是表明司马氏的新朝要走文治的路，而且是以德为先。晋朝建立不久，泰始四年（268年）六月下诏要求郡国主官详察政刑得失，知百姓所患苦，并要求“士庶有好学笃道，孝弟忠信，清白异行者，举而进之；有不孝敬于父母，不长悌于族党，悖礼弃常，不率法令者，纠而罪之”。几个月后又“班五条诏书于郡国：一曰正身，二曰勤百姓，三曰抚孤寡，四曰敦本息末，五曰去人事”[3]。如此屡屡颁下的诏令之内容，充溢着儒家做人、做良吏的行为准则，其企图通过发扬道德以稳固朝廷政治及社会的意图十分明显。但司马炎同样没有弄清楚的是，儒家道德规范之树立是需要上下言行一致

[1] 《通典》卷31《职官十三》。“太始”当同“泰始”。

[2] 《晋书》卷3《武帝纪》。

[3] 均见《晋书》卷3《武帝纪》。

的，统治者假若把自己放在道德要求之外，如此频繁发布的诏令不仅不会产生好的效果，而且有可能带来副作用。在这方面，司马氏祖孙三代都做得很差。其一，如果说对在夺取政权过程中过分残杀政敌的行为还可以作一些自我辩解的话，那么把在位皇帝都杀了，即所谓弑君，是对儒家政治伦理的极大挑战，所谓“名教者，依魏晋人解释，以名为教，即以官长君臣之义为教”[1]。标榜名教的司马氏却在实际行动中做着完全相反的事，不是此后做作一番就能够掩盖得了的。其二，司马炎做了皇帝之后的荒淫奢侈实际上也起了负面导向的作用。如在灭吴后的太康二年（281年）“三月，诏选孙晧（皓）宫人五千人入宫。帝既平吴，颇事游宴，怠于政事，掖庭殆将万人。常乘羊车，恣其所之，至便宴寝；宫人竞以竹叶插户，盐汁洒地，以引帝车（胡三省注：羊嗜竹叶而喜咸，故以二者引帝车）”。乃至于“帝极意声色，遂至成疾”[2]。其实现成的礼制已经给了皇帝非常充分的性享受条件，所以如此“极意声色”便是违制而成为道德问题。西晋贵族们的腐败风气与此不无关系，且对照前面所引的各个诏令，留给后世的是笑话也是教训。

第三，在晋武帝的重要政治决定中，引起最大争议，也是对晋皇朝的命运影响颇巨的，就是在泰始三年（267年）将九岁的司马衷立为太子。太子是皇位的接班人，选择谁来当太子，在专制集权体制里是一个非常大的政治事件，往往会引发激烈的斗争。晋武帝的这个决定在当时引发疑惑和反对的主要原因在于司马衷是一个智力低下的孩子。

从司马衷被立为皇太子到他在永熙元年（290年）登基而成

[1]《陶渊明之思想与清谈之关系》，载陈寅恪:《金明馆丛稿初编》，上海古籍出版社1980年版，第182页。

[2]《资治通鉴》卷81“晋武帝太康二年正月”条、卷82“晋武帝太康十年十一月”条。

为晋惠帝，在20多年的时间里，因各种原因或明或暗地反对他继承皇位的声音始终不断。那么晋武帝为何如此固执己见，没有改变自己最初的决定？不妨设身置地从他的角度来考虑一下问题，看看能否在综合各种可以坚持把司马衷立为太子的理由之后，找出答案来。

首先，司马衷是皇后所生的嫡子。或许是看到了东吴废去孙和的太子之位后出现的内斗乱象，晋武帝在泰始十年（274年）下诏，曰："嫡庶之别，所以辨上下，明贵贱。而近世以来，多皆内宠，登妃后之职，乱尊卑之序。自今以后，皆不得登用妾媵以为嫡正。"此诏颁布在司马衷被立为太子之后，重点在于强调对尊卑和嫡正的身份区分，也等于是向天下宣示了他选择太子的一个重要原则："正本清源，于置胤树嫡。"[1]或有说此诏主要是为了贬低曹魏的后宫状况，但在此时似乎没有必要。

其次，给予外戚很高的地位与实权。司马衷的母亲皇后杨艳逝世后，继任的皇后杨芷是前者的堂妹，俱出身于高门弘农杨氏。杨芷之父杨骏素掌兵权，晋武帝驾崩时为顾命大臣，并"为太尉、太子太傅、假节、都督中外诸军事，侍中、录尚书、领前将军如故。置参军六人、步兵三千人、骑千人"[2]，禁卫中枢。同时，晋武帝又为司马衷娶贾充之女贾南风为太子妃。贾充为晋室功臣，"伐吴之役，诏充为使持节、假黄钺、大都督，总统六师，给羽葆、鼓吹、缇幢、兵万人、骑二千"[3]。晋武帝为儿子配置了如此强大的外援，应该也足以保证其安全。不是说给诸王的军权太过吗？这样一来，外戚总统军权于朝廷，宗室诸王分领重兵在四方，两者岂不可以内外互相制约？这也是传统的政治谋略，可

[1] 均见《晋书》卷3《武帝纪》。

[2] 《晋书》卷40《杨骏传》。

[3] 《晋书》卷40《贾充传》。

谓一举两得。

再次，司马衷虽然智商很低，但并非白痴，且本性不坏，能安分守己，何况左右总会在晋武帝面前帮他有所掩饰，使司马炎对儿子一直保留着希望。再说，刘家的阿斗不也是被大家认为的低能儿吗？但“庸主尸位而国无内忧”[1]，有了好的辅佐之臣，照样做了40年的皇帝，假如不是魏军攻入，刘禅的太平皇帝做到老死也完全可能。对比一下，有的皇位继承人虽然不笨，但胡作非为成昏君者，或残忍任性为暴君者都为数不少，东吴的孙皓曾被说成才识明断而好学奉遵法度，登基后却“肆行残暴，忠谏者诛，谗谀者进，虐用其民，穷淫极侈”[2]，最后成了亡国之君便是一例。这些都是晋武帝所曾目睹的，所以太子的智能如何似乎并不是很要紧。

最后，司马衷的长子司马遹“幼而聪慧”，酷如司马懿而“令誉流于天下”，使晋武帝“恃皇孙聪睿，故无废立之心”[3]，且认为若早早培养，早日接班，更有保险。因而“以刘实为师，孟珩为友，杨准、冯荪为文学。惠帝即位，立为皇太子。盛选德望以为师傅，以何劭为太师，王戎为太傅，杨济为太保，裴楷为少师，张华为少傅，和峤为少保”。此外，出于对近朱者赤、近墨者黑的认知，“于是使太保卫瓘息庭、司空泰息略、太子太傅杨济息毖、太子少师裴楷息宪、太子少傅张华息祎、尚书令华廙息恒与太子游处，以相辅导焉”[4]。大概在司马炎等人的心目中，通过良好的环境栽培，好苗子肯定会长成参天大树。有着如此长远之计，司马家的江山似乎就能够代代相传，永不变色了。

---

[1] 王应麟撰，孙通海校点：《困学纪闻》卷13，辽宁教育出版社1998年版，第267页。

[2] 《三国志》卷48《吴嗣主孙皓传》。

[3] 《晋书》卷3《武帝纪》。

[4] 《晋书》卷53《愍怀太子传》。

二　以“八王之乱”为主戏的骨肉相残连续剧

如所有的开国皇帝一样，晋武帝司马炎针对前朝的弊失，在政治上亦有所布置。这些安排之中虽有引起争议的地方，但一般循常情而言，也未必一定行不通。不过假如历史的进程中没有难以预料的事件爆发，岂不是太缺乏魅力？于是后来发生的事实，几乎都在表明司马炎预想之错误。

1. 祸起萧墙

晋武帝围绕着保证太子司马衷能够顺利继位的种种举措，看起来十分周到，但他所意想不到的，竟是司马衷做了皇帝后，从宫内延伸出来的婆媳家族之间的权力争斗使得祸起萧墙，并引发出政治上的连锁反应。

或许晋武帝认为使司马衷的母族和妻族都是强有力的外戚，对他个人的皇位之巩固，应该是一种双重保险。但如此双重结构，也意味着权力上的一种对峙形势。一边，惠帝即位后，进杨骏为太傅、大都督、假黄钺，录朝政，百官总己。杨骏借此专权而结党营私。另一边，“侍中贾模，后之族兄，右卫郭彰，后之从舅，并以才望居位，与楚王玮、东安公繇分掌朝政”[1]。由此构成了两股外戚势力。这种情况下，两者之间如果有着共同的目标或利益，冲突发生的概率就会很低。反之，则很容易发生冲突，

[1]《晋书》卷31《惠贾皇后传》。

而这与双方主要当事人的态度和秉性大有关系。已成为太后的杨氏温良恭俭，但其父杨骏为政严碎专愎，中外多恶之，又以贾后险悍，多权略，忌之。皇后贾氏则曾与杨太后有误会，双方的隔阂与猜忌使矛盾日益激化。贾后性格凶悍，比司马衷大两岁，后者很惧怕她。司马衷即帝位，“贾后不肯以妇道事太后，又欲干预政事，而为太傅骏所抑”[1]。贾后则勾结了都督荆州诸军事楚王司马玮，并以惠帝的名义作诏，诬骏谋反，杀了杨骏，又将追随他的官员皆夷三族，死者数千人。接着杨太后被废为庶人，不久又被断绝食品导致死亡。这一重大的政治事变打破了晋武帝原先的构想，晋朝的政局开始进入危险的状态。

外戚的贾氏打垮了外戚的杨氏，事情虽然重大，还不至于动摇司马皇朝的根基。但作为胜利者的皇后贾南风并不就此收手，而是变本加厉地为所欲为。特别是对于她这样的强势女人来说，与同样性格刚愎的已立太子司马遹之间没有亲情关系，在现实生活中会感到是一片阴影，对未来更觉得是一种威胁，故而难以容忍。因此贾南风“宣扬太子之短，布诸远近。于时朝野咸知贾后有害太子意”[2]。进一步贾后则假装怀孕，“遂谋废太子，以所养代立”[3]。为此，她将司马遹骗入宫中，逼其酒醉而乱书，并以此为罪名，诏免太子为庶人。太子司马遹是晋武帝振兴晋朝的希望寄托，也是司马家族容忍贾氏所作所为的底线。如果太子被他人之子所取代，司马氏的江山就会在实质上被取代。因此，“太子既废非其罪，众情愤怨”。宗室司马雅、谋士孙秀等建议赵王司马伦行反间计，促使贾后矫诏杀太子。太子被杀时“大呼，声闻于外。时年二十三”[4]。司马遹之死，犹如点燃了内乱的导火

[1] 《资治通鉴》卷82“晋惠帝元康元年正月”条。

[2] 《晋书》卷53《愍怀太子传》。

[3] 《晋书》卷31《惠贾皇后传》。

[4] 《晋书》卷53《愍怀太子传》。

索，“赵王伦乃率兵入宫，使翊军校尉齐王冏入殿废后。后与冏母有隙，故伦使之”。随后司马伦“矫诏遣尚书刘弘等持节赍金屑酒赐后死”。与贾后一党的“赵粲、贾午、韩寿、董猛等皆伏诛”[1]。

2. 同根相煎

随着皇后贾氏集团的被诛灭，原本制约宗室诸王的外戚势力也彻底消除，司马氏的江山至少没有了落入别人家手里的危险。但旧的矛盾消失，又有新的矛盾出现了。当时的政治形势是，司马衷虽然有着皇帝的名义却可任人摆布，犹如傀儡，下面诸王各有兵权，但实力相差不大。非常明显，谁控制住惠帝司马衷，谁就能从中脱颖而出，凌驾于诸王之上，也造成一种挟天子而令诸侯的局面，但这次却是要在自家人中间出现。

在曹魏时代，诸王兄弟之间的斗争就十分激烈。陈王曹植为此做了一首流传千年的名篇：“煮豆然豆萁，漉豉以为汁；萁在釜下然，豆在釜中泣。本是同根生，相煎何太急！”[2]传说此诗打动了其兄曹丕，故而兄弟之间并未最后“相煎”，仅是失意者被严加管制，致使曹氏宗室力量由此大大削弱而已。司马氏以晋代魏，利用曹家宗室的不和也是因素之一。晋武帝接受前车之鉴，特地分封诸王，兼掌实权，以防不测，使得这次的“同根相煎”却是兵戎相见，生死相搏，杀得血流成河。由于诸王中加入这次内斗者主要有八位，《晋书》按正史通例将他们放在同一个《传》内，所以后来就习惯称之为“八王之乱”。

最早卷入内朝的权力争斗是汝南王司马亮。他作为司马懿的

---

[1] 《晋书》卷31《惠贾皇后传》。

[2] 曹植著，赵幼文校注：《曹植集校注》卷2《七步诗》，人民文学出版社1984年版，第278、279页。

第四子，凭着资历和家族中长者地位（宗师），很早就在朝中担任要职。“及武帝寝疾，为杨骏所排，乃以亮为侍中、大司马、假黄钺、大都督、督豫州诸军事，出镇许昌”[1]。贾后灭杨氏之后，司马亮理所当然地入朝主政，但由此也遭贾后之忌，又和执掌兵权的楚王司马玮发生矛盾。于是两人联合矫诏发兵将司马亮杀害，事后贾后又反过来“用张华计，遣殿中将军王宫赍驺虞幡麾众曰：‘楚王矫诏。’众皆释杖而走。玮左右无复一人”[2]。继而将司马玮逮捕，并以擅杀大臣罪处死。司马玮是“八王”中第一个动用武力来参与争权的，也可以说是开了风气。在权力争斗中，朝着激烈的方向提升容易，要平和下来却很难，所以妥协在很多场合里都体现着智慧，而且要参与各方都能够“识时务”才行，遗憾的是这种智慧在晋室诸王身上很难见到，兵戎相见却成了诸王争权的常见形式。

与司马亮比较被动地卷入不同，赵王司马伦及同伙齐王司马冏却表现得很积极。司马伦先是“谄事中宫，大为贾后所亲信”，接着顺应舆情，矫诏与司马冏等一起领兵入宫，废贾后为庶人，顺便把反对过他为录尚书执政的“张华、裴颜、解结、杜斌等，于殿前杀之。尚书始疑诏有诈，郎师景露版奏请手诏。伦等以为沮众，斩之以徇”。这也开了一个以“公”夹私，将打击对象扩大化之先例。司马伦掌握朝廷后按照谋士孙秀的策划，“寻矫诏自为使持节、大都督、督中外诸军事、相国，侍中、王如故，一依宣文辅魏故事”。这还不够，司马伦指使“宗室诸王、群公卿士咸假称符瑞天文以劝进”。在逼使惠帝离宫后，“乃僭即帝位，大赦，改元建始”。司马伦仿照曹操和其父司马懿的手法行事，以逞篡位之谋，却把他们几十年的辛苦经营，放

[1] 《晋书》卷59《汝南王亮传》。

[2] 《晋书》卷59《楚王玮传》。

在约一年的时间里完成，“欲速则不达”的结果是注定无疑的。期间，齐王司马冏“以伦、秀骄僭，内怀不平。秀等亦深忌焉，乃出冏镇许”。此举反而使“齐王冏、河间王颙、成都王颖并拥强兵，各据一方”。三人于是联合起兵声讨司马伦，并最后赢得战争胜利，杀死孙秀及司马伦父子，迎惠帝还宫。经过这场混乱，“百官是伦所用者，皆斥免之，台省府卫仅有存者。自兵兴六十余日，战所杀害仅十万人”[1]，西晋朝廷已经成了空架子。

为利益而结成的同盟，胜利的取得往往意味着新分裂的开始。齐王司马冏率领联军得胜后，“率众入洛，顿军通章署，甲士数十万，旌旗器械之盛，震于京都。天子就拜大司马，加九锡之命，备物典策，如宣、景、文、武辅魏故事”。如此迫不及待地模仿前人的作为，必然一定是和“骄恣日甚，终无悛志”的态度相伴。这当然也是在给别人制造机会，于是河间王司马颙与长沙王司马乂联手反司马冏，已在洛阳的“长沙王乂径入宫，发兵攻冏府。……明日，冏败……徇首六军。诸党属皆夷三族”[2]。接着河间王司马颙和成都王司马颖见司马乂以弱胜强在洛阳主领军政，便于太安二年（303年）合率近三十万众之军“同伐京都”，相互之间“连战自八月至十月”。司马乂“前后破颖军，斩获六七万人。战久粮乏，城中大饥”。时在朝廷任司空领中书监的东海王司马越见此形势，“潜与殿中将收乂送金墉城”[3]，并密告司马颙军至金墉城，将司马乂拿下杀害。

都是不到黄河心不死，权位之诱惑不是一般人所能抵御的。在灭掉司马乂之后，成都王司马颖“既入京师，复旋镇于邺，增封二十郡，拜丞相。河间王颙表颖宜为储副，遂废太子覃，立

[1] 均见《晋书》卷59《赵王伦传》。

[2] 均见《晋书》卷59《齐王冏传》。

[3] 均见《晋书》卷59《长沙王乂传》。

颖为皇太弟，丞相如故，制度一依魏武故事，乘舆服御皆迁于邺”[1]。但如此作为致使他们大失众望。其中司马颖还犯下了一个重大的错误，即离开了京师和天子，把最有利的政治条件奉送给他人。到了这时候，等待已久的东海王司马越“起兵徐州，西迎大驾，关中大惧”[2]。司马颖和司马颙先后率部抵抗，均被战败，前者死，后者逃匿并在永嘉时被南阳王司马模所杀。

东海王司马越似乎成了一个赢家，因为他是“八王”之中最后一个出现在乱局的。当他率甲卒三万“唱义奉迎大驾，还复旧都”时，一些曾经有实力有野心的诸王早已纷纷败亡，司马越就很顺利地在洛阳以太傅录尚书，独揽大权。可以说是由于司马颙的失策，让司马越能够挟天子而执政。不久，惠帝“因食饼中毒而崩，或云司马越之鸩”[3]。但这样做似乎没有必要，怀帝即位后虽“委政于越”，也“亲万机，留心庶事”，使得司马越“不悦”。惠帝是最容易被操纵的天子，司马越不会不知道，不大可能再去做这样的事。新皇帝既然不称心，彼此之间就有了猜忌和对立，司马越于是“专擅威权，图为霸业，朝贤素望，选为佐吏，名将劲卒，充于己府，不臣之迹，四海所知”。造成的结果是“公私罄乏，所在寇乱，州郡携贰，上下崩离，祸结衅深”[4]，司马越遂忧惧成疾，死于永嘉五年（311年）。这一年，西晋政权也已经处于崩溃的过程中，可以说八王之乱是导致西晋灭亡的直接原因。

纵观这场前后达20年的动乱闹剧，有些现象可以引起深思。如在惠帝时代诸王之间互相进行的战争中，有好几次双方出动的兵力有五六十万，规模已经超过了三国时期官渡、赤壁、夷陵等

[1] 《晋书》卷59《成都王颖传》。

[2] 《晋书》卷59《河间王颙传》。

[3] 《晋书》卷4《惠帝纪》。

[4] 均见《晋书》卷59《东海王越传》。

大战役。还有，胜利者大量地杀人，也成了诸王争战中每一个回合的结局。如此显得骨肉之间相残之凶狠，丝毫不亚于异姓的争斗。

3. 在旋涡中丧生——几个值得记住的名字

西晋的司马氏政权从开始夺权的“高平陵事变”到“永嘉之变”被颠覆，前后不过一甲子左右。在这并不算很长的历史片段中，激烈的权力斗争几乎没有消停过，上演着一幕又一幕充满阴谋和残杀的戏文。在这连续剧中不断搅动起旋涡使得剧情起伏的是司马家族的成员们，当然也有很多助纣为虐者和被卷入的牺牲者，有意无意地成了配角。但政治剧本里的一些小角色所作的历史贡献却要比那些疯狂杀人又自己被杀者大得多，至少是更正面一些。他们之中有的成了屠夫们的刀下鬼，把其中几位的名字特别地挑出来叙说，不仅是要证明文化精神要比政治权力在历史的时空里显得更为强大，也是从一个侧面揭示西晋兴衰之速的原因所在。

嵇康：八王之乱中表现出来的浓重戾气实际上是司马懿祖孙在谋夺政权中的表现的延续。当掌权者将屠刀挥向精神意识上的对手时，实际上已经承认了自己在思想上和道德上的失败，而且《易·坤》所言“积不善之家必有余殃”，似乎被司马炎之后的骨肉相残所证实。嵇康被司马昭所杀，是当时戾气聚集的标志之一。

作为“竹林七贤”之一的嵇康因有奇才，美词气，善谈理，著有《嵇康集》等，故而“人以为龙章凤姿，天质自然。恬静寡欲，含垢匿瑕，宽简有大量。学不师受，博览无不该通”，在当时有着很高的声望。也可见嵇康之影响不仅在于文才，也在于自身的品德操守。他在所著《养生论》里提出“君子”应有的行为准则："夫称君子者，心不措乎是非，而行不违乎道者也。……君子之行贤也，不察于有度而后行也；任心无邪，不议于善而后正也……"[1]也就是主张只有言行一致，善出本性者才算是真君子；而到处宣扬名教，实际却匿情矜吝，乃系至恶之小人。如果嵇康做个隐士，文章写给自己或挚友看，当然关系不大，但他已是天下所仰望的大名士，这些话流传开来，当然深深地刺痛了那些标榜仁义道德的伪君子。司马氏以经学世家自居，冠冕堂皇的话总是不绝于口，但在篡位夺权过程中，卑劣的手段可以说用到极致。现在有着嵇康这样知行合一的人物为对照，当然会如钟会向司马昭所说，此人为"帝王者所不宜容。宜因衅除之，以淳风俗"[2]。何况嵇康"不堪流俗，而非薄汤、武。大将军闻而怒焉"[3]。司马昭为什么要闻之发怒？就是因为他和他的父兄既要夺权篡位，又要把这些阴谋活动提高到等同成汤、周武之革命。"司马昭恶其非汤、武"[4]，即明白嵇康不是在薄古，而是在非议今之"流俗"，所以恼羞成怒，必欲置之死地而后快。嵇康此言和他"越名教而任自然"之说一样，深深地戳痛了各种伪君子，因而不断受到他们的攻击，但这无损于嵇康流芳千古。

不过，要公开除去嵇康这样品行端正的人也不容易，他们找到的借口是：嵇康有一好友吕安，后者之兄吕巽和钟会也有交情，"会巽淫安妻徐氏，而诬安不孝，囚之。安引康为证，康义不负心，保明其事"[5]。如此嵇康就被推理为吕安"不孝"之共犯，惨遭处决，死时才40岁，"时人莫不哀之"。史云："（嵇）

[1] 《晋书》卷49《嵇康传》。

[2] 《晋书》卷49《嵇康传》。

[3] 《三国志》卷21《王粲传附嵇康传》注引《魏氏春秋》。

[4] 王应麟撰，孙通海校点：《困学纪闻》卷13《考史》，辽宁教育出版社1998年版，第273页。

[5] 《三国志》卷21《王粲传附嵇康传》注引《魏氏春秋》。

康将刑东市，太学生三千人请以为师，弗许。”[1]这么多太学生要为他请命，恐怕他们当时也没弄明白，嵇康到底犯了什么罪？由于曹魏的刑律，以及后来晋朝的律法已经都佚失了，无法知道杀嵇康的律文依据。但从汉武帝时代开始，可以根据儒家经义来作为判罪的理由，司马家族不乏精通经学的，利用经书里的一些话来上纲上线说成嵇康亦属“不孝”，也并不是很困难的事。其实当时司马昭已经大权在握，要如此大费周章地给作为曹氏宗族女婿的嵇康扣上不孝的罪名，大概是为了表示以晋代魏还有着道义上的优势。不过司马昭可能没有明白，给对方设下甚高的道德界限时，也是给自身的行为提供了被世人对比之参照，此后要么对自家严加约束，要么就会使自我的道德形象崩溃，成为政治上的不利因素。

何晏、李丰、王广：他们都死在司马懿夺权之初，比嵇康早，但和嵇康一样，是玄学的中坚人物。何晏因撰有《道德论》《论语集解》及诸文、赋，著述数十篇等而名盛于时，是促成名教与自然相合的玄学家，也是当时思想界的领军人物。李丰和王广著述不多，不过他们在当时玄谈的一个主要议题——“才性四本论”中所持观点而引人瞩目，前者主张才能与本性不一，后者认为才能和本性应该分开来说，二人的见解基本一致。不少学者指出李丰和王广的论说可以作为曹操“唯才是举”的思想基础，却和一些唱着有德必有才高调的经学家针锋相对。他们后来都因为与以经学诸生自居的司马懿政治立场不同而被杀，恐怕也不是出于偶然之巧合。

张华、裴颀：前者可以说是当时知识最渊博的学者，所著《博物志》被称为当世奇书。有读者赞此书：“天地之高厚，日

[1]《晋书》卷49《嵇康传》。

月之晦明，四方人物之不同，昆虫草木之淑妙者，无不备载。”[1]这些记载至今仍有参考价值。《晋书》本传说他“少孤贫，自牧羊”，通过努力达到“学业优博，辞藻温丽，朗赡多通，图纬方伎之书莫不详览”。张华“著《鹪鹩赋》以自寄”[2]，因其文被阮籍赏识而成名，走上了仕途。也许是因为勤奋的人做任何事情都态度一致，所以在年过花甲之后，张华官至侍中、中书监。但这并非好事，因为在政治乱局中身居高位随时都有危险，不久由于得罪了司马伦，与尚书左仆射裴頠一起被杀。裴頠也是“弘雅有远识，博学稽古”，尤擅长玄言，“时人谓頠为言谈之林薮”[3]。所著《崇有论》在玄学里别树一帜，有学者认为裴頠的论说中“讲‘有自生’和‘有’为‘理之所体’，这是鲜明的唯物主义观点”[4]。裴頠最后也没有逃过劫难。

陆机、陆云：皆系江左世族子弟，陆机“少有异才，文章冠世，伏膺儒术，非礼不动”。东吴灭亡后“闭门勤学，积有十年”。太康年间，他与弟陆云至洛阳，进入了官场。八王之乱开始，“顾荣、戴若思等咸劝机还吴，机负其才望，而志匡世难，故不从”。由此可以说陆机后来的遭遇是他自己选择的，当成都王司马颖得势，陆机“见朝廷屡有变难，谓颖必能康隆晋室，遂委身焉”[5]。司马颖任命他为后将军、河北大都督，督诸军二十余万人讨伐长沙王司马乂。但在战场上领兵打仗会碰到兵书未曾提及的各种意外，结果鹿苑一战“机军大败”，随即遭人陷害，蒙冤而死。陆云也受牵连一起遇难。陆氏兄弟都是当时著名的才

[1] 崔世节：《湖广楚府刻本跋》，载张华撰，范宁校证：《博物志校证》，中华书局1980年版，第149页。

[2] 《晋书》卷36《张华传》。

[3] 《晋书》卷35《裴秀传附裴頠传》。

[4] 冯契：《中国古代哲学的逻辑发展》，华东师范大学出版社1997年版，第159页。

[5] 《晋书》卷54《陆机传》《陆云传》。

子，“机文章为世所重，云所著亦传于世”[1]。如陆机“所著文章凡三百余篇，并行于世”；陆云“所著文章三百四十九篇，又撰《新书》十篇，并行于世”。对于他们的死，唐太宗特地在《晋书》写了评语：“夫贤之立身，以功名为本；士之居世，以富贵为先。然则荣利人之所贪，祸辱人之所恶，故居安保名，则君子处焉；冒危履贵，则哲士去焉。”[2]说得还是很客观与贴切的。

以上所提及的八位人物至少有着两个共同之处：其一，皆系西晋时期的社会文化之精英；其二，都是在政治冲突里死于非命。而且可以在大体上分成两个阶段。第一阶段属司马氏家族夺取政权的时期。在那个时期，司马家族之目的就是要清除一切会妨碍他们进行改朝换代的人士，所以在这时候死难的嵇康、何晏、李丰、王广等人，无论在政治立场上还是在思想观念上，和司马氏集团是对立的，或者至少是有分歧的。他们之被杀，也是权力斗争激化的常见现象，但也反映了有着对思想意识重要性认知的司马氏会对这方面的反对者表现出特别的敏感与凶狠。而伴随着八王之乱遭遇不幸的张华、裴頠、陆机、陆云等人，或是由于无法及时脱身，或是政治进取心麻痹了危险意识，不懂得该“邦有道，则知；邦无道，则愚”[3]而卖弄才华，最后成了动乱的牺牲品。但不管具体原因如何，他们都是死在司马家族的屠刀之下。当然，历史上统治者或政治野心家迫害与残杀思想文化上的异议者也并非少见，只是司马氏集团表现得特别心狠手辣而已。

记住上述这些人的名字，不仅在于他们在当时是富有才华的文士或思想家，还在于他们为中华文化之积累作出了重要贡献，从而构成了西晋历史不可或缺的一个方面。姓名作为生命体的符

[1] 《三国志》卷58《陆逊传》注引《机、云别传》。

[2] 均见《晋书》卷54《陆机传》《陆云传》。

[3] 《论语·公冶长》。

号，它的存在也是生命存在的形式之一。姓名之下的相关文字记载，是对该生命体进行价值判断的重要依据。把上述八位死难的文化精英和制造动乱的司马氏“八王”作一个对比，看看是其中哪些人对历史发展显得更重要些，对今日中国传统的影响更大一些，是很值得思考的有意义的事。它至少会告诉我们，何种人的名字更应该被记住。

三　窥视兴亡大戏所揭示的天道人情

可以说，西晋从建立到迅速灭亡主要在于主观的能动作用加上偶然的机遇，如老奸巨猾的司马懿遇上了不成熟的曹爽和还是儿童的皇帝曹芳，使得政权被轻快地易手。又如后宫外戚与八王之间快速地自相残杀，使“自作孽，不可活”马上变成事实。但一些较为长远的或客观的因素还是起着基础性的作用，以下列举两点。

1. 地域对立与弥合

三国的形势看似鼎立，但除了一个很小的时段，蜀、吴二家是联合抗魏的。实际上也就在地理上形成了长江流域和黄河流域对峙的局面。在唐代之前，长江流域的经济落后于黄河流域很多，文化上也有不小差异，所以由北方来统一全国，成了一个很合理的结局。从秦始皇一统天下开始，位于中原的朝廷能够统治南方的前提是自身政局之稳定和经济上继续保持优势。二者缺一，割据或分裂的局面就有可能出现；如果二者俱失，长江流域和黄河流域就会形成一种对立。八王之乱以后的形势，正是朝着后一方向发展的。

2. 旧瓶难装新酒

作为老成的政治家，司马懿当然明白，武功和文治之结合，是夺取政权也是保持江山所必需的，虽然不同时期的侧重点应该不一样。所谓文治，就是统治者能够同时兼有思想和道德的权威来作为政治权威之两翼，方可以稳固江山。司马炎刚从曹家手里拿到了皇位，便“承魏氏刻薄奢侈之后，矫以仁俭”。接着下诏自称“朕本诸生家，传礼来久”[1]。这种自我标榜道德与礼数的做派，当然来自其父祖之遗风。

应该说，司马家族祖孙三代执政的政治方向没有错，而且也不是没有一点效果。譬如司马氏把意识形态上的对手严重污名化，不仅以“好老、庄言”为由将他们踢出儒家士大夫的行列，而且将他们生活上的一些情况肆意夸大，如说何晏“动静粉白不去手，行步顾影”，甚至造谣说他娶“同母妹”[2]为妻，使其名誉受损。正如王夫之指出，这些泼在何晏等人头上的脏水“皆司马氏之徒，党邪丑正，加之不令之名耳”[3]。不过后来一些自命为儒家正人君子者根据这些史载将何晏等人斥为旁类，也可证明司马氏在这上面的成功。又如司马氏推重礼教，将社会身份固定化等，还是产生了一定效果。惠帝能够长时间坐在皇位上，司马睿在世族拥戴之下到江左把晋朝延续下去，不能说与此无关。

问题是司马氏在推行重视礼教的政策时，恐怕没有注意到两个方面。

其一，即使到了司马懿开始执政时，儒家思想基本上仍是承袭着东汉以来的陈旧内涵，变化刚刚开始，来不及进一步更新，新酒尚未酿好，难以将它装进旧瓶。汉末动乱的原因之一便是经学僵化，在很大程度上失去了驾驭人心的功能。这种情况直到曹魏末期通过玄谈儒学方才开始推陈出新，但这需要有一个过程，

[1] 《资治通鉴》卷79“晋武帝泰始元年十二月及二年六月”条。

[2] 《三国志》卷9《何晏传》及注引《魏略》《魏末传》。

[3] 《读通鉴论》卷10《三国》。

所谓“百年树人”也是形容以道德价值观念影响一代人的时间之长。魏晋之间是儒家礼教通过倡导对人的本性返璞归真而重新获得道德影响力的时期，但对于和司马懿祖孙同时代的社会上层而言，依然只是把经义当作教条，缺乏仁心之内核，所以社会效益不大。

其二，与此相关，司马氏把道德教化仅仅是当作一种统治的思想工具，着眼于道义对人而不对己，至少是没有很明白儒家道德在社会中要成为具有约束力的权威，必须要从统治集团的自身规范做起，克己方能复礼，“子帅以正，孰敢不正”[1]？道德意味着对欲望的自我约束，企图支配和占有他人乃至天下则是属于最大的欲望之一。从司马懿起，司马家族的成员们似乎都没有意识到，对权势之无节制的追求，必然会导致对政治道德的否定和对政治稳定的冲击。西晋政权则在如此追求中产生，也在如此追求中消亡。

[1]《论语·颜渊》。

第四章

人是主因——社会分化组合后的新貌相

政治变动和社会的分化及重组所留给人们的主要印象在于它带着时代特征的“新”，而这一切主要在于当时人们的所作所为，不管他们是主动如此还是被动。

一 人口剧减及其衍生出来的种种现象

人口历来是社会发展最重要的资源，其实它本身就是社会存在的基础，人的数量和质量也是检验社会的活力与前景之标识。对于一个以农业为主要经济的古代国家来说，人口的多寡显得尤为重要。“有人始有土，有土始有财”，国家的行政机器需要农民所提供的劳动力和劳动果实方能存在与运转，所以本时期的人口状况给“魏晋南北朝”的历史面貌之呈现带来深刻的影响。

1. 人口之剧减

天灾与人祸都是影响人口数量的重要因素。对实行专制集权的国家来说，统治者所造成人祸的破坏作用往往要大于天灾，不仅仅是平时的“苛政猛于虎”，也不只是以人为的错误行为将天灾的伤害成倍地放大。为一己之私所发动的战乱，更会轻易地大口吞噬着成千上万的无辜生灵。

自从汉末的黄巾起事，接二连三战火不断：军阀混战，三国攻防，所谓西晋的统一，真正的太平岁月其实只有晋武帝太康年间的十多载，嗣后就开启了八王相争的乱局，直至西晋朝廷的崩溃。连续的战争造成大量的死亡，城乡一片萧条，最突出的标志就是人口的遽然减少。仅“自初平之元，讫于建安之末，三十年中，万姓流散，死亡略尽”[1]。《隋书·地理志上》说：“三国

[1] 《晋书》卷43《山涛传附山简传》。

争强，兵革屡兴，户口减半。有晋太康之后，文轨方同，大抵编户二百六十余万。”据梁方仲先生的统计，东汉桓帝永寿三年（157年）的人口数为10 677 960户；56 486 856口。晋武帝太康元年（280年）的人口数为：2 459 840户；16 163 863口[1]。中国古代官方的统计数字历来是不够精确的，但通过这两组数字的对比，所反映的大致情况应该不会错。也就是说，从统计数字看，西晋初的户数只有东汉后期的五分之一左右，人口则不及三分之一。因此无论如何，本时期户口之大量损失是不争的事实，何况太康之后北方的战乱仍在不断加剧，由此人口还要继续减少是可以想象的趋势，只是政治的混乱再也提供不了可作为参考的数字。不过，一些文人笔下所描述的当时景象可以作为旁证，如曹操的《蒿里行》：“铠甲生虮虱，万姓以死亡。白骨露于野，千里无鸡鸣。生民百遗一，念之断人肠。”[2]又如王粲的《七哀诗》云：“西京乱无象，豺虎方遘患。……出门无所见，白骨蔽平原。路有饥妇人，抱子弃草间。顾闻号泣声，挥涕独不还。”[3]曹植的《送应氏》诗里也说到当时所见的同样景象：“洛阳何寂寞！宫室尽烧焚。垣墙皆顿擗，荆棘上参天。……侧足无行迳，荒畴不复田。游子久不归，不识陌与阡。中野何萧条，千里无人烟。”[4]到了西晋末期，这样的情况重现，如“属永嘉之乱，天下崩离，长安城中户不盈百，墙宇颓毁，蒿棘成林”[5]。所以魏晋时期中原地区农村荒芜，人迹稀少的情况确实无疑。其实在西晋

---

[1] 参见梁方仲：《中国历代户口、田地、田赋统计》甲表5、13，上海人民出版社1980年版，第20、38页。

[2] 郭茂倩编撰，聂世美、仓阳卿校点：《乐府诗集》卷27“相和歌辞”，上海古籍出版社1998年版，第325页。

[3] 王粲著，吴云、唐绍忠注：《王粲集注》，中州书画社1984年版，第15页。

[4] 曹植著，赵幼文校注：《曹植集校注》卷1《送应氏》，人民文学出版社1984年版，第3页。

[5] 《晋书》卷5《孝愍帝纪》。

统一后不久，整个华土又重新陷入不断的分裂与战乱之中，所以户口的数量没有什么起色。从南北朝仅存的记载里可见一斑[1]：

三国、西晋、南北朝的户口数量

年度	公元	户数	人口数
宋武帝大明八年	464	906 870	4 685 501
陈宣帝时	569—582	600 000	——
陈后主祯明三年	589	500 000	2 000 000
北魏明帝熙平至神龟年间	516—519	5 000 000	——
北魏庄帝永安年间	528—530	3 375 368	——

把上表中陈宣帝和北魏明帝时户数相加，也约为汉桓帝时的二分之一。问题是，人口之剧减会带来什么？

2. 迁徙与流民

“千里无人烟”惨况之呈现，是因为战乱不仅造成了生灵涂炭，还在于它驱使人们背井离乡，四处逃难。在这些被迫逃亡的人们中，一般把有比较明确目的地者称为迁徙，不少从此成为他乡的侨民或客户；只是急于离开，茫然地随机而行随遇而安者则往往称为流民，当然两者之间的界限并不严格。由于本时段不断的人祸再加上有时的天灾，致使事发的地域不是一小块，而往往是一大片，故而对逃难者来说，行程漫长而曲折，沿途艰苦而危险。在这种情况之下，假若仅是三三两两或单个一家地踏上逃亡之路，求活的希望会十分渺茫。唯一的出路就是大家结伴而行，互相照应，合成群力，能够自卫，就可以对付很多困难和消解不少威胁，如鲁肃为了躲避袁术的乱政，“乃携老弱将轻侠少年百

[1] 参见梁方仲：《中国历代户口、田地、田赋统计》甲表13，上海人民出版社1980年版，第38页。

余人”南迁，途中“使细弱在前，强壮在后，男女三百余人行。州追骑至，肃等徐行，勒兵持满，谓之曰：‘卿等丈夫，当解大数。今日天下兵乱，有功弗赏，不追无罚，何为相逼乎？’又自植盾，引弓射之，矢皆洞贯。骑既嘉肃言，且度不能制，乃相率还”[1]。于是这一迁徙团体最后安全抵达江东。所以无论是迁徙还是流民，在某个较为出色的人物带领下抱团而形成了当时一个非常显著的特点。

农业经济的特点就是平时的人口流动范围很小，农民们基本在乡里之内或附近往来，而聚居则以同姓同族为主，所以他们离乡出走时，很自然地会以宗族为核心形成有组织的行动。这样一来，集团化了的流民或者迁徙者就成了一股不容小觑的势力，冲击着沿途和迁入区域的地方政治，其中成气候者进而会对全国的政治形势产生影响。西晋末期出现的成汉政权就是一个例子。

晋惠帝“元康中，氐齐万年反，关西扰乱，频岁大饥，百姓乃流移就谷，相与入汉川者数万家”。这十几万流民就散布在缺少人手的汉中与巴蜀一带为人佣工，氐族的李特家族是流民中的骨干。当时益州刺史赵廞图谋割据，先是想收编李特所率流民武装为己所用，继而又顾忌氐族武装不易控制，便设计杀了李特之弟李庠及其子侄宗族三十余人。率兵在外的李特闻知后反攻成都，赵廞战败，在逃亡中被杀。于是李特“乃有雄据巴蜀之意。朝廷以讨赵廞功，拜特宣威将军，封长乐乡侯”，并有了统领军队的合法身份。恰在此时朝廷“有符下秦、雍州，凡流人入汉川者，皆下所在召还”，益州刺史罗尚“遣从事催遣流人，限七月上道”。手下广汉太守辛冉“性贪暴，欲杀流人首领，取其资货……梓潼太守张演于诸要施关，搜索宝货”。当时散布在梁州、益州的流民希望等秋收后再返乡，“及闻州郡逼遣，人人愁

[1]《三国志》卷54《鲁肃传》及注引《吴书》。

怨，不知所为”[1]。李特趁机聚合流民占据广汉并进攻成都，和罗尚的军队相对抗，互有胜负。此后李特战死，其子李雄继承领军，最终攻克成都，继而于“永兴元年（304年）僭称成都王，赦其境内，建元为建兴，除晋法，约法七章”[2]，形成割据政权。此时惠帝尚未死，西晋政权还没有最后崩溃，但成汉流民政权的建立等于为它敲响了丧钟。在促使上述成汉政权建立的过程中，西晋朝廷的腐败和处置措施不当是一个方面；而流民很容易被合成强大的势力，甚至能够占据一方，乃至“五胡时期乘机崛起建立政权者，多依靠流民之力”[3]，则是当时历史的另外一个方面。

流民的出现，虽然是战乱与天灾相加所导致，但那个时候西晋政权的架子还在，朝廷“下符”要流民回籍，各个地方政府则奉命召回或遣送，流民们也确有返乡的打算。如此种种迹象表明，流民的身份在当时还受到官府的制约，且有着一定的临时性。但当西晋朝廷趋于瓦解时，出逃的难民可能再也没有重回老家的念头，事实上也没有什么力量可以制约他们归籍。这时候，迁徙的情况就多了起来。谭其骧先生指出，西晋丧乱后“截至宋世止，南渡人口约共有九十万，占当时全国境人口约共五百四十万之六分之一。西晋时北方诸州及徐之淮北，共有户约百四十万（《晋书·地理志》），以一户五口计，共有口七百余万，则南渡人口九十万，占其八分之一强。换言之，即晋永嘉之丧乱，致北方平均凡八人之中，有一人迁徙南土；迁徙之结果，遂使南朝所辖之疆域内，其民六之五为本土旧民，六之一为北方侨民是也”[4]。无论是迁徙还是做流民，在过程中还会造成人口的进一步死亡，如永嘉变乱之后，“青、雍、幽、荆州徙户及诸

[1] 均见《晋书》卷120《李特载记》。

[2] 《晋书》卷121《李雄载记》。

[3] 周一良：《魏晋南北朝史札记》“徙民与流民”条，中华书局1985年版，第112页。

[4] 谭其骧：《长水粹编》，河北教育出版社2000年版，第294页。

氐、羌、胡、蛮数百余万，各还本土，道路交错，互相杀掠，且饥疫死亡，其能达者十有二三。诸夏纷乱，无复农者”[1]。

虽然往南方迁徙是晋末逃难人口的主要流向，但奔往任何比较安定的地方都成为急于逃离中原战乱的人们的选择。如说“西晋永嘉之乱，中原魏晋以降之文化转移保存于凉州”，一大原因在于“外来避乱之儒英亦得就之传授”[2]，后来这些迁徙到河西的人们所带去的经学礼法为隋唐制度的三个源头之一。而文化转移之载体主要是人，在当时即为迁徙之人，这个现象也说明属于社会上层的文化精英已经加入了当时逃亡的行列，恐怕此亦为迁徙与流民的差别之一。这种从当时中国经济文化最发达地区的民众向四面八方逃亡的现象预示着在相当长的时段内，黄河中下游对长江流域在经济文化上的优势明显丧失。但从好的一面着眼，人口从中心往相对边缘地区的流动亦有利于全国范围内经济文化差异的缩小。

上述的流民或迁徙从总体上来说，是社会基层民众的自发行为，虽然出于无奈，还有着一定的主观选择，如决定什么时候走，去向何方，与谁一起走，等等。但是在本时期，还有着不少强制性的迁徙，完全是出于胁迫而非被迁徙者自己的意愿。如诸葛亮在街亭一战失利之后，“拔西县千余家，还于汉中”，或者说得更直接一些是“驱略士女数千人还蜀”[3]。这“驱略”一词表明了这次迁徙行动的强制性。东吴则是通过征讨所谓山越（胡三省云：“山越本亦越人，依阻山险，不纳王租，故曰山越”[4]），迫使他们一部分人迁徙出山，接受管辖。山越分布的范围“包括今日江苏、安徽、江西、福建四省之一部，浙江省之全部。此地

[1] 《晋书》卷107《石季龙载记下》。

[2] 陈寅恪：《隋唐制度渊源略论稿》，中华书局1963年版，第2、19页。

[3] 《三国志》卷35《诸葛亮传》及注引郭冲《四事》。

[4] 《资治通鉴》卷56“汉灵帝建宁二年九月”条胡三省注。

带中之山地，如今日皖南之黄山，浙江之天目山、会稽山、括苍山、仙霞岭，福建之武夷山，浙赣交界之怀玉山，以及江西之九岭山，大都为山越出没之地”[1]。其中很多都是为了逃避官府税赋而成为山里人的。东吴时诸葛恪在丹阳通过恩威兼施，使得山越“知官惟欲出之而已，于是老幼相携而出”，并“从化平民，悉令屯居”。这也是一种强制性的迁徙，目的很明确，就是为了获取劳动力和兵员的来源，如诸葛恪事后“自领万人，余分给诸将”[2]。三国时，蜀、吴二国在这方面的行动更多一些，就是因为和曹魏相比，它们的力量更弱。在以农耕为主的古代国家里，人力资源就是国力的基础，所以都要千方百计地鼓励生育和抓住人口。由于西晋末期的大动乱致使人口的进一步减少，因此直到南北朝，关于强制性迁徙的记载依然不绝于史。如据《魏书》卷110《食货志》，北魏道武帝为了充实京师平城的粮食供应，于是“既定中山，分徙吏民及徒何种人、工伎巧十万余家以充京都，各给耕牛，计口授田”。当然也有抱着政治目的而强迫老百姓迁徙的，如东魏天平元年（534年）高欢为了篡夺政权，逼迫孝静帝将京都从洛阳迁到邺城，并令洛阳居民也一齐迁走。于是三日之内，“户四十万狼狈就道”[3]。虽然这和本时期的人口减少没有直接关系，但也至少说明了政权底下是少不得民众的，迁都时就要逼迫民众跟着一起走。

从流民到移民，是人口与土地的关系由流动趋向于固定的过程，于各级官府来说也是对政治智慧和行政能力的一个考验，其中最为典型的是东晋南朝的地方侨治和土断，两者互相关联。州郡等地方侨置行政单位的出现主要鉴于两个情况，一是永嘉之变

---

[1]　《孙吴与山越之开发》，载傅乐成：《汉唐史论集》，（台北）联经出版事业公司1977年版，第82页。

[2]　均见《三国志》卷64《诸葛恪传》。

[3]　《北齐书》卷2《神武纪下》。

后由北往南的人口流动是本时段最大的民众迁徙潮；二是因为这次移民包含着社会的各个阶层，很多是以家族为核心的武装集体的形式，且“战乱时期宗族组织性较和平时期要强，宗族关系在迁徙过程中显得更加密切”[1]，所以他们到了南方后就成为强大的社会力量，甚至成为政权的支撑基础。故而可以简单地说，侨置各个州、郡、县等是为了对这种移民势力的承认和利益保护，而长江中下游地广人稀与文化经济之落后为这种行政设置提供了条件。随着南北对峙局势的相对稳定和移民渐渐趋向本地化，为了行政简便和增加税收，便有了以实行户籍一体化为主要目标的“土断”。这些好处对任何统治者都有着难以抗拒的诱惑，所以朝代更替也会反复进行，直到目的基本达到。在这个过程中当然会牵涉利益的变化调整，各种不适、骚动和反抗是必然会发生的现象。但由于这体现行政的合理化和社会发展的趋势，随着岁月流逝，移民户口的落地生根，促使着侨置行政单位慢慢减少。

本时期以流民或迁徙为主要形式的人口大流动，从客观的角度看，虽然给当事者带来很大的苦难，但也是文化和经济载体的大交流。他们各自的生活方式与观念，以及所具有的谋生手段能够在这互动的过程中得到相互学习或影响，由此可以在相当程度上减弱或消退原本地域或民族的印记，从而为本时段结束后的中国重新统一培植了重要的社会基础，所以也是社会被灾难所激发出来的一种活力的表现。

3. 专役户出现及其背景

国家作为人与人关系所构筑的一种形式，是为了保障群体生

---

[1] 李卿：《秦汉魏晋南北朝时期家族、宗族关系研究》，上海人民出版社2005年版，第237页。

存而出现，但也体现着人对人的控制、压迫和剥削。如此现象具有一定的合理性，因为只有其内部存在着差别和矛盾，国家才有存在的活力，问题在于对其中“度”的掌控。国家行政机构之存在和运转，需要迫使民众为其提供经济基础，故而当人口减少时，它也会因时制宜地变换方式来保证其依然能够控制相当数量的对象。这就是在魏晋南北朝专役户出现的主要背景。当时所谓专役户大致上有着这么几个特点。

其一，他们户籍不在郡县地方，而各属有司管辖，如屯田户属大司农，乐户属太常寺，等等。

其二，专役户通常以专门服某一种役为主业，如兵户以当兵为业，所以称之为专役户。不过在特别的情况下也会服别的役，如有时盐户也会被拉去当兵。

其三，一旦被划为某类专役户，就得终身为业，世代为业，要想脱籍就非常困难，要比一般的民众更缺乏自由。

其四，一般所谓“专役”，即从事的工作或累或脏或危险或兼而有之。这类工作在社会上通常都被视为贱活，所以基本上都是强迫为之。也有少数行业，通常是手工业，需要特殊的技术，也被定为专役户。这种情况之下专役有时也意味着专赋，即通过专业的劳动所生产出来的专类产品。如后来北魏“天兴中，诏采诸漏户，令输纶锦。自后诸逃户占为细茧罗谷者甚众。于是杂营户帅遍于天下，不隶守宰，赋役不周，户口错乱”“汉中旧有金户千余家，常于汉水沙淘金，年终总输”[1]等。

其五，本时期最早出现的专役户是兵户，战争的频繁及其所带来的伤亡，必然导致兵员补充的困难。寻常的赋役制度无法解决兵源的匮乏，就只好用强制的手段使之终身当兵，世代当兵，如此至少能保证一定的军队规模。在整个魏晋南北朝时期，战争

[1]《魏书》卷110《食货志》。

成了一种常态，所以在专役户中兵户不仅数量最大，而且名目繁多，如士家、军户、营户、府户、城人等，几乎和本时期相始终。

专役户所具备的上述特征，和一般编户齐民有别，即后者“无论在城乡，士族高门和庶族都是杂居在一地，共同编制在里伍之内”[1]，故而当时把这种区别看作良贱之别。所以他们的社会身份略同于奴婢，但彼此之间也有三点不同。第一，专役户系朝廷所掌有，专属官府的不同机构管理。奴婢则有官奴婢、私奴婢之分，前者是各个衙门里供使唤之贱人的通称，后者数量占着奴婢类里的多数，由私人掌有。第二，奴婢不分官、私都可以被买卖，专役户则不被允许买卖，且不能用钱财来赎身。不过在某些情况下，皇帝可以把一些专役户之役的使用权赐给王公大臣。第三，奴婢的身份虽然低下，但其中少数被主人当作亲信者，其物质待遇要超过一般的社会民众，若“金银锦绣，奴婢缇衣，五味八珍，仆隶毕口”[2]甚至还可狐假虎威。但在专役户里则几无这种可能。

很显然，专役户在本时期产生，除了人口锐减促使官方用这种形式来控制一部分满足特殊需要的劳动力外，还有一个不可忽视的原因，就是在于商品经济受到了严重破坏。本来社会上的一些物资供应，尤其是一些手工业品如“细茧罗縠”之类的需求，可以通过商业途径取得，或至少能够作为补充。当此种途径被闭塞后，如北魏“初至于太和，钱货无所周流，高祖始诏天下用钱焉”[3]，没有通货作中介所进行的物物交易是很难获得满意物品的，权贵们就只能依靠专役户的劳动来解决。就此我们还能解释一个现象，即西晋灭亡之后，从史书所记载的情况来看，北方的

[1]《魏晋南北朝时期阶级结构研究中的几个问题——〈魏晋南北朝时期各阶级的分析〉序说》，载熊德基：《六朝史考实》，中华书局2000年版，第230页。

[2] 杨衒之著，范祥雍校注：《洛阳伽蓝记校注》卷4，上海古籍出版社1978年版，第205页。

[3]《魏书》卷110《食货志》。

专役户种类要多于南方，特别是那些属于提供产品的专役户，其中一个重要原因就是南方的商品经济要比北方发达。

专役户之设，使得一部分人的社会地位下降，沦为贱民。按照现代价值观，更可视为一种历史倒退，这当然没有什么问题。但尽管专役户的出现和魏晋南北朝时的人口剧减存在着一种必然的逻辑关系，也不妨看到专役户的出现在一定程度上有利于劳动的专业化。到了南北朝后期，全国的人口数量慢慢地增多之后，专役户不再是政务上的必需。以农为本观念重新得到了强调之后，一部分专役户就得到了解放，如宋孝武帝曾下诏："武皇帝旧役军身，尝在斋内，人身犹存者，普赐解户。"[1]又如北周武帝下令"凡诸杂户，悉放为民。配杂之科，因之永削"[2]。此后，专役户的形式少见了，但工艺技术和服务要领却往往成为一些家庭世代相传之绝活，如此社会传统之养成，不能说和数百年间提供产品类的专役户之存在没有一点关系吧。可见历史的现象，往往会有它存在的合理内核。

专役户的出现也从一个方面证明了，至少在魏晋南北朝时期，社会阶层或阶级的划分标准主要在于人们自身有着多少人身权利，以及与之相应的社会地位，而和所谓的生产资料所有权或使用权关系甚微。

4. 少数族纷纷进入中原

汉末战乱，人口剧减，但中原之肥沃熟土不会被长久荒芜。农业的恢复在于劳动力的增加，对此有三方面的促进因素。

其一，出于百姓的传统观念而早婚早生。

---

[1]《宋书》卷6《孝武帝纪》。

[2]《周书》卷6《武帝纪下》。

其二，为了防止民间“嫁女赔钱”等考虑而阻碍人口繁殖，则以官方力量来解决。如晋武帝泰始九年（273年）“冬十月辛巳，制女年十七父母不嫁者，使长吏配之”，及咸宁元年（275年）“二月，以将士应已娶者多，家有五女者给复”等[1]。但这两种途径都需要较长的时间才能获得结果。

其三，则是用各种办法取得现成的劳动力，以解决眼前之急需，于是就有了各类少数族纷纷进入中原的现象。如仅“关中之人百余万口，率其少多，戎狄居半”。并州的匈奴则有“五部之众，户至数万，人口之盛，过于西戎”，及“荥阳句骊本居辽东塞外，正始中，幽州刺史毌丘俭伐其叛者，徙其余种。始徙之时，户落百数，子孙孳息，今以千计，数世之后，必至殷炽”[2]。这是由于匈奴被击败后，东汉朝廷大体上对四周少数族维持着强势的地位，故而虏获或诱骗少数族人到中原来作为劳动力就成了常见的现象。其中，后来成为重要政治人物的石勒之经历比较典型，《晋书》卷104《石勒载记上》云：“太安中，并州饥乱，勒与诸小胡亡散……会建威将军阎粹说并州刺史、东嬴公腾执诸胡于山东卖充军实，腾使将军郭阳、张隆虏群胡将诣冀州，两胡一枷。勒时年二十余，亦在其中，数为隆所驱辱……既而卖与茌平人师欢为奴。”

除了和石勒一样以个人身份在中原充当农奴外，还有两种情况。一种是充当流民，从事一些雇佣劳动，但与同族之人保持着一定的松散关系。另一种是作为归附的部族进入并定居在中原边缘的农耕区。如属于匈奴族的刘氏，“属董卓之乱，寇掠太原、河东，屯于河内……魏武分其众为五部，以豹为左部帅，其余部帅皆以刘氏为之。太康中，改置都尉，左部居太原兹氏，右部居

[1] 《晋书》卷3《武帝纪》。

[2] 《晋书》卷56《江统传》。

祁，南部居蒲子，北部居新兴，中部居大陵。刘氏虽分居五部，然皆居于晋阳汾涧之滨”[1]。他们所处的地方实际上是和中原连成一片，并自三代起就有着与中原共同的文化，却成了他们生息劳作之地，这对于本时段的历史影响很大。

[1] 《晋书》卷101《刘元海载记》。

二　北方局势演变下的坞壁林立

在战乱的情况下，一部分人选择了逃难，但出于对祖祖辈辈遗留下来的土地之眷恋，只要还存在着生机，更多的人会选择坚守，于是就有了坞壁林立现象的出现。

1. 北方坞壁之林立

坞与壁都带有军事堡垒的性质，亦有称堡称垒的，但坞的规模通常比壁要大一些，也可以作为带有城墙等防御工事的居住地。如汉末权臣董卓在长安之外“筑郿坞，高与长安城埒，积谷为三十年储，（注引《英雄记》曰：郿去长安二百六十里）云事成，雄据天下，不成，守此足以毕老”[1]。程应镠师指出：“自汉末以来，那种原来属于军事防御性的建筑，逐渐发展成为地方割据的一种形式。”“永嘉乱后，坞壁遍布于北方战乱地区。汉族居民普遍地利用这一形式来反对落后族的侵扰与掠夺。”[2]其中，由于坞的生活气息更多一些，无论是用作居民的自我保护还是被大小军阀当作割据的据点，都比壁显得更适合些，所以史籍里所记载的各个坞的名称要远比壁的多。这或许也与两汉一些乡吏治所四周筑有土墙，犹如小城相关。直至20世纪上半叶，西北地

[1]　《三国志》卷6《董卓传》及注。

[2]　程应镠：《四世纪初至五世纪末中国北方坞壁略论》，载《上海师范学院学报》1979年第1期。

区还存在着不少“土围子”，其实也与坞的功能类似，可见坞具有很大的实用性。

魏晋南北朝之坞壁林立，固然和战乱不断有关，如南燕与东晋争战，使“自彭城以南，民皆堡聚以自固”[1]。事实上还和一个现象有着紧密的联系，即人口之剧减。坞之不同于城，就在于它比城要小得多，恰如董卓的郿坞与长安城之比，虽然前者的围墙和长安的城墙一般高。由于天灾或人祸，使得有些地区的居民点的户口数量都很小。如北魏后期的晋州（今山西临汾）下属有领郡十二，县三十一，但只有“户二万八千三百四十九，口一十万三十九”。其中“北五城郡：领县三，户二百一十二，口八百六十四；定阳郡：领县三，户四百九十八，口一千九百四十一；敷城郡：领县一，户九十，口三百五十九；河西郡：领县一，户二百五十六，口一千一百四十四；五城郡：领县三，户四百一十一，口一千六百一十八”[2]，等等。这些数字表明，当时属于晋州的一些县少的只有百来户人家，男女老少加起来总共才几百人，所谓县治大概就等于一个由土墙围起来的村庄而已。即使是位于中原的豫州，“领郡九，县三十九，户四万一千一百七十二，口九万六千九百一十六”[3]。平均起来每个县属下的百姓就是一千来户，两三千口人。西北的凉州当时有二十个县，每个县平均仅有一百六十几户人家[4]，情况和晋州差不多。如此的居民点，和平时期可以算作一个地方行政单位，战乱时就是一个民众赖以自保的坞壁。所以甚至能够这样说：西晋之后北方的郡县分布，大致上可以反映出坞壁的分布状态。有的

[1] 《资治通鉴》卷115“晋安帝义熙五年二月”条。

[2] 《魏书》卷106上《地形志上》。

[3] 《魏书》卷106中《地形志中》。

[4] 平均数是163.70户，参见梁方仲：《中国历代户口、田地、田赋统计》甲表18，上海人民出版社1980年版，第56页。

所谓的县，甚至就是因为有了一两个坞壁才会有它的存在。

2. 坞壁现象与政治之互动

本时期基层地方行政和坞壁的存在关系密切，那么坞壁现象与政治之互动也应该是一种常态。

首先，坞壁必然会成为割据化的政治局面出现之基础。如淝水之战后，苻坚的“中垒将军徐嵩、屯骑校尉胡空各聚众五千，据险筑堡以自固”，成了很有名的“徐嵩堡”和“胡空堡”。前秦的末代皇帝苻登曾“进据胡空堡，戎夏归之者十有余万”[1]，成了该政权最后的主要根据地。

其次，坞壁与地方社会之关系也很密切。鉴于当时的地方社会结构以宗族关系为主要脉络，民众的居住聚合亦以宗族为核心，坞壁在其中之作用当然不言而喻。古代的地方豪强一般智过人、勇过人、谷粟之蓄过人，战乱中的坞壁主更该有如此品质。如汉末时许褚“聚少年及宗族数千家，共坚壁以御寇。时汝南葛陂贼万余人攻褚壁，褚众少不敌，力战疲极。兵矢尽，乃令壁中男女，聚治石如杅斗者置四隅。褚飞石掷之，所值皆摧碎。贼不敢进”[2]。又如西晋后期阳翟的庾衮“率其同族及庶姓保于禹山。……众咸从之。于是峻险厄，杜蹊径，修壁坞，树藩障，考功庸，计丈尺，均劳逸，通有无，缮完器备，量力任能，物应其宜，使邑推其长，里推其贤，而身率之。分数既明，号令不二，上下有礼，少长有仪，将顺其美，匡救其恶。及贼至，衮乃勒部曲，整行伍，皆持满而勿发。贼挑战，晏然不动，且辞焉。贼服

[1]《晋书》卷115《苻登载记》。

[2]《三国志》卷18《许褚传》。

其慎而畏其整，是以皆退，如是者三”[1]。李卿根据现存史料统计，在所知24个坞壁实例中“属于地缘组织关系或血缘、地缘关系兼有的组织性质”的占其总数的91.7%[2]。故而在战乱的情况下，坞壁简直成了地方社会存在的一种主要形式。在坞壁内的人各自所处的状况不一，可以视作大社会的一个缩影。

再次，在相对和平的时段，坞壁不仅是地方行政运行的主要场所，很多情况下也是赋税征收的单位，后者是前者的一项重要工作内容。当县一级的地方行政机构和坞壁有着相当的重合时，坞主或族长担任县令等地方官吏就会有很高的概率。由于中国古代的地方治安本来就是基本上在乡规族规的框架下进行制约的，所以当坞主族长们纷纷有了地方长官的头衔时，朝廷就可以采用一种低行政成本的税收方式。即朝廷不是按照传统以户及户内人口数作为征税的计量单位，而是将若干小户合成一个“大户”当作缴纳赋税的基本单位，而不在乎每一个户内的人口有多少。如北魏明元帝永兴五年（413年）正月“诏诸州六十户出戎马一匹”[3]。又如太武帝始光二年（425年）“五月，诏天下十家发大牛一头，运粟塞上”[4]。这样一来，大部分的坞壁户数不多，计量简单，征收方便。这也应该是所谓“宗主督护制”表现在财政税收上的一个功能。

最后，在通常情况下，中国古代农村是以以户为单位的自给自足的小农经济为基本模式。而在本时段，广阔的地域里分散地独立存在之坞壁，在商品经济被减弱到最低限度的情况下，不由得成为扩大了的自给自足的基本经济单位。《颜氏家训·治家篇》描述了北方生活之状况：“稼穑而食，桑麻以衣。蔬果之畜，园

[1] 《晋书》卷88《庾衮传》。

[2] 李卿：《秦汉魏晋南北朝时期家族、宗族关系研究》，上海人民出版社2005年版，第238页。

[3] 《魏书》卷3《明元帝纪》。

[4] 《魏书》卷4上《太武帝纪上》。

场之所产；鸡豚之善，埘圈之所生。爰及栋宇器械，樵苏脂烛，莫非种殖之物也。至能守其业者,闭门而为生之具以足。”[1]程应镠师认为如此从吃、穿到家庭日用都能自己生产的经济方式，以及主要反映当时以山东地区为重心的黄河中下游地区的生产状况实际上代表着坞壁生产的水平。可以说“永嘉乱后，汉族先进的生产事业被坞壁保持下来了”[2]。故而坞壁里的生活和生产之融合无疑更加丰富了古代乡村自然经济之内涵，体现了一种顺应生存环境变化的活力。

---

[1] 颜之推撰，王利器集解:《颜氏家训集解》卷1《治家第五》，上海古籍出版社1980年版，第55页。

[2] 程应镠:《四世纪初至五世纪末中国北方坞壁略论》，载《上海师范学院学报》1979年第1期。

三 门阀存在的原因和影响

1. 门阀：华夏历史发展中的必然现象

所谓秦始皇统一中国，主要是指秦在广袤的华夏土地上建立起庞大的行政机构，并借此进行专制集权的统治。这自有它的历史功用，但至少产生了两个问题需要解决：其一，是由此大大地增加了行政成本；其二，各级官吏之职位总会因各种缘故产生缺失，需要有源源不断的后继者进行补充，且为数不少。此外，这些官吏还要具备一定的素质。针对第二种情况，秦朝是用“以吏为师”的办法予以解决，即让新吏跟着老成之吏学习行政技能及与职务相关的知识。[1] 由于秦朝很快崩溃，这种方法之利弊难以进行充分的评估。但从后世并未继承这种做法来看，可以预料时间一长它会产生一些问题。如由于成了师徒，前吏和后吏之间会发生利益和感情上的特殊关系，如此可能会对行政系统有着腐蚀作用，而且很有可能使官吏的素质一代不如一代，这是官方所不愿见到的。汉朝建立后，主要通过两个途径来进行官吏的补充。一是让高级官吏的子弟受荫出仕，但这只能是少数；二是设立“孝廉”“贤良”等名目，由州郡向朝廷限额推荐，此属于比较高级的人才。地方和部门主管还可自行举辟一些属员，以解决下级

[1] 有学者认为“以吏为师”是让官吏来“教化”民众。但这是儒家的主张，只有在尊崇儒术时才会对司徒属下“地方官吏”有如此要求。秦奉行的是法家之治，不可能对官吏赋予这样的职责。何况“以吏为师”之“吏”所含的是其最广泛的词义，试问让一个管仓库的“吏”怎样去兼做老百姓的“师”？

吏员之不足。不过这些补充方法存在的最大问题是新官吏素质上难以有统一的标准，即使是“孝廉”“贤良”之类也仅是根据事迹类比，而且往往不能兼顾入选者的品行与办事能力。

作为行政官员，最起码的要求是具有文字处理能力。且作为社会民众的管理者和朝廷意图的忠实执行者要具备一定的操守，官阶越高，这方面的要求也越高。达到这些要求必须要进行学习，使学习内容一致并能使学习速度快起来的场所是学校。因此从汉文帝时代起地方上开始办学，至汉武帝时有了朝廷主办的太学。这和当时尊崇儒术的政策相符合，使得学校兼有培养文化能力和道德价值观的功效，非常符合封建国家对行政官吏的要求，学校当然越办越盛。不过因为受到物质条件的限制，还存在一些问题。如办学的经费成了财政上的一个负担，又如书籍难得，直至汉末纸张仍是稀缺之物，文字都是写在简牍上的，书的成本很高，口口相传成了知识传递的主要途径。这样，学生们追随着主讲老师所说，构成了学派。太学里讲学的博士们成了某个经典方面的学术权威，把学问悉数传授自家子弟也是很自然的，至少一部分太学里的老师是如此做的，于是为所谓的“家学”开了先河。如东汉弘农杨震“少好学，受《欧阳尚书》于太常桓郁，明经博览，无不穷究”，被称为“关西孔子”。其子杨秉“少传父业，兼明《京氏易》，博通书传，常隐居教授”。秉子杨赐“少传家学，笃志博闻”。杨赐子杨彪“少传家学”，在灵帝“熹平中，以博习旧闻，公车征拜议郎”[1]。

关于门阀[2]，陈寅恪先生认为：“学术文化与大族盛门常不可分离也。然此种变迁乃逐渐形成者，在六朝初期所谓高门，不

[1] 《后汉书》卷54《杨震传》。

[2] 与门阀相近的名称还有高门、世族、望族、右姓、甲族等。也有将门阀等同士族的，但此时的士族是狭义的，不包括其中的次门与寒门。

必以高官为唯一之标准。”[1]若上文所举弘农杨氏，在杨震子孙中不乏学而优则仕，多有做到司空、司徒等“三公”高位的，所以门阀即儒学世家和官僚世家之合成的结果。表现出如此特征的门阀从两汉开始出现而到魏晋南北朝趋向鼎盛，具有历史发展的必然性。当然门阀的构成也并非一成不变，一些原来属于“次门”的士族，在政权里处于高位的时间长了也就上升为高门，典型的如兰陵萧氏。但他们一旦成为高门，也很快能够显示出强大的文化能力，门阀的官与学结合的特点并没有变。从大的层面讲，要在农耕经济的基础上建立统治广大疆域的帝国，光用政治的强力是远远不够的，仅是财政上也支撑不了如此又大又重的行政机器，秦朝的快速崩溃便是显例。尊崇儒术在汉武帝这样一个有雄心有能力的君主手里实行，说明中国古代的统治者们认识到欲使拥有天下的朝廷长治久安，还得要有思想的一统和道义的力量。也就是说，作为行政系统里的一名官员，尤其是中高级官吏必须有这方面的认知和能力，即所谓“知书识礼”，以道德养成和知识学习结合为教学内容。后世也把如此将知识分子与做官合二为一的群体通称为“士大夫”，他们就是门阀的基础，或者说门阀是体现士大夫社会作用的一个时代标识。从本时期这个较小的时空范围来说，虽然门阀在东汉已有雏形，隋唐仍存余绪，但它在魏晋南北朝时期作用之突显，当然也是因为符合了客观的历史条件。

大体说来，门阀在魏晋南北朝的作用之凸显，在于客观上有着这样的一些因素。

第一，战乱形势下的紧迫需求。对最高统治者来说，政权的稳定和巩固，至少要让文治与武功平衡，尤其在收拾乱局之后，对文臣之重视成为一种必然。在魏文帝曹丕的旨意下，所谓九品官位法的出现就是明显的例子。在本书第二章中曾对该法有过一

[1]《崔浩与寇谦之》，载陈寅恪:《金明馆丛稿初编》，上海古籍出版社1980年版，第131页。

些介绍，虽然此法出台之初衷是为了更合理地选拔人才，但由于客观是为了与官品配套，所以它产生的实际作用是促成了学与官的相合。而二者之合一正是门阀的特征，因此可以说，政治体制上有着对符合如此标准的官员的需求，就有了顺应而生的门阀。

第二，门阀适应当时各个王朝的财政相对紧张的状况。前面说过，由于本时期人口数量之锐减影响了朝廷的租赋之收入，分分合合的政治形势在使得战事不断的同时，也加重了各个政权的军费开支，如何减轻行政成本成了一种刚性需求，而门阀有助于做到这一点。其一，解决了对文官的需求和无力建设学校之矛盾。汉代建设学校是为培养官吏服务的，但本时期开设官学的状况要比东汉差得多。东晋初，王导曾感叹："自顷皇纲失统，颂声不兴，于今将二纪矣。"[1]其实此后的整个东晋南朝，同样是"颂声不兴"。于是家学之兴就成了弥合这个矛盾的好办法，而家学正是士族存在和发达的文化基础。其二，官与学之结合在体制上使官吏的选拔、任命和考核在标准上一致化，且省略或合并了不少工作环节，此中起着很重要作用的各级"中正"也不拿官俸，这必然节省不少行政费用。所以从当时的角度看，这也是门阀制度的优点之一。其三，由于地方的主要辅佐官员，在很多情况下还包括地方主官，基本上是由门阀出身的人担任。这意味着地方行政支出不属于朝廷财政的范围，包括州郡长官俸禄在内的各项地方支出，都由"州郡在各自的范围内自行征收或筹办"[2]。甚至有些时候，如南朝"自侯景之乱，国用常褊。京官文武，月别唯得廪食，多遥带一郡县官而取其禄秩焉"[3]。即朝廷不仅无须为地方提供财政支出，反而还能解决一部分朝官的俸禄，这至少是和士族在地方上的存在相关。

[1] 《晋书》卷65《王导传》。

[2] 严耀中:《东晋南朝地方财政收支述论》，载《中国社会经济史研究》1985年第2期。

[3] 《隋书》卷24《食货志》。

2. 不应被掩盖的历史作用

自古至今，对门阀持批评的言论居多，其中也的确是有一些道理的。因为社会的活力在于流动，对一个政权来说，如果能够不断地把社会下层里有志向、有才能的人提拔上来，吸收进行政管理的各个部门，不仅可以提高行政效率，而且可以扩大统治基础。但门阀制度对此却起着妨碍作用，因为高门子弟占据着各种有利条件：可以受最好的教育，十来岁就可以凭着门第得到清要之职，以后依仗各种关系能够顺利升迁达到高位。即使是低级士族，也有免役和做官的资格。社会地位如此固定化，说明政治体制僵化而失去活力。"郁郁涧底松，离离山上苗；以彼径寸茎，荫此百尺条。世胄蹑高位，英俊沉下僚；地势使之然，由来非一朝。金张藉旧业，七叶珥汉貂；冯公岂不伟，白首不见招！"这是晋代诗人左思愤愤不平的感慨。当时的史家干宝也有同样的看法："选者为人择官，官者为身择利，而执钧当轴之士，身兼官以十数。大极其尊，小录其要，而世族贵戚之子弟，陵迈超越，不拘资次。"[1]而州郡中正"举代人才，升降盖寡；徒以凭籍代资，用相凌驾……魏、晋以来，以贵役贱；士庶之科，较然有辨"[2]。这是南朝史家沈约据实而言。左思、干宝、沈约等皆是文化精英，他们的情绪和看法具有相当的代表性，可见当时认为门阀体制有失公允者为数不少。而心怀不满的人多了，把社会推向动乱的力量就强了，这也是门阀现象历来受到批判的一个主要原因。此外，因为门阀士族的社会政治地位很高，就有不少人成为他们的依附者。这些依附者有着各种名称，如门生、义故、宾客、部曲、荫户等，他们地位也不尽相同，有的可以仗势欺人，

[1] 《晋书》卷5《孝愍帝纪》引干宝史论。

[2] 《通典》卷16《杂议论上》。

有的成为劳动者。一旦成为依附者，按当时的习惯法，宗主对他们的人身就有一定的处置权（但他们不是奴婢，不能被买卖），而且他们成了私家的依附者之后，就被注入主人家的户籍，不再负担官府的赋税。这也是门阀制度历来被诟病的一个原因。这里还要做一些辩解的是门阀与土地所有权的关系。拥有土地多少并不是成为门阀的条件，相反，由于门阀制度产生之后使世族有着很大的政治特权，所以能够通过不断地兼并土地之后而兼有地主或“大地主”的身份。不过，根据史书记载，高门的成员里有不少人并没有这样的身份。最明显的例子是永嘉之变以后不少北方士族随司马睿纷纷渡江，成为东晋政权的重要支柱。此前这些家族在江左哪里有什么土地，而从东晋开始，这些家族在南方的土地越占越多，如陈郡谢氏到了谢灵运这一代就拥有非常可观的大庄园。史载“会稽东郭有回踵湖，（谢）灵运求决以为田，（宋）太祖令州郡履行。……又求始宁岯崲湖为田”[1]等。这很清楚地表明高门贵族凭借其社会地位是可以通过如此手段占有土地的，而史上找不出一个庶族地主仅因为拥有很多田地而能够厕身高门的。所以两者之间的因果关系不应该被颠倒着来说。

门阀的出现是适应当时情势需要之结果，他们的历史作用主要表现在三个方面。

第一，门阀无疑是魏晋南北朝文治力量的代表者，是社会政治秩序的主要维护者。朝代虽然经常更换，但门阀士族的力量使这种改天换地的政治大变动用“禅代”的方式相对平和地进行，使得社会为改朝换代付出的代价趋向最小。这不仅可以让为政治斗争而死的人少一些，而且使制度、法规、机构等都可以保持不变而省很多事。在地方上，由于郡望大姓支配着当地的民事活动与治安，完全可以和京师的“城头变幻大王旗”没有关系，因此

[1] 《宋书》卷67《谢灵运传》。

在大部分情况下，只要地方上不发生战事，政治变动都不影响地方的生产和社会稳定，尤其在江左。

第二，在整个魏晋南北朝期间，门阀作为强大的社会力量，起着与皇权互相制约的作用，在东晋甚至到了要和皇室“共天下”的地步。关于这方面的内容，在本书以后的各章里还要叙述。这里要指出的是，因为门阀是一种集体化的存在，虽有着共同的利益、价值观念和一些婚姻关系，但彼此的联系毕竟是松散的，甚至有的家族之间还存在对立与矛盾。处于这样一种状态的社会力量来制约皇权，必然会使皇权的专制属性被大大地削弱。为什么魏晋南北朝时期是秦以后的中国历史上思想最解放、文化完全呈现百花齐放百家争鸣的时代？这是与如此的政治局面有着密切关联的。秦以后的皇权体现着政治、思想、道德准则上的绝对权威，但三者是相互联动的，共进共退。所以当皇权被分散，思想的控制就难以严厉，也不需要严厉。而思想上的开放是文化真正昌盛的前提，而不是依仗财富供养出来的。道教与佛教等成熟的宗教到了这一时期，社会地位才被正式承认，与此也不无关系。需要指出的是，五代之后本时期的门阀现象受到儒家学者越来越多的指责也和以上提到的两个方面有一定的联系。

第三，门阀士族在本时段天灾人祸众多的情况下，成了社会文化的载体，尤其是精英文化。无论是哲学、文学、史学，还是书法、音乐、造型艺术，甚至在天文历法等科技领域里，都有出身于士族的代表者所作的杰出贡献。柳诒徵先生以祖冲之为例称赞道：“观其议历之精审，足明当时学术华实兼赅，初非徒骛玄学也。”[1] 由于本书第八章还要叙说，这里就不多举例说明了。此外，还得特别指出的是，西晋之后北方门阀士族所坚持的传统

[1] 《南朝太学考》，载柳曾符、柳定生选编：《柳诒徵史学论文续集》，上海古籍出版社 1991 年版，第 428、429 页。

文化，在所谓的“汉化”和民族交融的过程中起了极为重要的作用，这也放在本书后面再加详叙。

当然，对门阀制度的历史作用之评价，会随着视点的转移而有所差异，但这样做至少有一个好处，即能够让我们对历史的认识与印象更加具有立体感。

第五章

世道流转——东晋南朝之政局

东晋与宋、齐、梁诸朝之存在实际上是将三国时东吴与蜀汉的统治地域合为一体，从而形成了整个长江流域和黄河流域对峙的局面，算上成了残局的陈朝，前后历时将近三百年，这是中国历史中的一个重要时期。

一 “王与马共天下”的格局

随着永嘉之变，“五马浮渡江，一马化为龙”的童谣成为事实，司马懿的曾孙、时为琅邪王的司马睿在江左建立了东晋政权。然而这个政权却有着非常特殊的政治结构，前无先例，后无继者，即所谓“王与马共天下”。

1. 渡江士族站稳脚跟

司马睿在永嘉之变后能够在江左重建晋朝，主要有三大主客观原因，当然也有一些其他因素的配合。

一是在永嘉之变前后，司马睿已经掌握了长江下游的军政大权。西晋怀帝永嘉元年（307年）七月“己未，以琅邪王睿为安东将军、都督扬州江南诸军事、假节，镇建业”[1]。

二是得到了以琅邪王氏为首的北来士族的支持。从八王之乱开始，不少北方民众向南方逃难，前后陆陆续续近百万，其中多数是趋向所谓“三吴”（多指当时吴郡、吴兴、义兴三郡）的太湖流域及浙东、浙西。这些迁徙者是以宗族为核心抱团南下的，且有一定的自卫能力。领导族众长途迁徙者也大多是有勇有谋的杰出人物，所以到了江南之后，他们就成了一群“强龙”。司马睿从中选择一百多位代表人物作为自己的僚佐，“辟掾属百余

[1] 《资治通鉴》卷86“晋怀帝永嘉元年七月”条。

人，时人谓之‘百六掾’”[1]。而北来的士族当然也愿意支持司马睿，一方面，他是身在江南的皇室近支，拥戴他名正言顺；另一方面，作为地方上的外来者，容易有休戚与共之感。

三是在皇权和渡江士族结合的基础上，又成功地把江左士族大姓接纳进统治集团。灭掉东吴政权之后，西晋朝廷网罗了江左士族的精英们到洛阳做官，如顾荣“与陆机兄弟同入洛，时人号为‘三俊’”[2]。司马睿与王导等坐镇建康后，继续对本地大族恩威兼施。先是司马睿“亲观禊，乘肩舆，具威仪，敦、导及诸名胜皆骑从。吴人纪瞻、顾荣，皆江南之望，窃觇之，见其如此，咸惊惧，乃相率拜于道左”[3]。接着这些江左精英又被司马睿政权礼聘为腹心股肱。在目睹中原之变乱，且他们之中出现不了领袖人物的情况下，有一个现成的政权能够保持境内之安宁，又给了他们参政的机会，这些南方士族对司马睿政权也是很认同的，所谓“顾、纪、贺、薛等并南金东箭，世胄高门，委质霸朝，豫闻邦政……官成名立，光国荣家”[4]。

促使这三股力量的联合，还有一个大的背景，即当时北方的前赵政权已经很强大，故而拥护由具有正统地位的司马睿建立政权，不仅可以取得整个南方，甚至可以获得北方一些地区的西晋军政官吏之效忠，其形成的合力可以大大减轻前、后赵政权对江左的压力，确保江左可以免受战乱之苦。所以在这方面大家的利益完全一致，东晋政权的基础也就稳固了。

渡江士族支持司马睿建立了东晋政权，后者的存在与安定也就意味着北来士族在南方社会政治中地位的稳固。魏晋时代的官制和选举制度保障了士族在社会政治中处于高层，东晋南朝承袭

[1] 《晋书》卷6《元帝纪》。

[2] 《晋书》卷68《顾荣传》。

[3] 《晋书》卷65《王导传》。

[4] 《晋书》卷68《薛兼传》。

了这些制度，也就使得以琅邪王氏和陈郡谢氏为代表的北来士族能够长盛不衰。而且经过如此漫长的岁月，社会政治地位的优势使得这些士族能够广置产业，不断取得经济利益。如桓玄巧取豪夺当地人的"法书好画及佳园宅"，并由此"大筑城府，台馆山池莫不壮丽"[1]。经济状况是社会存在之基础，这些例子充分证明，以总体而言，那些渡江而来的士族们在江左社会中已经根深蒂固了。

2. 非常特殊的政治结合：门阀和皇权的"共天下"

门阀制度在中古时代的社会政治中起着不可忽视的作用，把门阀与制度连起来是因为前者的发展和存在有着一些特定的政治制度为保障。如果注目于门阀对社会政治起着作用的一面，就会经常使用另一个概念——"门阀政治"。但这个概念适用的范围可大可小，假若是指门阀对政治的影响，则是广义的，时间上可以从魏晋南北朝一直延续到隋唐，程度不等而已。如果仅是指门阀势力改变了专制政治的传统形式，那就是对此概念狭义的理解。田余庆先生于此有过明确的解释："东晋和南朝，历来都被认为是门阀政治的时代。实际上，真正的严格意义的门阀政治只存在于东晋，不存在于南朝。东晋门阀政治以皇权政治的变态出现。刘宋以后，皇权政治基本上恢复了常态。"[2]从门阀掌握政治权力致使常态的政治制度变形的角度看，也是对"门阀制度"的狭义理解。

所谓皇权之变态，集中表现于门阀和皇权的"共天下"。比较具体地体现在这些方面：

第一，门阀的代表人物不仅在总体上负责行政机构的运转，

---

[1] 《晋书》卷99《桓玄传》。

[2] 田余庆：《东晋门阀政治》，北京大学出版社2005年版，第267页。

而且提出、参与甚至决定朝廷重大的政治决策，如桓温之于北伐和土断。

第二，在东晋一朝百余年间，皇帝的皇位屡次受到门阀代表人物的威胁却无可奈何。反过来皇帝无力对任何一家高门进行制裁，在门阀势力之间内斗时，皇帝基本上是作为旁观者而非仲裁者，无法以皇权来决定谁是谁非或谁胜谁负。

第三，即使在具有象征意义的礼制上也显示出皇帝与门阀士族对天下之共有。最著名的一幕是在东晋建立之初，史载司马睿"登尊号，百官陪列，命导升御床共坐。(王)导固辞，至于三四，曰：'若太阳下同万物，苍生何由仰照！'帝乃止"[1]。此举并非出于权臣图谋篡位时的逼迫，而是东晋开国皇帝的主动所为，所以极具象征意义，也是所谓"王与马共天下"的直接出处。这可以说是晋元帝给王导的殊荣，但在王导背后体现出来的是整个北来士族群体对政权的分享。"当琅邪王氏以后依次出现颍川庾氏、谯郡桓氏、陈郡谢氏等权臣的时候，仍然是庾与马、桓与马、谢与马'共天下'的局面"[2]。

这种"共天下"的现象发生在东晋，当然有着一系列的原因。从皇室方面说，从西晋时的八王之乱到后来的永嘉之变，皇室的实力已经消耗殆尽，过江的几位皇族成员势单力薄，难以应付北方压境之强敌和折服当地之豪族。而北来的士族能够到达江左都并非易事，说明东晋有着颇多的人才，文能办事干练，武能指挥军事，即使到了东晋的中后期，陈郡谢氏的谢玄、谢石等还率领晋军取得淝水之战的胜利。这是门阀能够和皇权共天下的最主要原因。而面临北方始终存在的南扰威胁和司马氏血统在平衡各方势力时的作用，则是维持"共天下"局面的内外背景。

[1] 《晋书》卷65《王导传》。

[2] 田余庆：《东晋门阀政治》，北京大学出版社2005年版，第23页。

二　五朝更替中值得注意的地方

所谓南朝，是在江左紧接着东晋建立的四个朝代：宋、齐、梁、陈。由于它们的出现具有连续性，故可合称“五朝”。与仅包含地域因素的“六朝”概念不同，“五朝”能更明确地显示历史所具有的线性现象。

1. 四次禅代所显示的规律

420年刘裕建立宋朝，479年萧道成建立齐朝，502年萧衍建立梁朝，557年陈霸先建立陈朝，史家将这四个朝代合称为“南朝”。为了和中国历史上其他同名的朝代相区别，也经常将前三个朝代简称为刘宋、南齐、萧梁。589年陈朝被来自北方的隋军所灭，结束了一个时代。而鉴于时空上的连贯，将东晋与南朝关联起来看就更容易显示出一些具有共同特征的内容。

第一，这四次改朝换代都是以“禅让”的方式进行的。这样做的好处，除了使政治变动所造成的人员牺牲较少，行政体系上因基本保持不变而付出成本极小等表面现象外，还有不少隐形的有利的地方，如不仅保持了自中央朝廷至地方的各级行政机构与法规因具有连续性而形成的威权，还在于禅代形式符合儒家思想和礼制要求，使朝代更替对政权的道德形象之损伤趋向最少，由此一以贯之地维持了主导社会思想的权威性。这些因素合起来使南方发自社会下层的动乱显然要比北方少。但南朝的禅代因为开国者们还是有些急功近利，甚至对让位者动了杀机，由此开了为争夺皇位而相互杀戮的先河，使得他们的子孙有不少在皇位争夺中丧命。尤其是存在时间只有短短的24年的南齐，成为被列入正史的寿命最短的朝代，系与夺位者大批杀戮对手子孙不无关系。政治斗争中，手段的升级也是相互影响的。

第二，南朝各代的开国皇帝在前朝都是手掌兵权，甚至立有战功的。如刘裕在东晋末不仅带兵平息了孙恩、卢循之乱和桓玄的篡位，还大举北伐消灭南燕与后秦，并一度收复洛阳与长安，创下了江左对北方的最好战绩。萧道成在篡政之前通过不断的征讨成功，升为太尉、都督十六州诸军事，继而又都督中外诸军事。萧衍先是在与北魏作战中，被对方的孝文帝视为“萧衍善用兵，勿与争锋”[1]，后因齐帝萧宝卷杀其兄萧懿而起兵襄阳，最后攻占建康而打下基业。陈霸先则以参与平定侯景等战功为镇北大将军屯兵扬州。又以击败北齐军，俘虏其将领“萧轨、东方老、王敬宝、李希光、裴英起、王僧智等将帅四十六人”[2]，从而有了创立新朝代的资本。

第三，东晋南朝虽然以门阀政治为特色，但因为没有少数族的参与，社会阶层之对流，政治势力之消长，反而呈现出比较清晰的线条。其总的趋势表现在政治上是高门巨族的影响渐渐下降，社会下层的寒庶地位却在慢慢升高。若以东晋和南朝为界，门阀从政治的决定方之一变为仅是参与者。在南朝，以王、谢为代表的世族出身者担任高官的越来越少。至南朝末期，“陈将相十九布衣，从云附势，因处贵显”[3]。东晋的皇室司马氏是经学世家，宋、齐、梁三朝其实都是出于士族中的次门或寒门，兰陵萧氏后来成为高门是因为族中涌现两朝皇室。陈朝的创始人陈霸

[1] 《南史》卷6《梁武帝本纪》。

[2] 《南史》卷9《陈武帝本纪》。

[3] 王伊同：《五朝门第》，中华书局2006年版，第55页。

先年轻时“仕乡为里司，后至建邺为油库吏”[1]，其实就是看守油库的，属于社会底层。且南方经过多次土断，社会中下层里的户籍差别越来越小，有关经营商业和手工业者的记载也多于北方。这一切都表现出社会流动性的增强。

第四，南朝皇权有所增强。在南朝继位的青少年皇帝中，出现了一些荒淫凶残的小暴君。所谓“统计八九十年中，童昏狂暴，接踵继出”[2]。如宋少帝刘义符、宋前废帝刘子业、宋后废帝刘昱、齐废帝郁林王萧昭业、齐废帝海陵王萧昭文、齐废帝东昏侯萧宝卷、陈后主陈叔宝等。其中若刘昱“或有忤意，辄加以虐刑。有白棓数十枚，各有名号，针椎凿锯之徒，不离左右。尝以铁椎椎人阴破，左右人见之有敛眉者，昱大怒，令此人袒胛正立，以矛刺胛洞过……天性好杀，以此为欢，一日无事，辄惨惨不乐。内外百司，人不自保”[3]。又若萧宝卷“率一月二十余出，既往无定处……吏司奔驱，叫呼盈路。打鼓蹋围，鼓声所闻，便应奔走，临时驱迫，衣不暇披，乃至徒跣走出，犯禁者应手格杀……有一妇人当产不去，帝入其家，问：‘何独在？’答曰：‘临产不得去。’因剖腹看男女”[4]。这些小皇帝所做的骇人听闻的暴行，无法被制止。这在东晋时是难以想象的。南朝开始皇权的扩张，门阀失去了对皇帝行为的约束力，皇帝们即可为所欲为了。这也给一些野心家可乘之机，通过政变来使皇权转移，甚至改朝换代。这些小皇帝没有一个得到好下场的，但他们的胡作非为之前后相继，也说明皇权之强势有增无减。

第五，由于门阀削弱了皇权专制，也由于商品经济的发展

---

[1]　《南史》卷9《陈武帝本纪》。

[2]　赵翼著，王树民校证：《廿二史札记校证》卷11“宋齐多荒主”条，中华书局1984年版，第231页。

[3]　《宋书》卷9《后废帝纪》。

[4]　《南史》卷5《齐东昏侯本纪》。

促进了社会的流通，以及政权平和交接之相对稳定，江左的思想之活跃、文化之繁荣要远远超过北方。以致到了“隋代初年，江左文风已占领了北方文坛”[1]，形成了所谓隋唐文化“南朝化”的倾向。

2. 寒人掌机要：以侯景之乱为拐点

寒人掌机要是南朝政治动向中一个非常重要的走势。所谓寒人是出身于士族中的寒门和庶族人士之合称，说其“掌机要”是指他们在朝廷的中枢机构里作为皇帝的亲信处理军政要务。他们官位不高，但颇有实权，这种现象从宋孝武帝和宋明帝时开始，是皇权逐步加强的结果。《宋书》卷94《恩倖传序》里对此概括道：“孝建、泰始，主威独运，官置百司，权不外假，而刑政纠杂，理难遍通，耳目所寄，事归近习。赏罚之要，是谓国权，出内王命，由其掌握，于是方途结轨，辐凑同奔。人主谓其身卑位薄，以为权不得重。”清代的赵翼还补充说明道：“其时高门大族，门户已成，令、仆、三司，可安流平进，不屑竭智尽心，以邀恩宠；且风流相尚，罕以物务关怀，人主遂不能藉以集事，于是不得不用寒人。人寒则希荣切而宣力勤，便于驱策，不觉倚之为心膂。”[2]此即是说江左门阀因为一百多年来的养尊处优，失去了上进的动力和办事的能力，寒人则与此相反。这成了影响两者在社会中升降的一个重要原因，但其主因应该还是专制政治体制的必然导向——皇权的加强。此外，在行政机构里负责处理实际事务者知晓所办事情之来龙去脉及利弊缓急，他们的意见一般

[1] 《论南朝文学的北传》，载唐长孺：《唐长孺社会文化史论丛》，武汉大学出版社2001年版，第228页。

[2] 赵翼著，王树民校证：《廿二史札记校证》卷8“南朝多以寒人掌机要”条，中华书局1984年版，第173页。

就是上司决定的依据，假如上司贪图省力，那么办理具体事务的人就等于代表着行政权力，这也是寒人能够掌机要的一个客观因素。

改变南朝政治形势的另一个要点是侯景之乱。侯景是北魏末期动乱中涌现出来的一位将领，或说其为羯族人，史称其“残忍酷虐，驭军严整；然破掠所得财宝，皆班赐将士，故咸为之用，所向多捷”。所以在东魏时能总揽兵权，“拥众十万，专制河南”[1]，地位仅次于高欢。高欢死，侯景与高欢子高澄兵戎相见，战败后投奔西魏不成便转投南方的梁朝。当时，“侯景求以豫、广、颍、洛、阳、西扬、东荆、北荆、襄、东豫、南兖、西兖、齐等十三州内属”[2]。此前不久，梁武帝做过一个梦，梦里“中原牧守皆以其地来降”，于是“举朝称庆”。侯景来降，恰巧应了这个好兆头。寒士出身的中书舍人朱异“揣知上意”，说：“圣明御宇，南北归仰，正以事无机会，未达其心。今侯景分魏土之半以来，自非天诱其衷，人赞其谋，何以至此！若拒而不内，恐绝后来之望。此诚易见，愿陛下无疑。”于是梁武帝“以景为大将军，封河南王，都督河南·北诸军事、大行台”。梁又遣萧渊明率军进攻东魏，以与侯景配合，但“梁兵大败，贞阳侯渊明及胡贵孙、赵伯超等皆为东魏所虏，失亡士卒数万人”[3]。侯景军亦被东魏所败，逃至梁，原来所管辖的地方都被东魏收复。梁武帝则将侯景收留，安置于边境。

梁武帝执意接受侯景，与他的一些意识相关。梁武帝萧衍“博学多通，好筹略，有文武才干”。齐末趁东昏侯暴政所造成的乱局之机，以为兄报仇的名义起兵并迅速攻下建康，推翻旧

[1] 《梁书》卷56《侯景传》。

[2] 《梁书》卷3《武帝本纪下》。

[3] 《资治通鉴》卷160“梁武帝太清元年正月及十一月”条。

朝，建立梁朝。到了侯景前来归附的太清元年（547年），已经足足做了45年的皇帝。但是他人老心不老，仍有光复中原、一统天下之雄心。此前不久陈庆之曾以数千梁军轻易地攻下洛阳，也可能给他留下一种错觉。他做梦收复北方河山，应该是日有所思，夜有所梦的结果。梁武帝却反过来当作证据，鼓动臣下支持他的意愿。他以往"翦暴夷凶"所积累的经历与成功，使他对臣下说侯景狡诈之类的谏言满不在乎。梁武帝晚年崇尚佛教，他"制《涅槃》《大品》《净名》《三彗》诸经义记数百卷"[1]，佛学上的造诣之深不亚于当时任何一位高僧。问题是他既然对佛家"诸法无我、诸行无常"及"色即如空"之真谛十分清楚，及于佛寺一再舍身为奴，却年过八十还坐在皇帝的宝座上想有所作为，与佛家出世宗旨相去甚远。如果说梁武帝不放弃侯景归顺带来的机遇是他思想深处有着儒家观念之影响，那么另一种儒家观念影响却可能是使他遭受侯景暗算的原因之一。或许是鉴于魏、晋、宋、齐四朝都因为骨肉之间自相争斗乃至残杀，给了他人可乘之机，最后导致改朝换代的教训，也由于儒家的亲亲之道，所以梁武帝对于宗室成员十分信任、重用，"枝戚属连，咸被任遇"[2]，甚至是枉法庇护。如此看上去出发点不错的态度，显然被梁武帝做过了头，侯景之反梁与成功皆与此相关。

贞阳侯萧渊明系梁武帝之侄，他被东魏俘虏后，梁武帝愿意用处于困境的侯景来交换，在给对方书信里称："贞阳旦至，侯景夕返。"[3]但信被侯景截获，于是侯景占据寿春造反。侯景军进展顺利，先后攻占谯州、历阳，兵临长江。守江的临贺王萧正德也是梁武帝的侄子，先是梁武帝"未有男，养之为子，及高祖

[1]《南史》卷7《梁武帝本纪》。

[2]《梁书》卷24《萧景传》。

[3]《资治通鉴》卷161"梁武帝太清二年二月"条。

践极，便希储贰，后立昭明太子，封正德为西丰侯，邑五百户。自此怨望，恒怀不轨，睥睨宫扆，觊幸灾变”。于是“侯景知其有奸心，乃密令诱说，厚相要结”，表示要推他为天子。萧正德为这个建议所打动，在侯景渡江时“潜运空舫，诈称迎荻，以济景焉。朝廷未知其谋，犹遣正德守朱雀航。景至，正德乃引军与景俱进”[1]。这样，侯景轻而易举地把天堑变通途，将建康置于危险之中。

当时建康仅有篱笆作为其京师治理范围的标志，皇宫所在的一小块地方有城墙围住，称之为台城，紧邻着玄武湖。初，叛军“始至，城中才得固守，平荡之事，期望援军；既而四方云合，众号百万，连营相持，已月余日，城中疾疫，死者太半”。但各路勤王兵马继续观望不前，叛军“即决石阙前水，百道攻城，昼夜不息，城遂陷”[2]。侯景先是也采用挟天子以令诸侯的手段，接着将梁武帝及作为傀儡继位的梁简文帝弄死，自己称帝。不久在各路兵马的打击下，兵败被杀，但如此已经使梁朝的覆灭变成不可挽回。

侯景之乱的后果是严重的，不仅使梁朝走向崩溃，还产生了深远的影响。

其一，侯景之乱发生在长江三角洲地区，“自晋氏渡江，三吴最为富庶，贡赋商旅，皆出其地。及侯景之乱，掠金帛既尽，乃掠人而食之，或卖于北境，遗民殆尽矣”。加上“时江南连年旱蝗，江、扬尤甚，百姓流亡，相与入山谷、江湖，采草根、木叶、菱芡而食之，所在皆尽，死者蔽野。富室无食，皆鸟面鹄形，衣罗绮，怀珠玉，俯伏床帷，待命听终。千里绝烟，人迹罕

[1] 《梁书》卷55《萧正德传》。

[2] 均见《梁书》卷56《侯景传》。

见，白骨成聚，如丘陇焉”[1]。这就极大地破坏了江左政权的经济基础，也导致了南、北两边在实力上的严重失衡。

其二，与此相关，“侯景之乱，州郡太半入魏，自巴陵以下至建康，以长江为限，荆州界北尽武宁，西拒硖口，岭南复为萧勃所据，诏令所行，千里而近，民户著籍，不盈三万而已”[2]。也就是长江成了南、北政权的分界线，其实两淮不守，长江作为“天险”的效果也就大为降低。

其三，侯景为了收买人心，攻下台城后曾“矫诏赦北人为奴婢者，冀收其力用焉”[3]。加上其间很多士族豪强因各种原因死亡，他们属下的依附人口四散自力，使社会阶层有了很大的变动。

其四，鉴于门阀势力集中在三吴地区，在遭受战火波及后士族成员大量死亡，“王公将相，多被戮辱”[4]，元气大损。加之“其间南人大量流入北方”，由于其中多是士族精英，不仅使“南北文化力量的对比上严重削弱了南方的实力”[5]，还使南方世族成了人去楼空的架子，进一步失去了参政的能力。此后陈朝的开国皇帝陈霸先本人就是一个十足的寒人，所以自侯景之乱以后，就不是什么寒人掌机要，而是寒人掌大权。门阀至多还有着社会影响，或由此间接地影响政治，基本上失去了直接的政治参与权。这个时候是否还存在所谓的门阀政治？即使是广义的门阀政治在陈朝是否还存在也成了问题。

---

[1] 《资治通鉴》卷163“梁简文帝大宝元年四月”条。

[2] 《资治通鉴》卷164“梁元帝承圣元年十一月”条。

[3] 《梁书》卷56《侯景传》。

[4] 颜之推撰，王利器集解：《颜氏家训集解》卷5，上海古籍出版社1980年版，第333页。

[5] 牟发松：《汉唐历史变迁中的社会与国家》，上海人民出版社2011年版，第283、295页。

三 南北对抗之走向

在永嘉之变以后，华土就基本上分成了南北两大板块，彼此在社会成分、政治结构，乃至风俗文化都呈现很大的不同。有差别就有矛盾，有矛盾就有斗争，因此南与北之间的斗争贯穿于本阶段的历史，虽然有时激烈，有时比较平和，但只是“武攻文卫”和“文攻武卫”之间的交替而已，也是一种历史的张弛之道。

1. 南北攻守之变化

南北的对抗，军事手段是主要的形式，这中间有一个非常值得深思的原因。一方面，当时的南方和北方虽然有着各种差异，但都属于同一的农耕文化。久远以来，特别是经过两汉四百多年的熏习，主体民族有着共同祖先的意识深入人心，即使是一些进入了中原的少数族也先后接受这样的观念，于是天下一家和中国统一就在思维逻辑上成了必然。由于从社会基层到政治体制都是以家族为本构筑而成的，因此其间的嫡系与旁系、大宗与小宗就成了非常重要的区别，决定着社会政治里地位之高下。故而谁有了天帝嫡子的正统地位，谁就在必定会统一的中国主宰天下。如果同时有两个或数个政权并立，最后非得决出一个“强者为王，败者为寇”的结局。另一方面，南北经济虽有差别，但农耕的经济方式无法直接比出高下，经济状况只能作为实力基础表现出来，所以用武力来解决统一问题，似乎成了唯一的途径，于是叙说南北攻防之形势也较为必要。

为了较清晰地说明南北攻守和彼此势力消长的情况，兹将规模和影响较大的军事行动，依《资治通鉴》的编年次序列举如下：

晋元帝建武元年（317年）六月，豫州刺史祖逖率“锐卒三万，水陆四道，径造贼场”，进占谯城。此后，“自河以南，多叛后赵归于晋”。

晋穆帝永和八年（352年）正月，殷浩“上疏请北出许、洛，诏许之”。至永和十年，“殷浩连年北伐，师徒屡败，粮械都尽”，被免为庶人。

晋穆帝永和十年（354年）二月，桓温统步骑四万发江陵讨伐前秦，一度进至灞上。后因粮尽而退，“失亡以万数”。永和十二年桓温再次自江陵北伐，攻占姚襄所占之洛阳，“以二千人戍洛阳，卫山陵，徙降民三千余家于江、汉之间”，班师。穆帝升平三年，前燕攻洛阳，谢万率军援洛而兵败，“于是许昌、颍川、谯、沛诸城相次皆没于燕”。晋哀帝兴宁三年（365年）二月，冠军将军陈祐弃守洛阳，为前燕所得。

晋孝武帝太元八年（383年）八月，前秦苻坚率大军南下，兵败于淝水。前秦开始瓦解。

晋安帝义熙五年（409年）四月，卫将军刘裕发兵建康，讨伐南燕。次年正月，晋军攻克南燕都城广固，俘慕容超，及“斩王公以下三千人，没入家口万余，夷其城隍，送超诣建康，斩之”。

晋安帝义熙十二年（416年）八月，太尉刘裕发兵建康进攻后秦。同年十月攻克洛阳。次年七月，晋军入关中，占长安，刘裕“收秦彝器、浑仪、土圭、记里鼓、指南车送诣建康”，留年仅12岁次子刘义真为都督雍、梁、秦三州诸军事，自己回建康。义熙十四年十一月夏，主赫连勃勃大败晋军，长安失守，刘义真单骑逃归。

宋文帝元嘉七年（430年）十月，北魏军攻下洛阳，虎牢、滑台等地亦失守。

宋文帝元嘉二十七年（450年）七月下诏北伐，以王玄谟等分道出兵，围攻滑台，进逼虎牢。同年十月，北魏太武帝发动反攻，“众号百万，鞞鼓之声，震动天地；玄谟惧，退走。魏人追击之，死者万余人，麾下散亡略尽，委弃军资器械山积”。十二月魏军过淮至江，攻破南兖、徐、兖、豫、青、冀六州，杀略不可称计，但自家也士马死伤过半，且无法就地取得军需给养，故退走。

宋明帝泰始二年（466年）十月，徐州刺史薛安都等因不满明帝杀害宋文帝子孙而投降北方，引魏军占彭城。于是南朝遂失淮北之青、冀、徐、兖等四州及豫州淮西地。淮河除入海一段外成了南北分界线。

南齐明帝建武二年（495年）二月，北魏孝文帝率军渡淮后“至寿阳，众号三十万，铁骑弥望”，至长江后，因久围攻钟离不下而退兵。

梁武帝天监四年（505年）十月，大举伐魏，梁军“器械精新，军容甚盛，北人以为百数十年所未之有”。次年七月，魏发定、冀、瀛、相、并、肆六州十万人援助南线。两军会于洛口。“夜，洛口暴风雨，军中惊，临川王宏与数骑逃去。将士求宏不得，皆散归，弃甲投戈，填满水陆，捐弃病者及羸老，死者近五万人”。作为这次战役的后续，实施反攻的魏军在取得马头城后与梁军在钟离进行了激烈的争夺战，至天监六年，“三月，淮水暴涨六七尺”，梁军乘船攻垒焚桥。魏军大溃，“诸垒相次土崩，悉弃其器甲争投水死者十余万，斩首亦如之”。是役结果，南北双方在军事上维持了平衡。

梁武帝大通二年（528年）十月，梁武帝命令将军陈庆之率军护送投降的北魏北海王元颢以“魏王”名义返北。至中大通元年（529年）五月，陈庆之一路过关斩将，“以数千之众，自发铚县至洛阳，凡取三十二城；四十七战，所向皆克”。元颢入主洛阳后不信任陈庆之，后者与尔朱荣三日十一战，孤军无援而败，逃回江左。

梁元帝承圣元年（552年）五月，北齐军趁侯景动乱之机南下，占历阳、围广陵。

梁敬帝绍泰元年（555年）正月，“齐立贞阳侯渊明为梁主，使其上党王涣将兵送之”，五月，过江入建康。十二月，陈霸先击败渡江之齐军，次年六月，齐师大溃，相蹂践而死者不可胜计，但没有改变夹江对峙的形势。

经过许多次的攻守较量，一是使两淮的经济因成为主要战场而遭受严重破坏：“自江、淮至于清、济，户口数十万，自免湖泽者，百不一焉。村井空荒，无复鸣鸡吠犬。”[1]二是“逮于陈氏，土宇弥蹙，西亡蜀、汉，北丧淮、肥，威力所加，不出荆、扬之域”[2]。南朝、北朝在长江中下游即以江为界，南方疆土缩小三分之一以上，直至隋军南下，统一中国。

从上述近三百年的南北双方攻守之间的大致情况，可以归纳出一些基本结论。

第一，攻守之间的形势转换，取决于各自的内部状况。通常局势相对稳定的一方多采取主动，混乱的一方就只能被动应付了。这种南方比较处优的局面基本上延续到十六国时代的结束。南北朝期间，虽然维持着相对稳定的局面，但北魏军政和经济实力至少到宣武帝时代都一直在发展之中，而南朝政权更迭频繁，如南齐总共只有24年的存在，中间还出了个齐明帝大杀宗室成

[1] 《宋书》卷95《索虏传》。
[2] 《隋书》卷29《地理志》。

员。所以南北分界线随着彼此武力的较劲，一直向南移动，从黄河至淮河，最后划江而治。由此可知，在集团或国家之间的较量中，内因的作用通常要重于外因。

第二，从战役的层面讲，军事统帅的作用是决定性的。比如在萧梁和北魏之间规模最大的一次军事行动中，双方的统帅都不合格，导致各自的损失惨重。不过彼此错误的性质不一样，萧梁方是因为梁武帝任人唯亲，其弟萧宏根本不具备指挥作战的素质。北魏的元英则是因天气的意外而“经算失图”，所以后来他与梁军作战还是能够取得一些胜利。

第三，经济状况也影响着双方的实力对比。江左虽然自魏晋起因移民的参与经济发展很快，但毕竟底子薄；北方的经济恢复得更快，《齐民要术》所载的生产技术之进步，《洛阳伽蓝记》所反映的手工业与商业的繁荣，足以证明这一点。经济得到恢复，北方也就越来越显得比南方强势。加之侯景之乱对江左经济之破坏，更是使南北实力失衡，所以陈朝当局连“北伐”的念头都没有起过。

2. 文化对峙中的江左优势

虽然在军事实力的对抗中北方渐渐占了上风，但有趣的是，南方在文化方面反而优势日增，出现了“永嘉之后，帝室东迁，衣冠避难，多所萃止。艺文儒术，斯之为盛”[1]的局面。而且南方的这种优势是多层次、多方位的，由此奇妙地构成了一种古今中外并非罕见的平衡现象，故而总体上难说谁胜谁负。

首先，在思想义理的层面上，东晋南朝体现出明显的优越性。南渡的士族把玄学一起带入了江左，但这时候的玄学已经是

---

[1] 《通典》卷182《古扬州下·风俗》。

以名教和自然同一为核心内容的儒家之学，成了发展中的一个儒学新流派。传统的经学也通过“鼓扇玄风，阐扬儒业”[1]与此齐头并进，不过此时江左之儒学不仅将重点放在易学和礼学，而且讲究变通，任其自然，不拘一格，名教所系之法律道德都可依情势而修正。即所谓“名教大极，忠孝而已，至乎变通抑引，每事辄殊，本而寻之，皆是求心而遗迹”[2]。此与玄学互相呼应交流，使得江左之儒学新鲜活泼，“得其英华”而一路向前。对照同时期的北方，儒学以承袭传统经学为主，虽然从学者人数不少，尤其是“私学”大盛，“燕、齐、赵、魏之间，横经著录，不可胜数。大者千余人，小者犹数百”。但一来学者基本局限在汉人中，因此当它成为“汉化”的一种标识时，带来的弊也不少于利；二来在内容上重于“众经注解”及对礼法之具体阐释，由此形成“北学深芜，穷其枝叶”[3]，而缺乏创新。

无独有偶，东晋南朝的佛学在义理上也取得重大的进展，开创了中国佛学的般若“六家七宗”之学和涅槃学的代表人物基本上都是活跃在南方的，前者如道安、慧远、支遁等，后者若竺道生、谢灵运、梁武帝等。他们的共同特点是按照自己已有的思想意识来理解和阐释西来的佛学，其中关键在于他们接受中国传统文化在先，所以他们提出的学说就已经不是印度的原汁原味了。此风形成之后，江左佛教对于义理的探讨和话语上之创新一直盛于北方。如至南朝后期，与北边重视修禅的实践对比，以摄山和天台山为中心形成了系统的禅法义学，为隋唐的中国佛学流派的兴盛带了个头。

其次，在学术上，至南朝初，史学和文学形成自立门户之专

[1]《梁书》卷6《敬帝纪》。

[2]《宋书》卷64《郑鲜之传》。

[3] 均见《北史》卷81《儒林传》。

学。宋文帝“元嘉十五年，征（雷）次宗至京师，开馆于鸡笼山，聚徒教授，置生百余人。会稽朱膺之、颍川庾蔚之并以儒学，监总诸生。时国子学未立，上留心艺术，使丹阳尹何尚之立玄学，太子率更令何承天立史学，司徒参军谢元立文学，凡四学并建。车驾数幸次宗学馆，资给甚厚”[1]。如此学科之设置既反映了史学和文学在江左之兴旺发达，也开启了它们日后系统化、理论化之路。文学方面主要指的是文学的批评和文艺理论之发达，具体见于本书第八章。至于史学，据统计，“《隋书·经籍志》史部著录，六朝史书即达380多部，约占《隋志》所录史书的47%；而《隋志》所录包括两汉及魏晋南北朝。六朝史书之多，所占比重之大，于此可见一斑”[2]。还值得注意的是，梁时高僧慧皎所著《高僧传》作为江左史学兴盛的一个方面，却由此成为中国佛教史学甚至是世界佛教史学的一个起点。

再次，从创作方面来说，文学作品中六朝的诗文在数量和品类上都有着明显的优势，出现了诸如陆机、陶渊明、谢灵运、鲍照、谢朓、江淹等著名诗人，及以庾信、江总为代表的陈朝诗人群体，都是北方文坛所难以企及的。北魏孝文帝因为受到“南朝墓志文化的新知识”之影响，使得其“在北朝后期墓志文化的创生过程中所起到巨大的作用”得到现代学者的重视[3]。此外，以徐陵编纂的《玉台新咏》为代表，出现了“那种简短精采的文学新体——这是六朝民歌的特点，为汉、魏民歌所无，——渐渐成为时髦的诗体了”[4]。在艺术上应该是南北双方各有千秋，如与

[1] 《宋书》卷93《雷次宗传》。

[2] 张承宗等主编:《六朝史》，江苏古籍出版社1991年版，第349页。

[3] 徐冲:《冯熙墓志与北朝后期墓志文化的创生》，载荣新江主编:《唐研究》第23卷《文本性与物质性交错的中古中国专号》，北京大学出版社2017年版，第109-144页。

[4] 《〈中古文学概论〉序》，载胡适:《胡适古典文学研究论集》，上海古籍出版社1988年版，第173页。

中国文化之核心——汉字紧密相关的书法，虽然王羲之父子把它作为一种艺术推上了顶峰，但魏碑的风格也自成一体。南北特长之形成或许也与书写的材质相关：南方多草木，故以此为原料的造纸业发达于长江流域；北方多山石，则方便碑铭就地取材，导致的艺术风格若草书就只能在纸上写出，楷书刻在石上就更显得厚重庄严。在造像艺术上，也许由于外来宗教文化进入中国的途径早期主要是通过丝绸之路，所以著名的石窟，如克孜尔、敦煌、麦积山、云冈、龙门等都是从本时段开始成为中华艺术宝库，但它们主要是表达宗教的观念。而六朝的绘画却是更多地与传统文化相结合，有着所谓“诗画一体”“书画同源”等特征。如果说石窟造像是众多无名艺术家的共同创作之结晶，六朝的绘画则是更多地表达了士大夫们个人的意识与气质，所以《历代名画记》所载六朝画家的数量要远远超过同时期的北方，如南朝有77人，北朝只有20人。石窟艺术之造就社会成本巨大，只有在良好的政治经济情况下方能承担，但表现个人造诣的作品仅需画者本人家境小康则可，易于传授和流通。随着文人群体的不断扩大，书画成了表现他们自身品位的重要方式，所以六朝画风对后来的影响更大，渐渐成为中国绘画的主流。

最后，江左还具有一种与文化相关的体制正统的心理优势。文化需要自信，由于江左政权是汉晋体制的延续，也属于华夏文化的正统，心理上就有发扬传统文化的责任感和优越感。事实上，华夏体制经过千百年来的磨炼成了最符合农业经济的上层建筑，而北方体制在朝着这个方向的进步过程中有着不少起伏反复，即使魏孝文帝改革后仍是如此。故而农业经济的基础地位确立之后，体制模式应当如何就不是问题了，包括执政理念在内的政治体制也是文化，而且是分量很重的文化，于是后来“隋唐间制度、文化中南朝因素占据重要地位”，形成了所谓的“南朝化”[1]。

归纳一下上述东晋南朝文化优于北方的原因，大致有两点。

其一，大批南渡的社会精英把清谈清议之风带到了江左。这不仅本身就意味着一次文化的大交流，从学术层面来讲，广泛的讨论和争议意味着知识的互传、观念的会通和思维方式的比较。流通能促进物质财富的增长，同样有利于精神文化之发展，只有百家争鸣才可能有真正的百花齐放。

其二，东晋南朝的门阀政治，是一种多头的政治结构。如此结构客观上削弱了思想文化上的专制掌控，这是文化能够达到真正繁荣之必要前提。加之士族本身就是文化世家，众多士族在政治上共同占优，对文化发展当然是有利的。对照北方，士族虽也是重要的社会力量，但在统治集团里则处于弱势，北魏的崔浩案、北齐的杨愔案充分说明了这种形势，所以江左的文化占了上风反映出来的也是一种社会政治结构上的差异。

[1] 牟发松:《汉唐历史变迁中的社会与国家》，上海人民出版社2011年版，第497页。

四 移民潮带来的江南经济特色

流动体现着活力，在社会经济中更是如此。无论古今中外，移民的到来总会使当地的社会显得生机勃勃。

1. 移民的作用

东晋南朝之存在，对江南地区的开发是非常重要的。这不仅仅在于相当程度上避免了民族冲突和战乱祸害，相对和平的环境有利于形成良好的经济发展环境，更在于大量移民的进入。“晋自中原丧乱，元帝寓居江左，百姓之自拔南奔者，并谓之侨人。”[1]这为江南带来了不少有利因素，因为如此人员流动不仅能够为迁徙者本人提供生存希望，而且由此带来了有利于整个民生的社会流通量之增加。

首先，大量人口的进入形成了农业开发的生力军，因为劳动力的增加可以说是农耕经济发展的最重要因素。正如很多学者所指出的，这些移民还带来了先进的生产技术，有力地促进了江南农业的发展。如“随着大量北人南渡，荆州地区的修堰筑堤比以前增多了；永和年间，桓温任荆州刺史，主持修筑了金堤”[2]，这些水利工程的兴建对南方农业尤为重要。又如“北人习惯面

---

[1] 《隋书》卷24《食货志》。

[2] 彭神保：《六朝时期的荆州》，载黄惠贤、李文澜主编：《古代长江中游的经济开发》，武汉出版社1988年版，第94页。

食，为了解决这一需求，南移的北方人唯有就地种植，这就促使南方的小麦产区不断扩大，南朝以降，小麦成为南方一种重要的农作物”[1]。

其次，东晋南朝是以华夏正统为旗帜的，对高素质的社会精英具有很大的吸引力，致使“洛京倾覆，中州士女避乱江左者十六七”[2]。在这些人中，不乏善于管理经济财政的行政人员，如“东晋征收商税有一定的管理制度。当时的商税有‘市租’‘估税’‘商估’等名称”，而“东晋地方官府对征收商税负有责任”[3]。其中如建康“都西有石头津，东有方山津，各置津主一人，贼曹一人，直水五人，以检察禁物及亡叛者。其荻炭鱼薪之类过津者，并十分税一以入官。其东路无禁货，故方山津检察甚简。淮水北有大市百余，小市十余所。大市备置官司”[4]。这些措施虽可以说是官府为了谋利，但也表现出行政当局对江左经济动向和开辟财路的把握能力。也就是说，江左自朝廷至地方有着一批具备管理能力和经济头脑的官员，其中不少应该是来自北方南迁之士族。其实这种官吏所具有的能力对于社会发展是很重要的，也是在相当长的一段时间里，南方经济状况好于北方的原因之一。

再次，移民所具有的地域之间的流动对经济之影响很大。这些移民迢迢千里来到江南，与当时尚在北边处于水深火热的同胞相比，应该体会到“树挪死，人挪活”的道理，人在流动中才有可能开拓出更多的生计。《隋书》卷31《地理志下》在描述六朝京畿之地的商贸繁华时说：“丹阳旧京所在，人物本盛，小人率多商贩，君子资于官禄，市廛列肆，埒于二京，人杂五方，故俗

[1] 胡阿祥：《东晋南朝侨州郡县与侨流人口研究》，江苏教育出版社2008年版，第369页。

[2] 《晋书》卷65《王导传》。

[3] 陈明光：《六朝财政史》，中国财政经济出版社1997年版，第109页。

[4] 《隋书》卷24《食货志》。

颇相类”。其中所谓的“人杂五方”，正是移民特点的写照。江南的自然环境是多山多水少田，和华北大平原差别很大，但气候宜于物产丰富，水路便于交通运输，如此环境应该适合客居移民之谋生特性，如东晋时建康“贡使商旅，方舟万计”[1]；东晋刘胤任江州刺史时“大殖财货，商贩百万”，当时“朝廷空罄，百官无禄，惟资江州运漕。而胤商旅继路，以私废公”[2]。且不管这商旅运漕的兴旺发达是为朝廷之公还是为刘胤之私，总得有许多人来从事这些行业。《晋书·刘胤传》指出：这和“自江陵至于建康三千余里，流人万计，布在江州”相关，即来到江州的流民是当时商业、运输业的主力军。

与此相关，在东晋南朝的史料里可以发现很多非农业的税务名目及征收记载，如市税、关津税、估税、鱼税、桥桁税等，而这些非农业税收也成为其重要的财政收入。“淮水北有大市百余，小市十余所。大市备置官司，税敛既重，时甚苦之”[3]。至少在北魏迁都洛阳之前是见不到如此同类记载的，所以对东晋南朝各个政权来说，北来的移民不单单是构成行政体制中骨干力量的政治基础，而且是推动江左经济发展，乃至形成其经济特色的一支生力军。

2. 江南经济特色之形成

江南经济的特色是什么？主要在于非单纯农耕生产之发展，这在古代是指副业、渔业、手工业、商业和服务业。由于它们的存在必然会推动交换经济，或更高一层的概念即商品经济之发

[1] 《宋书》卷33《五行志四》。

[2] 《晋书》卷81《刘胤传》。

[3] 《隋书》卷24《食货志》。

展，从而显示出一些与传统农业经济相异的色彩。这种新型经济的发展自然会影响到社会观念，南北朝时就流行着这样的谚语："以贫求富，农不如工，工不如商，刺绣文不如倚市门。"[1]个人求富之道通畅了，社会也就会随之显得繁华。东晋南朝期间，如此类型的生产和产品交换所占有的比重在整个经济中不仅超过当时的北方，而且对随后所谓经济重心之南移也起着重要的示范与推动作用。这种特色之形成是在魏晋南北朝期间，其中移民潮的涌现又是一个不可忽视的因素。

到了南朝，官府对非农耕经济更是大力提倡，如宋孝武帝专门颁布诏书："水陆捕采，各顺时月。官私交市，务令优衷。其江海田池公家规固者，详所开弛。贵戚竞利，悉皆禁绝。"[2]地方上如羊希为扬州刺史时"立制五条。凡是山泽，先常炵爈种养竹木杂果为林芿，及陂湖江海鱼梁鳅鮆场，常加功修作者，听不追夺"[3]。这种政策"历宋齐梁陈，如此以为常。以此人竞商贩，不为田业，故使均输，欲为惩励"[4]。此外，这也应该包括魏晋六朝发展海外交通与商贸的官方意向，从而发展出有别于陆上丝绸之路的"丝瓷之路"。如"三国两晋南北朝时期是我国瓷器发展的重要时期，也是奠定中国作为世界瓷器大国地位的关键时期……在朝鲜、韩国、越国等国境内，都出土了这一时期来自中国的瓷器，中国瓷器的国际性影响已初步显现"[5]。鉴于瓷器运输于海路之安全与方便远胜于陆路，且南方的青瓷又特别著名，所以此类对外贸易也应当是南方经济的一个特色。

非单纯农耕经济之发展与货币的使用程度有着同步关系，而

[1] 《汉书》卷91《货殖传》。

[2] 《宋书》卷6《孝武帝本纪》。

[3] 《宋书》卷54《羊玄保传附羊希传》。

[4] 《隋书》卷24《食货志》。

[5] 贺云翱：《六朝文化：考古与发现》，生活·读书·新知三联书店2013年版，第388页。

钱币的使用和人员的流动具有正比例的关系。通货的流量不仅和商业有着直接的关联，与其他诸业也有着间接的关系，尤其是对于专业从事者，如渔民窑工之类，他们的生计在很大程度上依靠捕获或生产的物品之售出。此若东晋时孔琳之所坦言："今括囊天下之谷，以周天下之食，或仓庾充衍，或粮靡斗储，以相资通，则贫者仰富，致之之道，实假于钱……今用钱之处不为贫，用谷之处不为富。"[1]何兹全先生就此列举了很多相关的例子后指出，与长江流域"交换经济之发展相适应的，便是钱币的使用。在东晋和南朝，无论就一般人民的经济生活，或国家财政来说，钱币都占有重要的地位……东自三吴西至荆、益，大都使用钱币"[2]。王怡辰先生通过对史料中147个案例的统计后得出结论，他认为"钱超越布、绢，成为税赋和货币市场上的主要交易媒介，因此刘宋属于货币经济的时代，没有自然经济的特征"[3]。我们不管这个结论是否恰当，但说明当时江南经济在这方面有着与众不同的特色是没有问题的。"1973年江苏丹徒发现东晋——刘宋窖藏铜钱280余斤，其中五铢钱亦占90%以上"[4]等考古发现也可作为佐证，而这些地方正是移民主要的聚集之处。与此对比，"魏初至于太和，钱货无所周流，高祖始诏天下用钱焉。十九年，冶铸粗备，文曰'太和五铢'，诏京师及诸州镇皆通行之"[5]。即直到北魏孝文帝时代北方当局才认识到发行钱币对经济的重要性，这就体现出此前行政水平之低下，当然也牵涉到北方在永嘉之后行政上干练之才的流失。

[1] 《宋书》卷56《孔琳之传》。

[2] 《东晋南朝的钱币使用与钱币问题》，载何兹全：《读史集》，上海人民出版社1982年版，第146页。

[3] 王怡辰：《魏晋南北朝货币交易和发行》，(台北)文津出版社有限公司2007年版，第137页。

[4] 罗宗真：《六朝考古》，南京大学出版社1994年版，第235页。

[5] 《魏书》卷110《食货志》。

第六章

玄学与儒学——思想上的分与合

魏晋六朝清谈之所以能够引起思想史上的震动，是因为观念上的不断交锋有利于意识形态的更新发展。“问渠那得清如许，为有源头活水来”，追根溯源，后世儒家思想得以避免僵化，有玄学的一份功劳。

一 玄学与经学之异同

尊崇儒术之后，由于和华土的社会结构及政治体制的高度契合，儒家思想在社会政治的主导地位一直当仁不让，独领风骚。儒学本身为了保持其意识形态里的至高无上，也随着历史的发展而与时俱进，在不同时代呈现出不同的特点，史家则据此冠以不同的名称。如将两汉期间的儒学称为经学。然而在继之的魏晋六朝，出现了名为玄学的社会主流思想，其性质却在近百年来被一些学者认定为“新道家”。这是否意味着儒家对汉武帝之后中国古代意识形态之统治地位被一度打落，改由道家来引导社会意识和价值观念？这正是本章要着意辨析的。

1. 清谈和玄谈

玄学来自玄谈，当时亦有称之为清谈的，不过两者还是有一些区别。“玄学还没有兴起，老庄之学尚未被重视之先，业已有清谈一辞”[1]。清谈是清议的后续，两者的共同之处都是属于清流之议论，不同的地方在于前者是评议具体的人事，后者则是谈论如何理解从尘世中抽象出来的带有普遍性的或共性的东西。这也正是可以把清谈当作玄谈的地方，因为抽象就意味着已经脱离了能够耳闻目见的事物。另外，“玄”虽然意味着形而上，但既

[1] 《清谈与清议》，载唐长孺：《魏晋南北朝史论丛》，生活·读书·新知三联书店1955年版，第290页。

然是可以谈说的，那所讨论的对象就脱离不了常理的范畴，与现实世界并非一刀两断。

清议也好，清谈也好，都是出于汉魏之间儒家书生之口。先是，他们痛感经书所云与时政弊病之间的差距之大，未免意气风发，指点江山而粪土当年万户侯。或许是尚无先例，或许以为只是在太学的圈子里议论可以毫无顾忌，但由此形成一种社会舆论，说得又极具针对性，就触犯了威权政治之大忌。被揭开了疮疤的宦官和外戚等当权者们对此难以容忍，于是便有了党锢之祸。血的教训使得书生们明白直接评议朝政的危险性，同时也促使他们进一步探讨现象背后的问题所在，于是清议就渐渐变成了清谈。

魏晋之间一些比较有影响的清谈题目虽然已经属于抽象，但仍然和现实有着若即若离的关系。如不说具体个人的品质好坏，那就把人们的才与性之间存在什么关系说道一番，即有了关于才性四本的辩论。所谓“四本者，言才性同、才性异、才性合、才性离也。尚书傅嘏论同，中书令李丰论异，侍郎钟会论合，屯骑校尉王广论离”[1]。上述四人意见分为两派，同者可以合，异者当然处于离的状态。这其实是探讨人之德与才是否必然一致的问题，与后世讨论“红”与“专”的关系颇为相近。但对正统的儒家治世观念来说，两者是不能分开的，因为无德之才不能当作才，只是祸害而已，譬如怎么可以把偷鸡摸狗的本事也当作才能？可曹操偏偏主张唯才是用，不在意这些小节，而以经学世家自居的司马氏当然和曹氏之说针锋相对，结果李丰与王广都死在司马氏的刀下，应该与此不无关系。再如嵇康与向秀关于养生之道的辩论，不仅仅在于养生是很多人关心的问题，而且将养生与

[1] 刘义庆撰，刘孝标注：《世说新语·文学篇》引《魏志》，上海古籍出版社1982年版，第115页。

处世态度相关论之。嵇康在《养生论》里比喻道："精神之于形骸，犹国之有君也；神躁于中，而形丧于外，犹君昏于上，国乱于下也。"这是以天人合一论为其叙说的基调。向秀的《难养生论》也在比喻中称"尧舜禹汤文武周孔"为能够"穷理尽性"之"圣人"，以及对"天理人伦"之认同[1]。可见清谈高论的内容并非不食人间烟火。即使是对一些比较"玄"的议题，如关于言尽意还是言不尽意之辨，"不惟与玄理有关，而于名士之立身行事亦有影响"[2]。即所谓玄谈也是入世而非出世的，并且在思想意识上观点的取舍往往与其当时政治上的立场相关。

清议、清谈和玄谈在形式上的一大共同点就是一些人围绕着某个主题进行谈论，可以是言谈，也可以是笔谈。因此它们一致具有这样的特性：

其一，该议题是彼此所共同关心的，且往往也是社会所关心的。如玄谈之中心，即对名教和自然关系的讨论，是完全为当时政治服务的。有人将与这些讨论有关的言辞记录下来并传之于世，也从侧面证明了玄谈的内容正是社会大众所注意或关心的。

其二，是参与谈论的人在相关问题上的意见是不同的，甚至是针锋相对的，否则就没有必要议谈争论，而变成一种宣讲了。如孙盛"博学善理。于时殷浩擅名一时。与抗论者唯盛。尝诣浩谈论。对食，奋尾毛，悉落饭中，食冷而复暖者数四。至暮忘食，理竟不定"[3]。

其三，无论他们谈议的话题是具体还是抽象，都多多少少地与现实相关。或者说，正是当时社会政治所反映出来的问题，触动人们聚而议之、论之、辩之。由此也可以得出这样的结论：汉

[1] 嵇康撰，戴明扬校注：《嵇康集校注》，中华书局2015年版，第229、259页。

[2] 《言意之辨》，载汤用彤：《魏晋玄学论稿及其他》，北京大学出版社2010年版，第29页。

[3] 《太平御览》卷617引《晋中兴书》。

魏六朝的清议、清谈、玄谈都具有公共性、开放性、时代性。而“老子，隐君子也”，及“其言洸洋自恣以适己”[1]的庄子是肯定不会参与如此谈议的。

2. 六朝玄谈中的《易》学

“玄学”之称最早出现在南朝之初，是对玄谈内容的概括。而魏晋时玄谈所涉及的典籍主要是《老子》《庄子》和《周易》，统称为“三玄”，大概是因为它们要比当时的其他书籍包含着更多的形而上话语。《老子》与《庄子》当然代表着道家，但问题是《老子》里根本没有《易》的踪迹，《庄子》也仅有一次将《易》和《诗》《书》等并提了一下，所以道家学说里没有可称之为易学的东西。反之，《周易》在儒家被尊为六经之首，孔子带头“读《易》，韦编三绝”[2]。至汉武帝“始罢黜百家，专立五经”，而“武帝所新置者，易与礼而已。易之有博士，始于田王孙”[3]。自此易学不仅列入官学，也是公认的儒学的一个重要组成部分。所以胡适先生宣称：“孔子学说的一切根本，依我看来，都在一部《易经》。”[4]吕思勉先生也说：“儒家哲学盖备于《易》。”[5]熊十力先生甚至认为是孔子“首作《周易》《春秋》二经，立内圣外王之弘规”[6]。牟宗三先生认为儒家德治之极致境界“可用《易经·乾彖》‘乾道变化，各正性命，保合太和，乃利

[1] 《史记》卷63《老子列传》《庄子列传》。

[2] 《史记》卷47《孔子世家》。

[3] 《汉魏博士考》，载王国维：《观堂集林》第1册，中华书局1959年版，第178页。

[4] 胡适：《中国哲学史大纲》，中华书局2013年版，第58页。

[5] 《西汉哲学思想》，载吕思勉：《吕思勉遗文集（上）》，华东师范大学出版社1997年版，第117页。

[6] 《乾坤衍》，载熊十力：《体用论》，中华书局1994年版，第313页。

贞'之语以尽之。儒家德化的治道，其最高最后之境界即是'各正性命'"[1]。因此说两千多年来易学为儒家独门之学也不为过。如从《隋书·经籍志》起，就一直将王弼的《易注》放在经部而非子部，也就是说此书此学属于儒家而与道家无关，如此作为史家之通识而从来没有受到任何置疑。

易学在魏晋南北朝也十分兴盛，《周易》作为当时儒家士大夫所必读的经典，并以此作为自己修身养性的指南。此正如傅咸在《周易诗》所说："进德修业，既有典常；辉光日新，照于四方；小人勿用，君子道长。"[2]这带动了相关论著的丰富，如当时诸家所著史载有"六十九部，五百五十一卷。通计亡书，合九十四部，八百二十九卷"[3]。作者中包括王肃、王弼、虞翻、干宝、崔浩、钟会、梁武帝、陆德明、宋明帝等著名历史人物。其中王弼注《易》是当时易学中最突出的成就。应当特别指出，王弼的易学是属于儒家的，这在中国古代是得到完全肯定的。如孔颖达说："惟魏世王辅嗣之注，独冠古今。所以江左诸儒，并传其学。"[4]理学大家程颐也特别推重王弼的《注》，"看《易传》，若自无所得，纵看数家，反被其惑。伊川教人看《易》，只看王弼《注》，胡安定、王介甫《解》"[5]。所以"唐官修《五经正义》，即以王弼《周易注》为底本。敦煌所存《周易》，均为王弼注本"[6]。最有力的证据是唐太宗在《左丘明等二十一人配享孔子庙诏》里明确将王弼以大儒身份作为孔子的配享者之一：

---

[1] 牟宗三:《政道与治道》，广西师范大学出版社2006年版，第26页。

[2] 欧阳询撰，汪绍楹校:《艺文类聚》卷55，上海古籍出版社1982年版，第984页。

[3] 《隋书》卷32《经籍志一》。这数字中应该去掉京房等所著4部29卷及《归藏》1部13卷。

[4] 《全唐文》卷146《易正义序》。

[5] 黎靖德编，王星贤点校:《朱子语类》卷67，中华书局1986年版，第1650页。

[6] 王素:《中国经学史上的新里程碑——略谈〈敦煌经部文献合集〉的价值与意义》，载《敦煌吐鲁番研究》第16卷，上海古籍出版社2016年版，第404页。

> 左丘明、卜子夏、公羊高、谷梁赤、伏胜、高堂生、戴圣、毛苌、孔安国、刘向、郑众、杜子春、马融、卢植、郑元、服虔、何休、王肃、王弼、杜元凯、范宁等二十有一人并用其书，垂于国胄，既行其道，理合褒崇。自今有事太学，可与颜子俱配享孔子庙堂。[1]

王弼有资格与颜渊等一起配享孔子庙堂，主要是因为他的《易注》为官学所用，即王弼因其易学而在隋唐时被公认为正统的儒学大家。王弼及其同时代的不少人都读过《老子》与《庄子》，也有喜欢引用其中观点或颇有研究体会的。但就王弼而言，他毕生所花的主要精力及体现他最重要的学术成就的，则是他为儒学贡献了《周易》的注本。而且王弼"在《周易注》中的思想言论确实有与现实政治斗争紧密关联的意蕴。……王弼注释《周易·乾卦》，最主要的思路是阐述一个政治家如何取得政权"[2]。这和道家思想是完全格格不入的，故而所谓"玄学家"或"新道家"等头衔是现代的一些学者给他戴上的，王弼活着的时候肯定没有想到过。

《易》与《老子》《庄子》合称三玄，是出于"谈"的需要。由玄谈而促成的魏晋玄学之所以能够给当时思想界吹进一股清新之风，就在于它是意识观念上进行激烈交锋的结果。事物的发展是各种矛盾斗争形成的推力所致，为了意识形态上的垄断而压制不同意见，只会导致自身的僵化和衰退，并由此引发社会政治的混乱。这是东汉后期经学状态的弊处得出的教训，也给了道家与佛家思想进入之机，它们对儒学造成冲击但并非是取代。思想意识的冲击是通过议谈争辩的形式进行的，玄谈中《易》与《老

[1] 《全唐文》卷8《太宗五》。

[2] 田汉云:《六朝经学与玄学》，南京出版社2003年版，第254、255页。

子》《庄子》可以说代表着儒、道双方，因为易学是当时儒家最具形而上的部分，有着和老庄同等的话语资格。这就是玄谈之发生和三玄之合称的背景。

3. 玄谈家们的身份辨认

魏晋六朝由于专制皇权的削弱和政治上连续不断的混乱，各种新鲜的思想观念蜂拥而出，在社会议谈中百舸争流。这些在新潮流中“出风头”的名士们大致可分成两类：一类是在观点上、理论上有所创新的思想家；另一类是以实际行为向言行不一、表里不一的道德现象进行挑战者。也有少数人两种情况兼有，这是不可避免的。现代有些学者一般把前一类人归纳入“新道家”的阵营，将后一类统称为反对儒家传统者。这两类人合起来给人的印象，是在这一时段内儒家似乎丧失了作为社会主导意识的地位和社会道德与价值观基础的功能。所以有必要将他们的言行观念再鉴定一下，看看是否可以把一些不正确的印象纠正过来。

对于这些人的身份辨别，首先得看他们的自我定位，再看同时代人的评议，隋唐以后的意见则作为参考。

按照这样的原则，先看属于第一类的。这一类又可以再分成几个方面。

一个方面是玄谈的积极参与者，其中代表人物有何晏、王弼、向秀、郭象、裴颀等。包括这些人自己在内的魏晋时人都没有把他们看作玄学家或玄谈家，虽然或多或少地受到过老庄思想的影响。他们应该是以儒学的信奉者自居，首先他们是把孔子尊为“圣人”，而非老子与庄子。如云：“王（弼）何（晏）旧说，皆云老（子）不及圣。”[1]东晋时的道安也说：“依前汉书品，孔子为上上类，皆是圣；以老氏为中上流，并是贤。又何晏、王弼咸云：老未及圣？”[2]其次，要看他们在思想上的主要一面是属于哪一家的。除了前面已经提到的王弼，何晏也一再宣扬儒家思想，如他在《景福殿赋》里说“立德必先近仁”，朝廷政策要“招中正之士，开公直之路，想周公之昔戒，慕咎繇之典谟”。又在《奏请大臣侍从游幸》中主张：“善为国者，必先治其身。治其身者，慎其所习；所习正，则其身正；其身正，则不令而行。所习不正，则其身不正；其身不正，则虽令不从。是故为人君者，所与游必择正人，所观览必察正象，放郑声而弗听，远佞人而弗近，然后邪心不生而正道可弘也。”[3]可见其思想完全属于儒家正统。他还为儒家立下了很大的功劳，在传世的《十三经注疏》里，就有何晏的《论语集解》，清代的钱大昕就此盛赞何晏“有大儒之风”，说他对《论语》的见解“当时重之，更数千载不废……魏晋说经之家，未能或之先也”[4]。吕思勉先生也说：“正始八年何晏治身远小人之奏，卓然儒家礼法之谈……疑正始诸公之纵恣，并不如传者所言之甚也。”[5]当然他们接受过一些老庄思想，王弼为《老子》做过注，郭象为《庄子》做过注，但要看他们价值观的底蕴在什么地方。如郭象在《庄子·序》里说：“礼乐复乎已能，忠信发乎天光。”又在《庄子·骈姆篇》中注曰“夫仁义自是人之情性，但当任之耳”，及“恐仁义非人

[1] 僧祐、道宣：《弘明集 广弘明集》卷6《周剡颙难张长史融门论》，上海古籍出版社1991年版，第41页。

[2] 道安：《二教论·君为教主第三》，载僧祐、道宣：《弘明集 广弘明集》卷8，上海古籍出版社1991年版，第144页。

[3] 均载《全三国文》卷39。

[4] 《何晏论》，载钱大昕：《潜研堂集》卷2，上海古籍出版社1989年版，第29-30页。

[5] 吕思逸：《吕思勉读史札记》“清谈一”条，上海古籍出版社1982年版，第789页。

情而忧之者，真可谓多忧也”，说明“仁义（名教）”与“情性（自然）”是二是一。这和《隋书·经籍志一》所载郭象有《论语体略》二卷、《论语隐》一卷等是有联系的。向秀在《难嵇叔夜养生论》里宣称人贵在“行义于下”，养生“当节之以礼”。裴頠“以诸儒持论”[1]，“以为尊祖配天，其义明著”[2]。他作为礼学大家，在《崇有论》里抨击一些所谓旷达之士：“悖吉凶之礼，忽容止之表，渎长幼之序，混贵贱之级，甚者至于裸裎亵慢，无所不至，士行又亏矣。”[3]魏晋时代的名士们以为自然与名教原无二致，说明他们并不认为自己在创立新学，而不过是在致力经学的变通求新而已。甚至被视为道家的葛洪在自叙里也说：“洪忝为儒者之末。”

另一个方面是佛教的高僧们叙说着更玄奥的义理。在《世说新语》的文字里经常出现的竺法汰、帛尸梨密多罗、竺法深、支道林、康僧渊、释惠远、僧伽提婆等人，也有不少精通佛学的名士，如殷浩“读《小品》，下二百签，皆是精微，世之幽滞”[4]。他们主要参与两晋时的玄谈，如支道林就与冯怀、王羲之、孙绰、许询、王修、谢朗、王庥、司马昱、谢安、王濛、殷浩等名士聚而清谈。佛学之深邃达到形而上学的高峰，两晋之间传入的佛学以般若、涅槃学为代表，它们分别和玄学里的贵无、崇有等学说搭接起来，成为清谈的内容之一。尤其是般若学的所谓“六家七宗”更体现着玄谈的深化，如释道安的本无之说：“真际者，无所著也，泊然不动，湛尔玄齐，无为也，无不为也。万法有

[1]《唐会要》卷11《明堂制度》。

[2]《宋书》卷16《礼志三》。

[3]《资治通鉴》卷82“晋惠帝元康七年九月”条。

[4]《世说新语》卷上之下《文学》。

为，而此法渊默，故曰无所有者，是法之真也。”[1]但如此却将佛家原本非存在的“空”偷换成作为一种存在的“无”，从而与王弼之贵无说一起异曲同工地将《老子》的本体道论来个釜底抽薪。此外，如精通佛学的殷浩，也同时“尤善玄言，与叔父融俱好《老》《易》。……由是为风流谈论者所宗”[2]。殷浩的“玄言”其实包含着儒、道、佛三家之言，不能仅因参与玄谈就将他列为“新道家”。

再看属于第二类的。这一类可以“竹林七贤”为典型，其中阮籍和嵇康通常被作为反儒的新道家代表人物。但真相恐怕并非如此。先说阮籍，《晋书》卷49《阮籍传》说他“本有济世志”，且“籍虽不拘礼教，然发言玄远，口不臧否人物。性至孝，母终，正与人围棋，对者求止，籍留与决赌。既而饮酒二斗，举声一号，吐血数升。及将葬，食一蒸肫，饮二斗酒，然后临诀，直言穷矣，举声一号，因又吐血数升。毁瘠骨立，殆致灭性。裴楷往吊之，籍散发箕踞，醉而直视，楷吊唁毕便去。或问楷：‘凡吊者，主哭，客乃为礼。籍既不哭，君何为哭？’楷曰：‘阮籍既方外之士，故不崇礼典。我俗中之士，故以轨仪自居。’时人叹为两得”。在这段文字中可以看出，孝作为阮籍的最高行为准则之一是没有疑问的，“就此而言，阮籍的人格形象又是儒家式的，而不是道家式的。《晋书》本传说他‘至孝’，就是基于儒家的道德标准而作出的评价”[3]。阮籍之所以与众不同在于如何行孝之道的区别，在他看来，孝道在于人的自然本性之中，而拘于表面的礼节则有些做给人家看的味道，丧失了性情之纯真，所

[1] 释道安：《合放光光赞略解序》，载释僧祐撰，苏晋仁、萧链子点校：《出三藏记集》卷7，中华书局1995年版，第266页。

[2] 《晋书》卷77《殷浩传》。

[3] 高晨阳：《阮籍评传》，南京大学出版社1994年版，第236页。

以立意要做到“外坦荡而内淳至”[1]。此正如鲁迅先生在《魏晋风度及文章与药及酒之关系》一文中所指出的，阮籍那样“表面上毁坏礼教者，实则倒是承认礼教，太相信礼教”[2]。这是因为阮籍价值观的根本是儒家的，如他在《咏怀诗》里自称“昔年十四五，志尚好书诗；被褐怀珠玉，颜闵相与期”，及“儒者通六艺，立志不可干；违礼不为动，非法不肯言”等[3]。又如他对儒家的礼乐推重之至，在《乐论》中说：“刑教一体，礼乐外内也。刑弛则教不独行，礼废则乐无所立。尊卑有分，上下有等，谓之礼；人安其生，情意无哀，谓之乐。……礼踰其制则尊卑乖，乐失其序则亲疏乱。礼定其象，乐平其心；礼治其外，乐化其内。礼乐正而天下平。”他还举例：“孔子在齐闻韶，三月不知肉味。言至乐使人无欲，心平气定，不以肉为滋味也。以此观之，知圣人之乐，和而已矣。”而他在《大人先生传》里批判的是那些“坐制礼法，束缚下民，欺愚诳拙”[4]的伪君子。阮籍的这些观点是可以和他上述行为对应得起来的。当时也颇有相似阮籍者，如自称“山林间人”的张翰虽“纵任不拘”，但“性至孝，遭母忧，哀毁过礼”[5]。

嵇康亦和阮籍类似。如他在《琴赋》里同样赞美了“性絜静以端理，含至德之和平……是以伯夷以之廉，颜回以之仁，比干以之忠，尾生以之信”。在《声无哀乐论》里借主人之口说：“言语之节，声音之度，揖让之仪，动止之数，进退相须，共为一体。君臣用之于朝，庶士用之于家。少而习之，长而不怠，心安志固，从善日迁，然后临之以敬，持之以久而不变，然后化

[1] 《晋书》卷49《阮籍传》。

[2] 鲁迅：《鲁迅全集》第3卷，人民文学出版社2005年版，第535页。

[3] 逯钦立辑校：《先秦汉魏晋南北朝诗》，中华书局1983年版，第499、507页。

[4] 《全三国文》卷46。

[5] 《晋书》卷92《张翰传》。

成。此又先王用乐之意也。”这和阮籍的观点很相近，也包含着儒家的观念。嵇康还撰有《春秋左氏传音》三卷[1]，说明他对儒家经典是读得很仔细的。他们把名教包裹在性情之中，在当时的名士里有相当一部分人属于这种类型。

魏晋名士里，常以含“反儒”之意被引用的就是嵇康在《与山巨源绝交书》里说了“非汤、武而薄周、孔”，但“薄”在文中之义不过就是评价不高的意思，与“非议”是不同的。而且嵇康自己承认此言为“世教所不容”，系自己“刚肠疾恶，轻肆直言，遇事便法”所致，希望能够受到“禹不逼伯成子高，全其节也。仲尼不假盖于子夏，护其短也”相同的待遇。嵇康在此文中明确地宣称：“老子庄周，吾之师也。”[2]这在魏晋名士里是最突出的，也可以说是唯一的。如果以此将他称为新道家，当然也可以。但从另外一方面讲，孔子自己也说过：“三人行，必得我师。”他曾“问礼于老子”，并说：“吾今日见老子，其犹龙邪！”[3]也就是说孔子曾经以老子为师请教过，那么后来嵇康把《老子》当作老师来请教，就变成了另类？这似乎有用不同的逻辑推理和实行双重标准之嫌。实际上魏晋名士中的绝大多数都是关心政治，投入政治，甚至出入官场的，嵇康也曾“作《太师箴》，亦足以明帝王之道焉”[4]。其中一些人由于种种原因与主流相左，遂假托老庄之言成了当时的不同政见者，而在面对现实时他们往往和老子、庄子的隐世态度完全两样。如“儒家的高尚社会理想和汲汲进取精神，对嵇康的人生观有很大影响，而他推崇忠臣烈士之节，性情刚亢，龙性难驯，骨子里也与《周易》‘天行健’，刚强有力者胜的哲学相合而殊不类道家阴柔无为、柔弱

[1] 《隋书》卷32《经籍志一》。
[2] 嵇康撰，戴明扬校注：《嵇康集校注》，中华书局2015年版，第177–180页。
[3] 分见《史记》卷47《孔子世家》、卷63《老子列传》。
[4] 《晋书》卷49《嵇康传》。

胜刚强的理论”[1]。不过当现实政治不能满足一些士子的理想与抱负时，老、庄那种飘逸清高的处世态度确也是令人向往的。其实这也和儒家“危邦不入，乱邦不居。天下有道则见，无道则隐”[2]的观念符合，如此既一亦二的心理也是历代士大夫所共有的，仅是落实到具体时会有差异，一如阮籍和嵇康。

由于在魏晋六朝各种专制都相对宽松，所以一些士人喜以出格的举动来表示他们的与众不同和愤世嫉俗。如胡毋辅之“与谢鲲、阮放、毕卓、羊曼、桓彝、阮孚散发裸裎，闭室酣饮已累日。(光)逸将排户入，守者不听，逸便于户外脱衣露头于狗窦中窥之而大叫。辅之惊曰：‘他人决不能尔，必我孟祖也。’遽呼入，遂与饮，不舍昼夜。时人谓之八达”。[3]如此引起时人和史家的注目而成为“名士”，这种行为实质上和现代一些人的“作秀”差不多，却成了玄谈者被污名化的典型例子。还有借反名教来乘机摆脱社会约束，宣扬个人享乐，其实和老庄思想也是两回事，他们在当时的社会精英里属于极少数。如果以他们这种出格的偏激行为来证明新道家的存在，却正好反证儒家的道德观与行为准则是当时社会意识中的主流和普遍的存在。

[1] 景蜀慧:《嵇康之“轻时傲世”与“嵇志清峻”》，载《中国文化》1991年第5期。

[2] 《论语·泰伯》。

[3] 《晋书》卷49《光逸传》。

二　名教与自然同一之必然

如果说两汉经学之困局在于“名教”概念之僵化，那么魏晋六朝玄学即是通过赋予“自然”的新意，来重新激活名教的社会功能。

1. 对“自然”的不同理解

“自然”一词，起源甚早。《老子》所谓“人法地，地法天，天法道，道法自然”，给了它作为天地万物具有本然合理之存在的含义。毫无疑问，人作为自然的一分子，其存在亦具有合理性，包括维持其生存和繁衍的所有行为，吃喝拉撒、交配生育等，当然也是合乎自然之理的。这里，人存在的合理性，只要作为自然人就足够了，此即为真正的“大道”。若再加上任何人为的规范，在老子看来犹如画蛇添足，反而有害，“善行无辙迹，善言无瑕谪……善闭无关楗而不可开，善结无绳约而不可解”，去掉这些多余的东西即是善。所以老子主张的人类理想生活，就是遵循这样最简朴的自然之道：“侯王若能守之，万物将自化。化而欲作，吾将镇之以无名之朴。镇之以无名之朴，夫将不欲。不欲以静，天下将自正。”反之，“失道而后德，失德而后仁，失仁而后义，失义而后礼。夫礼者，忠信之薄而乱之首”[1]。此即所谓无为政治。就反对所谓并非自然的仁义礼法，庄子和老子

[1] 陈鼓应:《老子注译及评介》，中华书局1984年版，第209页。

是一致的，如《庄子》云“仁义之端，是非之涂”（《齐物论》），及“礼乐遍行，则天下乱矣”（《缮性》）等。这些当然都和儒家的观念针锋相对。

在儒家看来，人生于天地间，并非单个，“乾道成男，坤道成女”（《易·系辞上》），而合成群体，故而人与人之间关系一如人与风云山水的关系也是自然的。如果说春夏秋冬、白天黑夜、潮起潮落表现出自然的规律，那么在人和人的关系里，也必定有规律性的理可寻。而这些被称为天理或天道的东西，当然也具有自然之属性。于是“昔者圣人之作易也，将以顺性命之理。是以立天之道曰阴与阳，立地之道曰柔与刚，立人之道曰仁与义”（《易·卦传》），及“礼，天之经也，地之义也，民之行也”（《左传·昭公二十五年》），所以仁义等也是有着自然的属性。因此可以说，儒家的自然观念起于《易》，而到了董仲舒“天人合一”说之提出，已具有系统性和政治化。如他说：“天地之精所以生物者，莫贵于人。人受命乎天也，故超然有以倚；物疢疾莫能为仁义，唯人独能为仁义；物疢疾莫能偶天地，唯人独能偶天地。人有三百六十节，偶天之数也；形体骨肉，偶地之厚也；上有耳目聪明，日月之象也；体有空窍理脉，川谷之象也；心有哀乐喜怒，神气之类也。”[1] 即人和天地自然无不息息相通，以此义理可与物理合一，人情可与天理合一。董仲舒还在著名的“天人三策”里强调：“天者群物之祖也，故遍覆包函而无所殊，建日月风雨以和之，经阴阳寒暑以成之。故圣人法天而立道，亦溥爱而亡私，布德施仁以厚之，设谊立礼以导之。春者天之所以生也，仁者君之所以爱也；夏者天之所以长也，德者君之所以养也；霜者天之所以杀也，刑者君之所以罚也。”把现实的礼乐刑

[1] 董仲舒：《春秋繁露》卷13“人副天数”条，载《二十二子》，上海古籍出版社1986年版，第797页。

法与自然现象挂钩，表示它们同样也具备自然属性，即若史云："及仲舒对册，推明孔氏，抑黜百家。立学校之官，州郡举茂材孝廉，皆自仲舒发之。"[1]如此，儒家在得到"独尊"的同时，它的自然观也成为社会主流意识的一部分。

从上述对比中，在对自然的态度上也可以归结为：老庄是一切服从自然而反对人的创意之为，儒家则主张人应顺着自然之理而有所作为。前者认为人仅是自然的一分子，后者以为人与自然相辅相成，故而天定可以胜人，人定也能够胜天。

2. 以人为本和性情本真前提下的"将无同"

实践是检验真理的标准。天人合一说基础上的儒家自然观虽然为社会的道德与律法找到了合理的依据，但在思维方式上只是类比，内容上也不够周全。当天下太平时，此说容不得有人质疑，当然理论方面也谈不上有什么发展。当经学之僵化有失社会的约束功能时，儒家自然观之粗糙简单引起批评与反思也是必然的。鉴于"天地以自然运，圣人以自然用。自然者，道也"[2]，孔、老之间也有着体用关系上自然生道的共同点。嵇康所谓"宗长归仁，自然之情。故君道自然，必讬贤明"[3]，及李充所说"圣教救其末，老庄明其本，本末之涂殊而为教一也"[4]，正是体现了如此之结合。所以魏晋时代的士大夫们纷纷借助道家的自然观，作为重整儒学的切入点，也是顺理成章。

天地自然既是本体的，也是现象的，后者即是世界万物。本体无名而万物有名，从体用一致的角度讲，贵无和崇有并不矛

[1]《汉书》卷56《董仲舒传》。

[2] 何晏：《无名论》引"夏侯玄曰"，载《全三国文》卷39。

[3] 嵇康著，戴明扬校注：《嵇康集校注》，中华书局2015年版，第486页。

[4]《晋书》卷92《李充传》。

盾。如此，既然万物之名由人所定，贯穿万物之道由圣人所阐，那么贵无及崇有岂不都离不开人，道之以无为本实际上就成了以人为本，“老篇爰植，孔教提衡”而“咸能符契情灵，各敦终始”[1]也就相合自然了。这样一来，玄谈的一个重要结果，就是使天道从无名到有名，并落实到以人为本。自然界的一些现象反而成了人性人情之外化。人既属自然，也为文化之始，两者兼之，讨论人就能成为儒、道两家的共同话题。而说“人”必涉及人事，话语的走向也就进入儒家的政治哲学之中。

人与飞禽走兽等一切生灵之区别在于有着人性和人情，可以说人性和人情是与人生而俱来的，无论人性是恶还是善，才能与之离异还是同合，皆系自然有之。在这一点上，可以说是魏晋六朝玄谈家们公认的。问题是道家所推重的是自然人，儒家所指的人是文化人或社会人，这也牵涉到关于人性和人情的含义。如果人的性情完全属于道家概念里的自然，那么它在同类之间的关系只是本能关系，与异类之间的区别则犹如老虎和羔羊的性情差异。而儒家所谓的人之性情都具备着意识的内涵和约束，在这点上和佛教的人由“五蕴”合成之说近似。于此来看一些魏晋名士，阮籍“志气宏放，傲然独得，任性不羁，而喜怒不形于色”，又“性至孝”[2]。嵇康心目中的君子，系“气静神虚者，心不存于矜尚；体亮心达者，情不系于所欲。矜尚不存乎心，故能越名教而任自然；情不系于所欲，故能审贵贱而通物情。物情顺通，故大道无违；越名任心，故是非无措也”[3]。很显然，这些魏晋名士的思想与言行中的人之“性情自然”，是被文化了的，是只能在人的社会中显现的。胡毋辅之等所谓八达“散发裸裎，闭

[1] 《晋书》卷49《光逸传》。

[2] 《晋书》卷49《阮籍传》。

[3] 《晋书》卷49《嵇康传》。

室酣饮”，虽然看上去他们的形态可能有点像自然中的原始人，但使他们如此行为的意识，加之如此表现所导致的他人眼里之效果，不正是一种文化行为且具有社会性吗？由此可见，魏晋六朝少数名士们所孜孜以求的性情自然，虽然包含着对个体知觉和精神升华的追求，但最终还是离不开儒家学说中的“自然”范畴。他们所反对的“名教”，仅仅是教条的，空洞的，与人的本性真情背离的名教。《晋书》卷49《阮瞻传》载有一段著名的对话。

> （阮瞻）见司徒王戎，戎问曰：“圣人贵名教，老庄明自然，其旨同异？”瞻曰：“将无同。”戎咨嗟良久，即命辟之。时人谓之“三语掾”。太尉王衍亦雅重之。

这段发生在晋惠帝时期的对话距玄学的高峰时期不远，名教和自然如此快地合二为一，并受到包括玄谈名家在内的普遍认可。如葛洪在所著《抱朴子·自叙》里声称：“其内篇言神仙方药鬼怪变化养生延年禳邪却祸之事，属道家；其外篇言人间得失，世事臧否，属儒家。”周一良先生据此认为：“其思想实信奉‘将无同’说者。”[1]其实郭象在注《庄子·逍遥游》里早就说过：“圣人虽在庙堂之上，然其心无异于山林之中。”后来不过是把这种联系说得更明确更深化而已。这恰恰说明老庄的“自然”仅是开展玄谈的引子，谈来谈去的都是在儒学概念里的自然，等到弄明白了以人为本和性情自在之本意，与名教实现“将无同”也是很自然的。两者如此中和能相得益彰：名教凭借自然阐明了唯我独尊的根由，自然则通过名教显露了自身存在的意义。

---

［1］ 周一良：《魏晋南北朝史札记》“名教自然‘将无同’思想之演变”条，中华书局1985年版，第57页。

三 玄学对儒学发展之意义

魏晋六朝士人的意识中名教和自然合而为一，意味着当时之玄学实际上已经成为儒学之代称，一如两汉时候的经学。这一切并非出于偶然。

1. 天不变道亦不变

一方面，在华夏社会的宏大时空中，出现各种思想流派乃至异端都是正常的现象，虽然思想的流派和意识上的异端也会随着时空的变化而在形式及内容上不断更新。另一方面，处于相对封闭的华土社会之各种基本因素变化得非常慢，尤其在秦统一中国之后。

华夏社会的这些基本因素包括：

第一，自春秋至秦汉，铁质农具加上耕牛成为主要生产工具并一直长期沿用了两千多年。农业由此成为社会的经济基础，是从国家到庶民的主要收入来源或生活依靠。

第二，由环境来决定人类在生存斗争中最有利的群体形式，而以家族关系为群体结构之基础又显得最方便合理。农业的定居生活使得这种社会结构更加巩固起来，只要体力劳动仍是农业生产的主要方式，社会的这种基层结构也不会变化。

第三，华土内部的地理形势有利于政治上的统一。为了解决统一后维持庞大的国家行政费用和农业经济之低剩余价值之间的矛盾，国家的政治体制即以家族为本。除了在地方基层依靠家族的力量维持秩序，国家层面上则是以血缘为核心的伦理道德来构筑国家机器，也就是以德治来避免法治所附带的高成本。但这样一来，家族关系里固有的等级与专制也成了政治体制的特色。

第四，在上述各个基因上所形成的华夏传统文化，其价值观也必然是以亲亲有等的伦理道德为核心。如何维系这个核心价值，成为社会上的主要行为准则。这也就是在魏晋六朝，即使“散发裸裎”也可被视为放达，而被定了不忠不孝罪名的就得非杀不可的原因之所在。

以上所概括的是华夏社会之基本状态。为了提出适应这种社会状态的思想理论，先是在春秋战国时期形成了百家争鸣的局面，然后法家、黄老（改进型道家）等被依次使用，但各有利弊，而且随着形势变化，弊的地方反而增多，于是又被逐次放弃，最终选定了儒家。儒家与上面所列举四点情况基本契合，而且儒家的“中庸之道”可以把各个情况之要求进行平衡，非常有利于社会和政治体制的稳固。虽然事物总是在运动中，但如果其所处环境条件相对稳定，它的自身变化也会很缓慢。华土社会正是处于如此状况，所以儒家一旦被“独尊”之后，其作为社会的统治意识和政治主导哲学的地位也很难被改变，于此也可以说天不变道亦不变。

2. 新儒学之开启

名教与自然之重新相合，是两者之间有了新的黏合剂，即通过以玄谈形式的思想交锋，明白被文化了的社会人不仅是自然的，而且是自然的中心所在。仁、义、礼、智、信等作为人之行为准则是天经地义，反之则为不自然。如此成为名教根基的自然当然不属于道家，而是儒家思想的一种深化。

任何意识形态要与时俱进，不断地使自身升华发展，就至少要做到两个方面。其一是要清楚“无敌国外患者国恒亡”的道理对思想理论体系来说也完全适用。无论是外在的对立面还是内在的异端，只有与之进行真正的辩论交锋才能激发出自身的活力，一如魏晋之玄谈。假如是动辄使用专制权力来压制对方，则会失去自身的正当性，也激活不了思想的内在自创力。其二是一家学说要存在久远，一定要不断地吸收新的东西，尤其是对手身上的东西。对立面也好，异端也好，它们的出现与存在，特别是具备了自为对手的资格，那就一定含有合理性的成分。在玄谈的辩说过程中，让对方把话都充分说出来，使其理由和破绽一齐表露，再把对手合理的地方拿来改造一番为己所用，推陈出新，自己岂不更加强大。故而这两个方面可以说是先分后合的过程，也是儒学在魏晋六朝走过的一段革新之路。

在玄谈中，老庄之言说作为不可或缺的一方，当然构成了玄学的一个组成部分，至少是给了个人对自然与名教关系的自我阐释权，不仅凭着真情本性可以自行解放来对抗教条，后来还对儒家“心学”的形成起了启示作用。不过，最后之结果正如唐长孺先生所说：“自王弼、向、郭以来直到齐梁时期，正统玄学家所努力的乃是维护名教，不论是说名教本于自然，或者是说名教即是自然，其目的是一致的。”[1]也就是说玄学的最终模样是显示了儒家的特性而非道家的特性，所以玄学是属于儒家的，而不是什么新道家。其实儒家之能够两千多年来一直占有华夏意识的主导地位，还在于它也不断地吸收新的东西。比如宋明时期的儒学大家二程、朱熹、陆九渊、王阳明等，都或多或少地读过佛经，引用过佛说，表达过与佛学相似的观点，一如魏晋六朝的一些名士之应用老庄所云，以及他们同时代的许多儒家士大夫还毫不

---

[1] 《魏晋玄学之形成及其发展》，载唐长孺：《魏晋南北朝史论丛》，生活·读书·新知三联书店1955年版，第339页。

掩饰地崇信佛教，难道我们能就此把他们也都说成是“新佛家”吗？因此我们在学术史上也不应该持双重标准，得出不同的结论。玄学应该和经学、理学一样，归位为儒学的一个发展过程，就像一些大河在经过不同的地域时有着不同的名称。

第七章

其兴也勃其亡也忽——十六国形势之演变

中华民族是一个多民族组成的大家庭，或者说是一个“大民族”。但这个概念之形成经过了一个漫长的历史过程，魏晋南北朝是其中很重要的一个阶段。而所谓“十六国”时期又是这个阶段里的重中之重。

一 华土民族之含义及地理因素

1. 如何理解中国古代的"民族"

所谓"民族"是一个现代通用的概念。在中国古代，最普遍使用的类似概念却是"族"。早期华土的族主要是指具有血缘关系的群体，这一概念沿用至今。后来随着地域观念的扩大，就有了因文化习俗之不同而作为区分的族，即有所谓夷夏之别，甚至有把楚人、秦人视为半夏半夷之族，就是因为他们和中原居民的习俗文化有同有异。以诸夏或诸华自命的中原地区居民又按照四周诸族之间的风俗差异进行区分，如东夷、南蛮、西戎、北狄之类，或者进行更细的区别并加上不同的名称，但此时之"族"更多地起着一个文化符号的作用。随着地域之间彼此接触的增加，史籍中也就出现越来越多的族名。如南朝的萧子显因"蛮，种类繁多，言语不一，咸依山谷，布荆、湘、雍、郢、司等五州界"[1]，就用他们的居住地来区分，如西阳蛮、南襄城蛮、司州蛮等。当然不同族的人也会按照自己的原则来称呼其他的族，如南北朝时北方的鲜卑人称江左的汉人为"岛夷"或"南蛮"。所以"中国与夷狄，均无定名，亦无人种与地理之分，惟以礼义为标准。而孔子之所谓中国夷狄者，尤今日所谓文明野蛮也，此乃文化之符号，而非国界种界之区别也"[2]。

---

[1] 《南齐书》卷58《蛮传》。

[2] 陈焕章：《孔教经世法》，上海书店出版社2016年版，第228页。

根据上述情况，大致可以得出这样一些认识。

第一，中国古代所谓“族”的字义下，有一类是用来区分有着不同文化习俗的群体，现在我们一般是用“民族”一词来作这样的群体区分。

第二，以二十四史代表的古代典籍在称呼汉族以外的诸族时确有一些歧视之意，这也很可能是我们今天要用“民族”一词来取代的原因所在。现在引用史料时出现旧称，只是为了还原历史的实况，并非认同原意。

第三，史书中出现的诸如以夏变夷、汉化、胡化等概念或词汇，说明古人已经认识到人通过文化习俗的改变是可以改变其作为文化符号的“族”的，在风俗观念一致以后，就显示不出彼此的差别。这大概也是基于这块土地上的绝大多数人都属于现代人类学所谓的蒙古人种，只要语言服饰改变了就都可视为同类，而少数非蒙古人种者经过几个世代共同生活，彼此通婚，子孙之间的体貌差异也同样会渐渐变得难以辨别。

第四，文化习俗的差异很大程度上和生活环境相关，即使在同一个县里，住在山腰和沿河的人生活习惯并不一样，隔一座大山的同族人在语言上也会有区别。正如南宋的王质说当时“江西之赣（州），其俗尚斗而喜杀；浙西之严（州），其俗好大而敢为。盖其山川土木峻急暴厉，故其风声气俗顽犷悍戾而不可告语”[1]，所以萧子显用地名来表示南朝时的所谓诸“蛮”是有道理的。本时期比较突出的胡汉差别其实也是游牧民族和农耕民族之间的差别，因此生活环境的变化一定会促使民族文化的变化，这也成了民族之际分分合合的一个重要原因。

第五，在居住地域相对固定的情况下，加强交流可以使文化等各方面差异的缩小，而民族之间任何差异的消退都意味着彼此

---

[1]《雪山集》卷3《论镇盗疏》。

矛盾和斗争的基因之削弱。有三个方面的途径能够有助于这种交流，即商贸、战争及征服、建立共同的宗教信仰。这三个途径都在本时期起过作用，所以在魏晋南北朝，虽然政治上分裂是常态，但在民族关系上走向融合却是一个大趋势。

第六，从现存的当时文书和印章等文物来看，无论在十六国时期还是后来的北朝，当时少数族的文化都还没有达到拥有自己文字的阶段。因此当他们把自己的统治扩展到本族之外时，行政系统的运行必然要依仗汉字及相关话语，从而在其实行制度化和规范政治行为时，不得不接受中原传统的模式。

如果能够比较清楚地认识上述六个方面，对十六国乃至整个魏晋南北朝的事态之演变就容易理解了。

2. 关于十六国和所谓“五胡”之间的关系

自304年至439年，在中国北方出现很多割据政权，史家习惯上称此为十六国时代，虽然并不止此数。由于“国”名较多，不太好记，一般中学历史课上老师会教一个口诀：“一夏，二赵（前、后），三秦（前、后、西），四燕（前、后、南、北），五凉（前、后、南、北、西），带上成汉。”可见这是一个以“前、后”之时序来区分的认知，并在地域上以“南、北”为主，没有“东”，比较容易记住。

这十六国的统治者主要是少数族人，只有前凉、西凉和北燕是以汉族人为国主。这些少数族当时称为“五胡”，即指匈奴、羯、鲜卑、氐、羌等五个族。其中前赵、夏、北凉三个政权为匈奴族人建立，羯族和羌族分别创建了后赵与后秦政权，成汉、前秦和后凉则属于氐族统治者，其余皆为鲜卑人所建，占了总数的三分之一弱。这些政权统治者的民族身份大致反映了这些民族在当时中国北方的势力之大小，也在一定程度上说明了为什么此后是由鲜卑族建立的北魏统一中国北方。

直至魏晋，这些少数族还都处于程度不等的半游牧社会状态。所谓半游牧是指其中一些少数族人正处于向农耕的生活方式转变，这当然和他们进入了中原或中原边缘地带有关。与此相关的是这些政权基本上都采纳了中原的政治体制，所以在史书里也具有了“国”的身份，已经取得了和汉族政权相同的历史地位。因此，如果说当时被统称为“五胡”的少数族进入中原地区使他们经济生活开始改变，那么他们模仿汉晋制度建立政权则标志着他们正式接受华夏传统的政治文化。因为这些名曰“官制”的行政机关及其运转，无不体现着华夏人与人之间关系的理念和以礼法名义下的行为准则，所以在中国北方这一百多年间十来个少数族政权快速地兴起又灭亡的过程，被一些思想偏执的儒者看起来是“乱华”，实际上则是丰富了华夏民族的内涵。

二 永嘉之变，必然还是偶然？

1. 矛盾的积累和交叉

千百年来一直作为中原地区居民主体的汉族从4世纪初开始突然变成被统治民族，对生活在当时的人们来说，无疑是一个极大的变局。但冰冻三尺非一日之寒，这是很多问题积累与交叉的结果。

天灾人祸导致人口剧减和大量少数族进入中原是其中一个重要因素。由于该现象是在一个较短时期里集中发生的，所以那些迁入者和原住民之间彼此都有很多的不适应，一些政治家也发表了对此担忧的言论。这些感觉和话语在社会上合成一种不安的氛围，并发展成一种滋生与加深族群矛盾的心理环境。一方面，在曹魏与西晋时期进入中原的少数族中的大多数是被动的或被迫的，并且又多受歧视和剥削，甚至是虐待，如本书第三章所说的石勒、李特等人的情况，石勒在被贩卖途中与其母亲失散了，当然会产生很多怨恨。另一方面，外来者一多，客观上会对原有的社会状态形成一种冲击，当然会引起各种不安。虽然从现存记载上找不到关于底层汉族民众对此种情况之感受，但从不少士人的言说里还是可以看出相关情绪的反映。如晋武帝要利用匈奴人刘渊伐吴，臣下孔恂、杨珧进言：“陛下若轻其众，不足以成事；若假之威权，平吴之后，恐其不复北渡也。非我族类，其心必异。任之以本部，臣窃为陛下寒心。”[1]又如江统在其所作《徙戎论》里认为，迁入者“非我族类，其心必异，戎狄志态，不与华同。而因其衰弊，迁之畿服，士庶玩习，侮其轻弱，使其怨恨之气毒于骨髓。至于蕃育众盛，则坐生其心。以贪悍之性，挟愤怒之情，候隙乘便，辄为横逆”[2]，可能成为朝廷极大的隐患。这应该不仅仅是他个人的看法，至少代表着相当一部分人的意见。其中对民族文化的差异会萌生出危机，即“非我族类，其心必异”似乎成为当时的一种共识。

这些族群之间的矛盾虽然日益露头，但还没有全面爆发，所以少数人的敏感和预见并未得到更多人的认同。尤其是居于高位的统治者囿于一些现实利益和对手中所掌握的权力之自信，认为这些迁入的少数族人已“无有余力，势穷道尽故也。然则我能制其短长之命，而令其进退由己矣。夫乐其业者不易事，安其居者无迁志。方其自疑危惧，畏怖促遽，故可制以兵威，使之左右无违也”[3]。因此，这二者意见谁对谁错取决于当时政权是否巩固。江统著《徙戎论》时，西晋统治集团的内斗还处于“宫变”的阶段，西晋政权表面上还很强大。另外，在北方农业区域的居民中，汉族还是占着多数，至少也有人口的一半，而进入的少数族是分成不同族群的“五胡”，彼此也同样“其心必异”，并非铁板一块。所以如果仅仅是局限于对民族矛盾可能导致的后果来看，当时对江统意见的否定也未尝没有道理。但问题是社会状态并非只取决于一类矛盾，而是多种矛盾相互交织之结果。在否定江统意见的言说里可以看到统治者对强权的充分自信，以为武力可以平息一切反抗，如“制以兵威”之类。令人感慨的是，标榜

[1]《晋书》卷101《刘元海载记》。刘元海即刘渊，一如后赵的石季龙即石虎。此因《晋书》为唐人所修，以避李渊、李虎等人之讳。

[2]《晋书》卷56《江统传》。

[3]《晋书》卷56《江统传》。

名教的司马氏政权，在到了迷信武力来维护统治时，对他人的手段也必然会转向对待统治集团里的自己人。此后不到十年，骨肉之间的争权夺利无不以兵戎相见，由此造成的军力之内耗和行政部门的瘫痪，就给了早已心怀不满的少数族在政治上兴起之良机。

如果将311年洛阳被攻陷作为西晋朝廷走向崩溃的标志，前面则有一个量变的过程。在进入北方农业区的少数族中，匈奴的部落组织保持得最完整。早在汉末，曹操将匈奴之众分为五部，“部帅皆以刘氏为之。太康中，改置都尉……刘氏虽分居五部，然皆居于晋阳汾涧之滨”。晋惠帝后期司马颖以皇太弟自居，并用匈奴诸部中威望最高的左贤王刘渊为“太弟屯骑校尉”领兵，与反对司马颖的军队作战。当时匈奴族的首领们都认为“自汉亡以来，魏晋代兴，我单于虽有虚号，无复尺土之业，自诸王侯，降同编户。今司马氏骨肉相残，四海鼎沸，兴邦复业，此其时矣”，于是秘密共推刘渊为大单于。接着在“永兴元年（304年），元海乃为坛于南郊，僭即汉王位”[1]。有意思的是，这一年李雄也在蜀中自称“成都王”，正式建立割据政权，所以304年也可视为十六国时代的开始。从这一年到316年刘曜攻陷长安，孝愍帝投降不久后被杀，西晋正式宣告结束。这十余年的时间里各种矛盾的交错与爆发，也完成了时代变换的过程。

2. 有着非凡意义的转折点：永嘉之变

对古代的皇朝来说，皇帝、百官、京师（以太庙、社稷为主要象征）三者齐备才是完整的朝廷。但在永嘉五年（311年），西晋皇朝这三者一时俱失。《资治通鉴》卷87“晋怀帝永嘉五年

[1]《晋书》卷101《刘元海载记》。

五月”条简述了这个过程。

> 汉主（刘）聪使前军大将军呼延晏将兵二万七千寇洛阳，比及河南，晋兵前后十二败，死者三万余人。始安王（刘）曜、王弥、石勒皆引兵会之……丁酉，王弥、呼延晏克宣阳门，入南宫，升太极前殿，纵兵大掠，悉收宫人、珍宝。帝出华林园门，欲奔长安，汉兵追执之，幽于端门。曜自西明门入屯武库。戊戌，曜杀太子诠、吴孝王晏、竟陵王楙、右仆射曹馥、尚书闾丘冲、河南尹刘默等，士民死者三万余人。遂发掘诸陵，焚宫庙、官府皆尽。曜纳惠帝羊皇后，迁帝及六玺于平阳。

上述即所谓“永嘉之变”的要点。此时到了“百官流亡者十八九”[1]的地步，西晋已经名存实亡，但此事之重要性还不仅于此，从传说中的夏、商、周三代以来，位于中原地区的华夏族政权竟被称为戎狄的少数族军队所推翻，所以这是一个更大意义上的转折点。从十六国时代起，非汉族的政权统治中原甚至整个中国屡见不鲜，因此至少对后来历代的史家和政治家来说，必须用另一种角度，换一套说法来叙述及诠释中国的历史、中国的传统文化和儒家名义下的纲常伦理。故而可以说，永嘉之变的历史意义远远地超出了作为一个皇朝灭亡的象征，所以它是一个具有特别意义的转折点。

[1]《晋书》卷26《食货志》。

三 苻坚与前秦之兴亡

1. 从匈奴刘氏政权的改名说起

西晋末最早实行割据的匈奴族首领刘渊“以惠帝永兴元年（304年）据离石称汉”。他在即汉王之位时宣称：“昔我太祖高皇帝以神武应期，廓开大业。太宗孝文皇帝重以明德，升平汉道。世宗孝武皇帝拓土攘夷，地过唐日。……自和安已后，皇纲渐颓，天步艰难，国统频绝。黄巾海沸于九州，群阉毒流于四海，董卓因之肆其猖勃，曹操父子凶逆相寻。故孝愍委弃万国，昭烈播越岷蜀，冀否终有泰，旋轸旧京。……孤今猥为群公所推，绍修三祖之业。”于是“追尊刘禅为孝怀皇帝，立汉高祖以下三祖五宗神主而祭之”[1]。这里刘渊把两汉、蜀汉与他建立的政权连成一条线，以刘姓的汉室皇朝继承者自居。

刘渊这样做恐怕在于以下几个原因。

第一，当时中原地区还是汉族民众在人数上占着多数，北方林立的坞壁中的绝大部分也是以汉族居民为主，且一般都有着能够自卫的武装。在这种情势下模糊民族的界线，至少可以避免汉族人的激烈反抗，即所谓“立汉宗庙以从民望”[2]。

第二，刘渊的主要作战对象是西晋，而司马氏是与曹氏集团一起推翻汉朝并消灭蜀汉的，因此高举刘汉的旗帜反对司马氏的

[1] 《晋书》卷101《刘元海载记》。

[2] 《资治通鉴》卷91“晋元帝太兴二年六月”条。

晋朝就能够宣称有了道义上的合法性。无独有偶，也是和刘渊一样，在蜀中最早进行割据的李氏政权之统治者李寿因不愿称藩于晋，也“即皇帝位。改国号曰汉，大赦，改元汉兴”[1]。应该也有着以蜀汉的继承者身份来对抗司马氏皇朝的意味。

第三，既然所建政权的政治体制和行政机构大体上都模仿汉制，那以此作为汉朝的后继者也未尝不可。

但刘氏政权到了刘曜成为最高统治者，却“缮宗庙、社稷、南北郊。以水承晋金行，国号曰赵。牲牡尚黑，旗帜尚玄，冒顿配天，元海配上帝”[2]，即把国号由“汉”改为“赵”。刘曜如此举动大概也综合着这样一些原因。

其一，此时西晋已经灭亡，以汉抗晋的名义也失去了实际用处。

其二，刘曜与刘渊之间仅是同族关系，虽凭战功而升至相国的高位，但他成为皇帝却是因为平定了靳准之乱。当时汉主刘粲即位之后荒淫无度，把军国大事都交给外戚靳准处理，任其为大将军、录尚书事。靳准却谋杀了刘粲，不仅“刘氏男女无少长皆斩于东市。发掘元海、聪墓，焚烧其宗庙”，还“自号大将军、汉大王，置百官，遣使称藩于晋”[3]。所以当镇守长安的刘曜起兵逼杀靳准而做了皇帝后，改掉“汉”的国号也在情理之中。

其三，如果可以把各种可能性都考虑进去的话，刘曜和石勒的关系也应该对改国号有影响。他们二人都是汉国掌握兵权的重要人物，刘聪死前“征大司马曜为丞相，石勒为大将军，皆录尚书事，受遗诏辅政”[4]。当年八月靳准杀了继位的刘粲，于是二人同时起兵征讨靳准。据《资治通鉴》卷90“晋元帝太兴元年十

[1] 《资治通鉴》卷96“晋成帝咸康四年四月”条。

[2] 《晋书》卷103《刘曜载记》。

[3] 《晋书》卷102《刘聪载记》。

[4] 《资治通鉴》卷90“晋元帝太兴元年七月”条。

月”条记载，因刘粲已死，刘曜即帝位，身份依然是“汉主”，同时“以石勒为大司马、大将军，加九锡，增封十郡，进爵为赵公”。但接着为了靳准部下投降之事二人不和。这个过程开始时，即第二年之二月，石勒还“遣左长史王脩献捷于汉”。刘曜也“遣兼司徒郭汜授勒太宰、领大将军，进爵赵王，加殊礼，出警入跸，如曹公辅汉故事”。但刘曜又受人挑拨杀了使者王脩，石勒闻知大怒，说：“彼之基业，皆孤所为，今既得志，还欲相图。赵王、赵帝，孤自为之，何待于彼邪！”二人正式闹翻。至六月，刘曜就将国号由汉改为赵。同年十一月石勒“即赵王位”[1]。于是在中国北方就形成几乎同时以“赵”为国号的二强相争之局面。对刘曜来说，虽然自己封石勒为赵公、赵王在先，但当时匈奴本族聚居的晋阳乃赵之故地，是正统所在。一个天下容不得有两个赵国，故而改汉为赵，很可能抱着消灭“伪赵”的争雄之心。

其四，与政权转移有关。刘渊建立汉国时，西晋政权的行政机构框架仍在，皇太弟司马颖麾下之兵尚有二三十万。族群竞争中的优劣之分不仅在于人数之多寡，还在于它的军政实力。所以当时刘渊还有所顾忌，用汉为国号来鱼目混珠。到了刘曜当政时西晋已经灭亡，匈奴政权拥有北方最强大的武装力量，“汉”的国号失去了原先的重要性，更换国号以正本清源反而成了匈奴族政权应该做的事情。

匈奴政权的国号改变显示了民族力量对比之转化，但这也酝酿着新的危机。一方面，汉族民众虽然失去了本族的政权，但千百年来积淀而成的精神上、文化上对少数族的优越感还在，一时难以接受眼前的事实。另一方面，一些少数族人在自家政权替代汉族政权之后，容易产生翻身出头的情绪。任此二者碰撞是会

[1]《资治通鉴》卷90“晋元帝太兴元年”至卷91“晋元帝太兴二年”条。

出问题的，这矛盾首先在处于焦点的后赵爆发。在前秦之前建立少数族政权的统治者大都是各族的上层精英，他们一般早已接受了汉文化的熏陶。如刘渊“幼好学，师事上党崔游，习《毛诗》《京氏易》《马氏尚书》，尤好《春秋左氏传》《孙吴兵法》，略皆诵之，《史》《汉》诸子，无不综览”[1]。继位的刘聪也“年十四，究通经史，兼综百家之言，《孙吴兵法》靡不诵之。工草隶，善属文，著述怀诗百余篇、赋颂五十余篇”[2]。成汉政权的几个奠基者，如李特“少仕州郡，见异当时”；李流“少好学”；李庠“少以烈气闻。仕郡督邮、主簿，皆有当官之称。元康四年，察孝廉，不就”[3]；李雄“每周旋乡里，识达之士皆器重之”，在位时“兴学校，置史官，听览之暇，手不释卷”[4]。而且他们都信奉道教，受汉文化影响颇深。又如前燕创建者慕容皝“雄毅多权略，尚经学，善天文”[5]；继位的慕容儁“博观图书，有文武干略”[6]。因此这些早期少数族政权的统治者都很注意尽量采用汉制和与汉文化的沟通，属下的民族矛盾也相对缓和。

唯独建立后赵政权的羯族，可能族群组织被较早打散，所以进入中原的羯族人境况较差。石勒年轻时被带枷卖到山东当农奴，但他在汉地久了，也有一些汉人帮助过他，故而他成为统治者之后，尚能重用张宾为“大执法，专总朝政，位冠僚首”，用儒家的文治观念进行管理，很多地方袭用汉晋制度。如“制轩悬之乐，八佾之舞”，及“以张宾领选。复续定九品。署张班为左执法郎，孟卓为右执法郎，典定士族，副选举之任”等。同时，

---

[1] 《晋书》卷101《刘元海载记》。

[2] 《晋书》卷102《刘聪载记》。

[3] 《晋书》卷120《李特载记》《李流载记》。

[4] 《晋书》卷121《李雄载记》。

[5] 《晋书》卷109《慕容皝载记》。

[6] 《晋书》卷110《慕容儁载记》。

“署石季龙为单于元辅、都督禁卫诸军事”。其目的很明显，企图用胡、汉分掌军政大权，以两驾马车的方式治国理政，平衡族群矛盾。但多驾马车虽然跑得快，却在于驭手的能力，否则很容易翻车。石勒本人当然可胜任，但他死后继位的太子石弘“幼有孝行，以恭谦自守……虚襟爱士，好为文咏，其所亲昵，莫非儒素”[1]。这样的文弱性格是不适应于乱世的，所以即位后不久便被掌握军权的石虎所杀。后者就做了后赵的“天王”。石虎自幼没有受过儒家教育，“性残忍，好驰猎，游荡无度”，17岁从军后因“矫捷便弓马，勇冠当时，将佐亲戚莫不敬惮。勒深嘉之”。可能因为一直在战场上厮杀，变得“所为酷虐。军中有勇干策略与己侔者，辄方便害之，前后所杀甚众。至于降城陷垒，不复断别善恶，坑斩士女，鲜有遗类”。但石虎善于打仗而战功显赫，当上天王后对外继续东征西讨，对内则为所欲为，如“收百姓马四万余以入于公。兼盛兴宫室于邺，起台观四十余所，营长安、洛阳二宫，作者四十余万人。……大发百姓女二十已下十三已上三万余人，为三等之第以分配之。郡县要媚其旨，务于美淑，夺人妇者九千余人”。总之，一个暴君所能有的种种表现，《晋书》都给他统统写上了。如此当然会使包括民族矛盾在内的社会矛盾日益尖锐，或许是石虎缺乏有关历史教训的知识，于此并不在意，认为自己大权在握，又有军队为后盾，完全可以高枕无忧。但难以预料的是给他和后赵政权以致命打击的却是石虎的几个儿子：石邃、石宣、石韬、石遵、石鉴等。所谓有其父必有其子，石虎的榜样和皇权的至上使得他们可以肆无忌惮地纵欲暴虐。石虎称帝，大概是吸取石弘被杀的教训，石邃被当即立为天王皇太子，总百揆。有了权力后，石邃“荒酒淫色，骄恣无道，或盘游于田，悬管而入，或夜出于宫臣家，淫其妻妾”。其

[1]《晋书》卷105《石勒载记下》。

欲望之无限，也不会满足于肉体上的享受，必定会发展成要凌驾于他人之上的独占，由于与其弟石宣等争宠，使得父子之间产生不和，并当面冲撞石虎。后者“大怒，废邃为庶人。其夜，杀邃及妻张氏并男女二十六人，同埋于一棺之中。诛其宫臣支党二百余人”。继太子位的是石宣，且“为大单于，建天子旌旗”。石虎又命其子石韬亦可“生杀拜除皆迭日省决”[1]。如此平分权力，使得兄弟矛盾陡然激化，不久石宣遣亲信暗杀了石韬。石虎得知真情后“悲怒弥甚，幽宣于席库，以铁环穿其颔而锁之，作数斗木槽，和羹饭，以猪狗法食之”。接着又将石宣置于柴上烧死，并杀其妻子九人，包括石虎所爱的年仅数岁的孙子。此后石虎吸取教训，以十岁的幼子石世为太子，以防父子相残的场面再现。但不到两年，石虎病死，拥有兵权的石遵杀即位才一个月左右的石世而自立。又三个多月大将石闵杀了石遵及石鉴等。至349年，石虎“十三子，五人为冉闵所杀，八人自相残害”[2]，后赵也随之灭亡。

石闵本姓冉，其父冉瞻12岁时被石虎收养，父子皆善战。石虎“败于昌黎，闵军独全，由此功名大显。及败梁犊之后，威声弥振，胡夏宿将莫不惮之”。石虎死后，石氏兄弟自相残杀。出于和石遵、石鉴的个人恩怨，也基于当时胡汉之间的对立情绪，石闵与曾任大都督的李农合谋，于350年初杀石鉴，并被朝中汉臣拥戴为皇帝，国号大魏，复姓冉氏。在这个过程中，冉闵“宣令内外六夷敢称兵杖者斩之。胡人或斩关，或逾城而出者，不可胜数”。于是又“令城内曰：‘与官同心者住，不同心者各任所之。’敕城门不复相禁。于是赵人百里内悉入城，胡羯去者填门。闵知胡之不为己用也，班令内外赵人，斩一胡首送凤阳门

[1] 均见《晋书》卷106《石季龙载记上》。

[2] 《晋书》卷107《石季龙载记下》。

者，文官进位三等，武职悉拜牙门。一日之中，斩首数万。闵躬率赵人诛诸胡羯，无贵贱男女少长皆斩之，死者二十余万，尸诸城外，悉为野犬豺狼所食。屯据四方者，所在承闵书诛之，于时高鼻多须至有滥死者半”。在接着的两三年时间里，冉闵的汉族政权和以石祗为代表的少数族“羌胡相攻，无月不战。青、雍、幽、荆州徙户及诸氐、羌、胡、蛮数百余万，各还本土，道路交错，互相杀掠，且饥疫死亡，其能达者十有二三。诸夏纷乱，无复农者”。不过冉闵针对的胡“不是广义上的胡人，而是指狭义上的胡人，特别是羯胡”[1]，所以有“滥死者”之说。这是本时期民族矛盾表现得最残酷的场景之一，无论是当时人还是后来人一定会对此留下深刻的印象。

此后，冉闵继续攻击后赵政权的残余，终于“焚襄国宫室，迁其百姓于邺”，取得了最后的胜利。与此同时，一些情况也随之发生。

其一，不仅是连续的战斗损耗了冉魏的军力，而且以冉闵杀李农父子为标志，内部也趋向不稳。

其二，后赵内乱不断时，其他少数族则开始割据，建立政权。其中前燕的“慕容儁已克幽蓟，略地至于冀州”，成了冉魏之劲敌。冉闵“帅骑距之，与慕容恪相遇于魏昌城”，虽然先是十战十胜，但后恃勇轻敌，战败被俘而死。燕军乘胜攻占邺城，冉魏“尚书令王简、左仆射张乾、右仆射郎肃自杀”[2]，如此现象在本时段是很少见的。

[1] 彭丰文:《两晋时期国家认同研究》，民族出版社2009年版，第150页。

[2] 均见《晋书》卷107《石季龙载记下附冉闵载记》。

2. 苻坚从成功走向失败之转折

当时最强大的后赵政权陷入混乱乃至崩溃，给中国北方的一些政治力量提供了发展的机遇。除了远在巴蜀的李寿改国号为“汉”而称帝和固守于河西的前凉政权外，活动于今之山西、内蒙古一带的鲜卑部落首领拓跋什翼犍以云中之盛乐宫为都，建立了代国，并“始置百官，分掌众职。东自涉貊，西及破洛那，莫不款附”[1]，渐渐成为一支不容小觑的势力。位于华北的慕容儁被东晋穆帝于永和五年（349年）拜为“都督河北诸军事、幽冀并平四州牧、大将军、大单于、燕王”[2]。不久燕军消灭了冉魏，成为华北最强大的政权。而以关中为根基之地的氐族集团的力量也逐渐发展起来。

领导氐人走向华北平原的是“世为西戎酋长”的苻洪。石虎“以洪为龙骧将军、流人都督，处于枋头。累有战功，封西平郡公”，及至“石鉴杀遵，所在兵起，洪有众十余万”。虽然这些氐人在华北被视为“流人”，却“据形胜之地”[3]，也为后来前秦统一北方打下了地域基础。苻洪死，其子苻健继承其事业，既而回师关中，于“永和七年，僭称天王、大单于，赦境内死罪，建元皇始，缮宗庙社稷，置百官于长安”。三年后，东晋桓温北伐，“率众四万趋长安”。苻健“闻温之来也，收麦清野以待之，故温众大饥”[4]，使晋军只能无功而返。打退晋军之后不久，苻健死，其子苻生继位。苻生由于生来少一目成为残疾，性格上颇为乖僻，“既自有目疾，其所讳者不足、不具、少、无、缺、伤、残、毁、偏、只之言皆不得道，左右忤旨而死者不可胜纪，至于

---

[1] 《魏书》卷1《序纪》。

[2] 《晋书》卷110《慕容儁载记》。

[3] 《晋书》卷112《苻洪载记》。

[4] 《晋书》卷112《苻健载记》。

截胫、刳胎、拉胁、锯颈者动有千数”。对苻氏政权伤害更大的是，他将“宗室、勋旧、亲戚、忠良杀害略尽，王公在位者悉以疾告归，人情危骇，道路以目”。这种人人自危的境况动摇了统治集团的根本。其中，他的堂兄弟苻法、苻坚既感到恐惧，又觉得也是个机会。苻法“乃与特进梁平老、强汪等率壮士数百人潜入云龙门，苻坚与吕婆楼率麾下三百余人鼓噪继进，宿卫将士皆舍杖归坚”[1]，成功地实行了政变，杀死了苻生。事成之后，苻法自以为是庶子，坚持将皇帝大位让给苻坚。

357年，苻坚自称“大秦天王”。不过从他“追谥父雄为文桓皇帝，尊母苟氏为皇太后，妻苟氏为皇后，子宏为皇太子”来看，应该是同时即皇帝之位的。自此“于是修废职，继绝世，礼神祇，课农桑，立学校，鳏寡孤独高年不自存者，赐谷帛有差，其殊才异行、孝友忠义、德业可称者，令在所以闻”。自己在遭遇旱灾时“减膳彻悬，金玉绮绣皆散之戎士，后宫悉去罗纨，衣不曳地。开山泽之利，公私共之，偃甲息兵，与境内休息”。由此开始了前秦政权的新时代。苻坚能够做到这些，一个很重要的原因是重用了汉族士大夫的代表王猛，以王猛为侍中、中书令、京兆尹，“朝政莫不由之”。更深一层讲，恐怕也是见识了后赵民族矛盾尖锐和相互残杀之惨烈，并导致灭亡的结果。所以氐族功臣樊进当着苻坚的面侮辱王猛时，即刻被斩杀，同时支持王猛捕杀鱼肉百姓的外戚强德。“诸氐纷纭，竞陈猛短”也受到苻坚的责骂和鞭挞，“自是公卿以下无不惮猛焉”。很明显，苻坚这样做有着避免族群矛盾的考虑，可能他还想得更多些，因为氐族政权所要统治的不仅是汉族，还有其他的少数族。这些少数族在人数上或超过氐族，对前秦政权造成的威胁，从苻坚兵败后的情况看，要比汉族大得多，故而利用汉族士大夫的力量，有利于族

[1]《晋书》卷112《苻生载记》。

群之间的平衡。更显然的是，八岁就开始学习汉文化的苻坚认识到讲究名分和守成的儒学是有利于现行统治者的，由是“广修学官，召郡国学生通一经以上充之，公卿已下子孙并遣受业。其有学为通儒、才堪干事、清修廉直、孝悌力田者，皆旌表之。于是人思劝励，号称多士”。苻坚自己“亲临太学，考学生经义优劣，品而第之。问难五经，博士多不能对。……坚自是每月一临太学，诸生竞劝焉”。所谓“自永嘉之乱，庠序无闻，及坚之僭，颇留心儒学，王猛整齐风俗，政理称举，学校渐兴。关陇清晏，百姓丰乐，自长安至于诸州，皆夹路树槐柳，二十里一亭，四十里一驿，旅行者取给于途，工商贸贩于道”。

内政是对外的基础，国力坚实，上下一心，只要在军事战略上不犯大错，就会经常取得胜利。苻坚早期的策略是先把其他少数族的反抗压下去。他先后平定以大单于自居的屠各族人张罔，举兵叛乱的匈奴右贤王曹毂、左贤王卫辰和鲜卑族的乌延，自称益州刺史的羌族人敛岐，盘踞仇池又归顺东晋的杨氏家族等。376年占领凉州，灭了前凉政权，此后又打垮了以拓跋什翼犍为王的代国，赢得了节节胜利。其中最大的战绩则在于攻占邺城，消灭了前燕的慕容暐政权。得到“郡百五十七，县一千五百七十九，户二百四十五万八千九百六十九，口九百九十八万七千九百三十五。诸州郡牧守及六夷渠帅尽降于坚”。至此，北方基本上实现统一，但形势的发展总是多方面伴生的。

其一，前秦灭前燕是以小灭大，一下子把版图扩展到如此之大，如何对这片广袤的领土实行有效而稳固的统治，是一个放在苻坚面前绕不过去的大问题。更重要的是，即使在前秦原有的疆土内，氐族也是少数。而在新得到的领土上如果不驻扎氐族的武装力量，那就意味着一种权力的真空，什么情况都有可能发生。为了解决这个难题，苻坚召集群臣商议，他先说出自己的考虑："凡我族类，支胤弥繁，今欲分三原、九峻、武都、汧、雍十五万户于诸方要镇，不忘旧德，为磐石之宗。"鉴于苻坚的权威，另外也没有更好的办法，臣子们就纷纷赞同。"于是分四帅子弟三千户，以配苻丕镇邺，如世封诸侯，为新券主"，其他的军政要地也分别派驻数目略同的氐户。但这样做对氐族民众的感情是一种伤害，"诸戎子弟离其父兄者，皆悲号哀恸，酸感行人"。更要紧的是，如此撒胡椒面似的分散氐族的基本力量，虽然平时不失为行得通之策，不过假若朝廷中央发生危机，这些分散出去的力量不仅不能来救援，而且很容易被各个击破。

其二，苻坚统一北方之后，形成前秦与东晋两个政权南北对峙的局面。事实上，二者之间已经摩擦不断，如之前遣苻丕攻占襄阳，在二淮的争夺互有胜负，北军略占上风。但这种局面最使苻坚感到纠结的是文化上的尴尬。他起用王猛，大力推行儒家文化，甚至让"中外四禁、二卫、四军长上将士，皆令修学。课后宫，置典学，立内司，以授于掖庭，选阉人及女隶有聪识者署博士以授经"[1]。如此普及儒家教育，超过了后来的北魏孝文帝，甚至也超过了本时段几乎所有的汉族皇帝。苻坚的政策是成功的，借助于王猛等人的努力，前秦不仅统一了北方，还使中原地区出现了歌舞升平的盛世景象。但问题是，当时的东晋却是地道的华夏政权，儒家文化的正统之所在。在当时胡汉矛盾激烈的时代，冉魏与石赵的族群之间互相残杀的惨烈场面在很多人脑海里仍记忆犹新。因此无论苻坚怎样努力，与南方的东晋相比，前秦毕竟还是个"夷狄"政权，一如王猛所说："晋虽僻陋吴越，乃正朔相承。"[2]这种根深蒂固的观念不是一二十年的时间里能够完全改变的。不巧的是，王猛在375年病逝，苻坚失去的不仅是

[1] 均见《晋书》卷113《苻坚载记上》。

[2] 《晋书》卷114《苻坚载记下》。

一位得力助手，而且等于断了与汉族联合的主要桥梁。那么苻坚接下来该怎么办？

3. 淝水之战及此后之乱局

在一次边境受到晋军骚扰后，苻坚召集群臣会议，并宣布“吾统承大业垂二十载，芟夷逋秽，四方略定，惟东南一隅未宾王化。吾每思天下不一，未尝不临食辍餔，今欲起天下兵以讨之。略计兵杖精卒，可有九十七万，吾将躬先启行，薄伐南裔”。此言一出，受到大多数人的反对，包括皇弟苻融及大臣权翼、石越、原绍等。后来太子苻宏、皇子苻诜，甚至他所敬重的高僧道安都加入反对者的行列。苻融在谏言中还提及王猛死前的遗言：“臣没之后，愿不以晋为图。”苻坚都固执地不为所动。或有读史至此，会产生这样的疑问：苻坚是一个很明智的人，平时也常能接受臣下的谏言，为何这次一反常态？当然可以说出一些原因，如随着一连串的成功之后有骄傲自大之情，他遣吕光远征西域，反驳群臣的谏言时说：“二汉力不能制匈奴，犹出师西域。今匈奴既平，易若摧朽，虽劳师远役，可传檄而定，化被昆山，垂芳千载，不亦美哉！”又如在与东晋的一些冲突中，前秦军队多占优势，故由此以为“今有劲卒百万，文武如林，鼓行而摧遗晋，若商风之陨秋箨”，平定江左并非难事，等等。但最主要的原因，应该是为了和东晋争显示统治合法性的“道统”。有一件事恐怕对苻坚触动很大，苻法的儿子苻阳和王猛的儿子王皮联合起来反对他，理由之一竟是根据儒家的礼学。这说明不拥有思想上的正统权威，亲信子弟都会振振有词地反对他，更不用说以少数族的皇帝来君临以汉族为主的天下。而且苻坚明白，汉族可以接受少数族的统治，交换条件是统治者必须恪守儒家的制度论说和民本思想，而“正统”的地位可以表明统治者已经具备这些条件，除去东晋之后，前秦就是名副其实的正统了。他在下令讨伐东晋的诏书中写明南下之战取得胜利后，准备以东晋孝武帝“为尚书左仆射，谢安为吏部尚书，桓冲为侍中，并立第以待之”[1]。如果这样的目标达到，华夏正统属于谁不是一清二楚了吗？所以在苻坚的心中，大军南下变得势在必行，而彻底忘记了孙子所说的：“兵者，国之大事，死生之地，存亡之道，不可不察也。”[2]

南下征讨东晋并非小事，383年的七月，苻坚“下书悉发诸州公私马，人十丁遣一兵。门在灼然者，为崇文义从。良家子年二十已下，武艺骁勇，富室材雄者，皆拜羽林郎”。同年八月开始声势浩大的进军，先是以苻融等将领“率步骑二十五万为前锋”。接着苻坚亲自“发长安，戎卒六十余万，骑二十七万，前后千里，旗鼓相望。坚至项城，凉州之兵始达咸阳，蜀汉之军顺流而下，幽冀之众至于彭城，东西万里，水陆齐进。运漕万艘，自河入石门，达于汝颍”。史籍上这些记载给人的印象是前秦军好像是在进行一次武装示威大游行，而不是切实的进攻准备。或许是前秦方面认为如此大张旗鼓地制造声势可能会收到不战而屈人之兵的效果。苻坚在临战前遣尚书朱序游说晋军主帅谢石，希望“以众盛，欲胁而降之”之举动，可作辅证。但企图虚张声势来威吓对手，反过来也可能造成自己在心理上对战争的严酷性准备不足，欺人与自欺其实是互动的两个方面，人们往往于此缺少足够的认识。如此导致的结果使得这场著名的大规模战争，实际上却是一个简单而短促的作战过程。苻融等率秦军前锋攻占寿阳等处后，两军夹着淝水对峙。开战之前，晋军请秦军从岸边稍稍后退，留出空地以便晋军渡河后接战。秦军主帅苻融“于是麾军却阵，欲因其济水，覆而取之。军遂奔退，制之不可止。融驰骑

[1] 均见《晋书》卷114《苻坚载记下》。

[2] 郭化若：《孙子兵法译注》，上海古籍出版社2012年版，第1页。

略阵，马倒被杀，军遂大败”。晋军“乘胜追击，至于青冈，死者相枕。坚为流矢所中，单骑遁还于淮北”。就这样，一场看起来轰轰烈烈的历史性大战以最快的速度虎头蛇尾地结束了。淝水之战的胜利使东晋保住了半壁江山，但对一败涂地的前秦来说，后果却是致命性的。此后不久，整个前秦，包括皇帝苻坚本人都很快地消失在历史的烟云中。

淝水之战失败后，苻坚的一些先前看来不错的政治措施迅速地转变成不利因素。如派遣氐族的一些军户分驻邺城等华北平原上的各个要地，原本是维持氐族政权在全国实行统治所必需的，但中央朝廷受到冲击后，这些地方就显得势单力薄了，同时使得苻坚手中缺乏足够的军力。又如苻坚登基后注意吸收各方面的精英人士，除了重用王猛外，鲜卑族的慕容垂、慕容暐、慕容冲、慕容泓，羌族的姚苌，丁零族的翟斌等都得到任用，有的还分掌兵权。曾有人建议苻坚防范甚至清除这些人，但此类意见没有被采纳。其实苻坚这样做并没有错，因为：

一是这些少数族既然是国中民众的一部分，他们在朝廷中理应有代表。如此也有利于这些少数族对氐族政权的归顺和政权基础之扩大。

二是不杀投降者并给予优待和官位，正可显示华夏传统的政治道德。苻坚曾对苻融说：“帝王历数岂有常哉，惟德之所授耳。”[1] 而政治上的宽宏也是取得汉族士民对朝廷认同的一个重要因素。

三是在苻坚任用的人之中确实有干练之才。他们加入政权，也有利于强化政事之处理。此正如司马光所评说：“使（苻）坚治国无失其道，则（慕容）垂、（姚）苌皆秦之能臣也，乌能为

[1]　均见《晋书》卷114《苻坚载记下》。

乱哉！”[1]不过这些有利因素之发挥，是与朝廷和皇帝的权威存在相关联的。一旦前秦兵败如山倒，皇帝的权威顿时失落，朝廷被连带瓦解，曾经的臣服者就纷纷趁机落井下石，慕容垂、慕容冲、慕容泓以及姚苌等先后起兵反对苻坚，北方重新陷入一片混乱之中。

翻开十六国年表，可以看到随着前秦的没落，一系列少数族建立起来的政权接二连三地在中国北方走上了历史的舞台。淝水之战后的第二年，即384年，在前秦政权发家的地盘上，羌族的姚苌建立了后秦。鲜卑族的慕容垂和慕容泓分别创立了后燕与西燕，前者大致恢复了前燕的版图而拥有辽东至河南的广阔空间，后者则因其存在相对短暂而被史家置于十六国之外。385年，在陇西一带名为西秦的鲜卑政权则由伏乞国仁所创建。再过一年，被苻坚派遣远征西域而班师回河西的氐族人吕光，在闻知苻坚被害的消息后也自己建立了政权。在这四面楚歌的形势中，苻坚还带着前秦军之残余苦苦地挣扎了将近两年，最后被姚苌所杀。苻坚死后，他的儿子苻丕还在继续努力以图挽救危局。淝水之战后的风云突变，苻丕立即从他驻守的邺城“率男女六万余口”[2]回归，从而保存了一定的实力，也有一些分散的氐族力量向苻丕靠拢，奉他继承帝位。但四周强敌环绕，战斗不息的结果是最后被杀。嗣后，苻坚族孙苻登依旧奋斗，虽屡次获胜，且一度拥有“戎夏归之者十有余万”[3]，但终究大势已去，数年后战败而死。

曾创建了十六国中最辉煌政治业绩的苻坚无疑是一个悲剧性人物。这不仅仅在于他一度统一了中国北方，他在统治前秦期间所实施的一些开明的政策使他成了在十六国君主里获得史家称赞

[1] 《资治通鉴》卷106“晋孝武帝太元十年八月”条。

[2] 《晋书》卷115《苻丕载记》。

[3] 《晋书》卷115《苻登载记》。

最多的一位。苻坚也是当时少数族统治者中处理与汉族关系最成功的国君，大体上消解了石赵政权所遗留的民族间互相敌对杀戮之戾气。很多事实都表明，苻坚已经懂得在农耕地域上建立的国家，正确的政治文化就是儒家化的道理。在这一点上，他一点儿也不亚于后来的北魏孝文帝。他们都受过儒家文化的熏陶，但或许他们还没有领会到儒家最高明的政治智慧在于中庸之道。任何表面上听起来和看起来多么英明或高尚的政策与事业，包括儒家化本身，一旦多走一步就必然会趋向反面。苻坚似乎没有把诸如“过犹不及”与“欲速则不达”等格言记住，而这也成了他一生的最后悲惨收场的主观原因。

四 对分合交集的新政体之探索

绝大多数的政权是由少数族为统治者的，这是十六国时代政治上的特色，也是华夏历史上前所未有的。政治体制的活力在于对实际情况的不断适应，对统治者来说，以变化顺应时势的体制改革是稳固政权的聪明路子。综观十六国时政治体制上的新变化，大致可以用一句话来概括：以民族治理方式上之“分”来求得政治上之“和”。

一些学者已经注意到，少数族的统治者往往兼有双重身份，这主要表现在传统的帝王名位和大单于之同在，并在本时期表现出各种形式。具体表现在：

一是由政治的最高统治者兼任。如在十六国里最先创建政权的刘渊在接受“大单于之号”不久，便“为坛于南郊，僭即汉王位”，后来又“僭即皇帝位”[1]，同时拥有匈奴族和汉族在政治上的最高统治权。不过或许是因为“正史”是以汉文化的话语所写，也因为这些政权治下多数民众还是汉族，所以二者之间是以华夏传统政治制度中的名位为主。

二是如此相兼并非仅限于最高统治者，这两个名号亦可分开，即最高统治者可以把大单于之位给予他人。如后赵石勒在“僭号赵天王，行皇帝事”后，即以“世子弘为太子。署其子宏为持节、散骑常侍、都督中外诸军事、骠骑大将军、大单于，封秦王”。继位的石弘也“策拜季龙为丞相、魏王、大单于，加九

[1] 《晋书》卷101《刘元海载记》。

锡”[1]。这有可能是因为汉晋政治制度能够提供理性的专制权力，但以单于为首的游牧行国组织结构却是分散性的，各部大人通常可以自行其是，如果要在二者中选其一的话，统治者当然喜欢具有专制性的权力。

三是大单于名位下主要管辖少数族成员。如刘曜为了平衡太子刘熙和宠爱的皇子刘胤，便“署刘胤为大司马，进封南阳王，以汉阳诸郡十三为国；置单于台于渭城，拜大单于，置左右贤王已下，皆以胡、羯、鲜卑、氐、羌豪杰为之”。这里也表明“大单于”不仅是匈奴族之首领，也统率着境内所有的少数族。所以大单于之下有诸多属下，如刘曜曾“嘉郁鞠忠款，署使持节、散骑常侍、忠义大将军、左贤王”[2]。由于这些少数族政权主要依靠本族武装立国，所以单于麾下偏重于军事。如石勒“即大单于、赵王位，署（石虎）为单于元辅、都督禁卫诸军事”[3]。

四是大单于之号虽出于匈奴，但在本时期则普及到其他少数族，其中晋朝可以把“大单于”当作一种官号来敕封。如西晋怀帝曾以鲜卑段部首领“务勿尘为大单于”[4]。东晋成帝曾诏拜慕容皝为“镇军大将军、平州刺史、大单于、辽东公，持节、都督”[5]，“以幽州刺史、大单于段辽为骠骑将军”[6]，晋穆帝也“假慕容儁大将军、幽平二州牧、大单于、燕王”[7]，拜羌族首领姚弋仲“使持节、六夷大都督、都督江淮诸军事、车骑大将军、

[1] 《晋书》卷105《石勒载记下》。

[2] 《晋书》卷103《刘曜载记》。

[3] 《晋书》卷106《石季龙载记上》。

[4] 《晋书》卷39《王沈传附王浚传》。“务勿尘”，《魏书》卷103作“务目尘”。

[5] 《晋书》卷109《慕容皝载记》。

[6] 《晋书》卷7《成帝纪》。

[7] 《晋书》卷8《穆帝纪》。

仪同三司、大单于，封高陵郡公”[1]等，故有“鲜卑单于”[2]之称。这种方式亦为后来称王称帝者所模仿，“苻登遣使者署（伏乞）国仁使持节、大都督、都督杂夷诸军事、大将军、大单于、苑川王”，其子伏乞乾归为“大将军、大单于、金城王”[3]。至于自称者更多，如“姚苌自称大单于、万年秦王”和“赫连屈丐自称大单于、大夏天王”[4]；南凉之秃发乌孤“自称大都督、大将军、大单于、西平王”[5]；又405年吐谷浑之“树洛干帅其余众数千家奔莫何川，自称车骑大将军、大单于、吐谷浑王”[6]；415年北魏统治下“河西饥胡屯聚上党，推白亚栗斯为盟主，号大单于，称建平元年”[7]等。如此现象说明少数族的统治者们都把“大单于”视为可以与汉族的帝王分庭抗礼之尊位，例外的是北燕国主冯跋“以其太子永领大单于，置四辅”[8]，或许是因为其境内少数族人很多的缘故。

五是与大单于的设置相关，在一些少数族政权统治之下，一部分民众以分部制的形式编制。如汉末入塞的匈奴分为五部，当刘渊为北单于时，刘聪被“立为右贤王，随还右部”[9]；姚襄继承割据之位后以“略阳伏子成为左部帅，南安敛岐为右部帅，略阳王黑那为前部帅，强白为后部帅”，他也“自称大将军、大单于”[10]；后燕的慕容熙曾“引见州郡及单于八部耆旧于东宫，问

[1]《晋书》卷116《姚弋仲载记》

[2]《晋书》卷108《慕容廆载记》。

[3]《晋书》卷125《伏乞国仁载记》《伏乞乾归载记》。

[4]《魏书》卷2《道武帝纪》。

[5]《晋书》卷126《秃发乌孤载记》。

[6]《资治通鉴》卷114“晋安帝义熙元年正月”条。

[7]《魏书》卷105《天象志一》。

[8]《晋书》卷125《冯跋载记》。

[9]《晋书》卷102《刘聪载记》。

[10]《晋书》卷116《姚襄载记》。

以疾苦”[1]，说明单于属下之八部和州郡是分开的。在相关十六国的一些史料里还屡屡出现诸如“左部民”“北部司马孙护”“右部王旬妻”等，可见从单于到部民是有着一个完整的体系的。

综合上述情况，在十六国时期通过对“大单于”名位之作用进行创造性的发挥，在各个少数族政权中实行了胡汉分治，从而合成了一种新的政治体制。这样做有以下三个好处：

第一，源于匈奴单于名下的权力系统，是适合游牧民族的“行国”实况的，而本时段的各个少数族也程度不等地保留着游牧民族的状态，所以袭用单于制是很适合的。同理，汉族民众也早已习惯秦汉以降的政治体制。因此用各自习惯的体制来对不同的民族进行管理，实质上是“以夷治夷”和“以汉治汉”的灵活应用，非常方便也节省了因不熟悉中原政治状况而造成的行政资源浪费。

第二，华土民族矛盾形成的原因之一是文化心理上的差异。在混乱的环境里用不同的管理形式将他们在一定程度上彼此隔开，以避免发生更多的摩擦，也不失为一种权宜之计。

第三，由于职位之相兼，两个管理系统分中有合，所以能够支撑起一个国家政权之存在。其实这种体制形式，不仅被当时的汉族政权在北燕所借用，而且通过不断变形，也被以后自北魏至清的各个朝代所袭用，即使是一些汉族政权亦有改头换面地模仿的，只不过仅在地方层面上施行而已。

[1] 《晋书》卷124《慕容熙载记》。

第八章

胡化与汉化——北朝民族关系中的分与合

北朝的历史是以北魏为主的历史，或者更确切地说是鲜卑族如何入主中国北方，随后又融入华夏民族的历史。这翻开了华夏民族史上破天荒的一页，也为塑造此后的中国历史开了先河。

一 与游牧各族交融中前行的拓跋鲜卑

撇开遥远的岁月，鲜卑族影响中原的序幕可分为两个阶段。第一阶段起自1世纪末。在两汉不断的军事打击下，匈奴由盛转衰，至东汉和帝时，大将军窦宪击破匈奴，“匈奴余种留者尚有十余万落，皆自号鲜卑，鲜卑由此渐盛”[1]。这意味着鲜卑取代匈奴成了北方第一大游牧民族，也成了中原政权最主要的边患。第二阶段，因为从今之辽宁到青海，鲜卑诸部分布广而人数多，且已与汉族全线相邻或混杂相居，所以在十六国的政权中，鲜卑各族君王统治下的占三分之一以上，最后也是由拓跋鲜卑所建立的政权使历史进入了北朝。

1. 拓跋鲜卑的活动地域与组织形态

北魏是由拓跋鲜卑所建立，因此关于北魏政权出现之前的历史，应该以拓跋族的自我认定为主。由于生存环境的相同和生活方式的近似与混杂，族性的混淆和转换是不可避免的，历史上鲜卑与匈奴、乌桓等难以区分清楚的原因也在于此。在没有文字和现代技术的情况下，以各个族群口口相传的内容来作为撰写他们历史的主要依据是一种最明智的选择。因为“记忆首先在原逻辑思维中起着比在我们的智力生活中大得多的作用”[2]。东汉以降，

[1] 《后汉书》卷90《鲜卑传》。

[2] [法]列维-布留尔著，丁由译：《原始思维》，商务印书馆1981年版，第103页。

段、慕容、秃发等皆被史家认定为鲜卑族，当然也是根据他们各自口传的历史，“世事远近，人相传授”，我们没有理由不接受。

关于拓跋鲜卑的历史，尤其是北魏建立之前的状况，目前最主要的依据是来自《魏书》，其中虽有根据当时官方意愿而修饰的成分，但其记载的拓跋族裔之脉络则是他人难以否定的，因为相关的考古成果至多只能判别其文化所属，无法确定其姓氏所属，等到有汉字碑铭之出现则已经是另外一回事了。

据《魏书》卷1《序纪》记载，拓跋鲜卑早期在“幽都之北，广漠之野，畜牧迁徙，射猎为业，淳朴为俗，简易为化，不为文字，刻木纪契而已”。唯一能够记住的相对确定的地域名称是“国有大鲜卑山”。又《魏书》卷108《礼志四》载：“魏先之居幽都也，凿石为祖宗之庙于乌洛侯国西北。自后南迁，其地隔远。真君中，乌洛侯国遣使朝献，云石庙如故，民常祈请，有神验焉。其岁，遣中书侍郎李敞诣石室，告祭天地，以皇祖先妣配。”这表明，至迟在北魏太武帝时，位于东北遥远的大鲜卑山是拓跋祖先之发祥地已经是鲜卑族人之共识，目前还找不到当时有任何反对意见存在之史料。20世纪80年代初，米文平先生在大兴安岭北段的一个名叫嘎仙洞的洞窟里发现了北魏使节李敞在太平真君四年（443年）于石壁上所刻的祝文，该铭文和嘎仙洞的其他情况与《魏书》所载基本相合[1]。由此证实了北魏前期在拓跋鲜卑族人口里流传的往事在那时已经固定成为该族的历史，并非一百多年后魏收修《魏书》时的曲笔。现在有关鲜卑族源的考古取得了不少成果，相关的研究也在继续深入，但这些工作至少目前对叙述北魏政权建立前后的社会与政治之影响并不是很大。

和北魏有着直接关联的是拓跋诘汾在东汉末已经率领族人活

[1] 参见米文平:《鲜卑石室的发现与初步研究》，载《文物》1981年第2期。

动在今之山西北部和内蒙古。254年拓跋诘汾之子拓跋力微在统一了诸旧部，拥有20余万骑兵之后，就定都“于定襄之盛乐”。此举之意义，其一，在于即使拓跋鲜卑仍以游牧为主业，但已经有了固定的地盘，其中包括不小的农耕区域；其二，由此奠定了以后两百多年的拓跋鲜卑族活动的核心区域；其三，所谓“与邻国交接”及送质子之洛阳，标志着其接受中原政治文化的起始。

游牧政权的基础是部落制，初始阶段由首领和诸部大人构成直接的政治关系。当它规模发展到足够大，且有了相对固定的地域时，在首领和基层部落之间出现一个按区域分部的层面。拓跋力微死，诸部离叛，国内纷扰。其子拓跋禄官分国为三部，出现了所谓“三帝并立”的分治“控弦骑士四十余万”的局面。禄官死后，他的侄子拓跋猗卢“遂总摄三部，以为一统”[1]，但依旧保持分部形式。这种以地域方位分部来进行管辖的方式一直施行到整个北魏前期，随着农业经济占有绝对主导地位后基本结束。

2. 代国兴衰与拓跋珪之重建

虽然拓跋鲜卑政权有着“国”的形式应该是从拓跋力微时代算起，但“代国”作为正式的政权名称却是在拓跋鲜卑参与西晋末的动乱之后，晋怀帝永嘉四年（310年）刘琨“表猗卢为大单于，以代郡封之为代公”[2]为起始。晋愍帝初“代公猗卢城盛乐以为北都，治故平城为南都；又作新平城于㶟水之阳，使右贤王六脩镇之，统领南部”[3]，依然以分部的体制进行治理，但建筑

[1] 均见《魏书》卷1《序纪》。

[2] 《资治通鉴》卷87“晋怀帝永嘉四年十月”条。

[3] 《资治通鉴》卷88“晋愍帝建兴元年十二月”条。

都城来分治，表明拓跋鲜卑已基本上脱离了行国的状态。尔后“晋愍帝进帝为代王，置官属，食代、常山二郡”，具有了诸侯国的身份。

338年，拓跋什翼犍即代王之位于繁畤之北，称建国元年，并做了两件事，一是在次年“春，始置百官，分掌众职”[1]；二是在次年下令：“当死者，听其家献金马以赎；犯大逆者，亲族男女无少长皆斩；男女不以礼交皆死。”史云该“法令明白，百姓晏然”[2]。这两项合起来就使代国具备了一个“封建国家”所必备的要素：行政与法律制度，尽管它们在当时可能仅具雏形。而史家之所以不把代国归入十六国之同类变成十七国，是因为它是北魏的前身，放在拓跋鲜卑政治史的框架里叙述更为合适。

拓跋什翼犍是具有军政才干的，在与邻近的敌对或反叛势力作战中往往获胜。如在363年十月“讨高车，大破之，获万口，马牛羊百余万头”。次年“冬十一月，讨没歌部，破之，获牛马羊数百万头”[3]等。但或许由于拓跋什翼犍在位时间太久，在选择继承人上发生了问题。当苻坚麾下的前秦大军压境时，其庶长子拓跋寔君听信谗言遂杀诸弟，并弑什翼犍以致，部众逃溃，国中大乱。虽然拓跋寔君后来被苻坚所杀，但代国也不复存在。

需要指出的是，代国是被前秦军队打散或打碎，而并非是消灭。因为在这个过程中，拓跋鲜卑失去的仅是代国的行政机构和统治者代王，其他基本照旧，这与苻坚的善后政策有关。苻坚听取了曾为代国长史的汉人燕凤的意见：“代王初亡，群下叛散，遗孙冲幼，莫相统摄。其别部大人刘库仁，勇而有智，铁弗卫辰，狡猾多变，皆不可独任。宜分诸部为二，令此两人统之；两

---

[1] 均见《魏书》卷1《序纪》。

[2] 《魏书》卷11《刑罚志》。

[3] 《魏书》卷1《序纪》。

人素有深仇，其势莫敢先发。”于是苻坚“分代民为二部，自河以东属库仁，自河以西属卫辰，各拜官爵，使统其众”[1]。这样做对苻坚来说也是明智的做法，因为正处于扩张之势的前秦也实在派不出足够的氐族人来管理代国的地域与民众，何况雁北云中之地离中原也颇为偏远。

令拓跋鲜卑幸运的是，不到十年的工夫，淝水之战的失败使前秦分崩离析，在北方一片混乱之时，拓跋鲜卑迎来了复兴的良机。于是匿藏在部落中的拓跋什翼犍嫡孙拓跋珪在诸部大人的拥戴下于登国元年（386年）“即代王位，郊天，建元”[2]。虽然后来拓跋珪“改称魏王”，但在当时北魏民众心目里，北魏乃代国之浴火重生的印象却是普遍而久远的。如司马金龙夫妇的墓志铭开头分别写着“维大代太和八年（484年）”与“唯大代延兴四年（474年）”[3]。又如在《太和二十年（496年）邑子等千佛造像碑》中小佛龛题名上有“大代太和廿年岁丙子邑子”[4]等字样。再如佛教典籍里《华严经卷二比丘法坚题记》及《杂阿毗昙心经卷六洛州刺史冯晋国题记》分别署的年号是“大代永兴五年（413年）”和“大代太和三年（479年）”[5]。至于“大代大魏”之合称，至少在北魏还以平城为京都时是使用得很多的，所以北魏与代国在时人眼里则是和东晋与西晋的关系相似。

---

[1] 《资治通鉴》卷104“晋孝武帝太元元年十二月”条。

[2] 《魏书》卷2《太祖纪》。

[3] 赵超：《汉魏南北朝墓志汇编》，天津古籍出版社2008年版，第35页。

[4] 胡春涛：《山西五至八世纪造像碑的图像志研究》，广西美术出版社2017年版，第18页。

[5] ［日］池田温：《中国古代写本识语集录》，东京大学东洋文化研究所1990年版，第81、92页。

二　汉化与胡化纠葛中的北朝政局

对曾是以游牧为主业的少数族的首领们来说，统一中国北方很不容易，如何治理这一大片农业区域更不容易。在这一个半世纪左右的时间，拓跋统治者们用各种办法来解决面临的种种问题，有得有失。

1. 定都平城的背景与影响

拓跋鲜卑统一北方是靠打仗打出来的，在无数次军事行动中，395年在参合陂歼灭后燕主力是最关键的一次战役。当年五月，后燕太子慕容宝率近十万之众讨伐立国不久的北魏。拓跋珪先是后退千余里，由于后燕国主慕容垂已有疾，燕军深入北魏腹地数月后和本国通信断绝，魏军则对燕营造谣慕容垂已死，使燕军上下军心动摇并退兵。拓跋珪“留辎重，简精锐二万余骑急追之，晨夜兼行，暮至参合陂西”。当时燕军在坡东，第二天清晨魏军发动进攻，燕军猝不及防，“死伤者万数。（慕容）宝及诸父兄弟，单马迸散，仅以身免。于是宝军四五万人，一时放仗，敛手就羁”[1]。这一仗是后燕由盛转衰的转折点，也是北魏由弱转强的里程碑。在此后两年左右的时间里，魏军先后占领并州，攻克后燕京城中山和重镇邺城，“黄河以北，靡然归顺”[2]，成了北

[1] 《魏书》卷95《徒何慕容廆传》。

[2] 《魏书》卷95《序言》。

方的霸主。

历史上国家形态的基础从游牧向农业转化的过程中，由于流动性大及随着形势变化，有多个都城或迁都频繁是常见的现象。如在代国时“城盛乐以为北都，修故平城以为南都”，又“于灅水之阳黄瓜堆筑新平城，晋人谓之小平城”[1]。北魏占领了中山与邺，就得到了华北平原之大部，并且仍在不断扩展中。在这种形势之下，如何更好地治理新得的国土就成了一个不断被提出来的政治问题，其中包括是否要迁都的问题。恰恰在北魏明元帝神瑞二年（415年）平城及附近地区发生了严重灾荒，当时又流传着以邺城为京都可“大乐五十年”的谶言，于是太史令王亮、苏垣及华阴公主等提出迁都到邺的建议。这样做的好处一是可以解决眼前供应朝廷官员和京畿军队的粮食问题；二是曹魏王国及前燕、后赵等政权以邺为都时的宫殿等设施未遭破坏，规模要比平城雄壮，可以作为现成的京师；三是农业经济在北魏日益重要，邺城也处于经济带的重要位置，因而也很适合作为北方的政治中心。

但迁都遭到了崔浩、周澹等人的反对，理由是：“今国家迁都于邺，可救今年之饥，非长久之策也。东州之人，常谓国家居广漠之地，民畜无算，号称牛毛之众。今留守旧都，分家南徙，恐不满诸州之地。参居郡县，处榛林之间，不便水土，疾疫死伤，情见事露，则百姓意沮。四方闻之，有轻侮之意，屈丐、蠕蠕必提挈而来，云中、平城则有危殆之虑，阻隔恒代千里之险，虽欲救援，赴之甚难，如此则声实俱损矣。今居北方，假令山东有变，轻骑南出，耀威桑梓之中，谁知多少？百姓见之，望尘震服。此是国家威制诸夏之长策也。至春草生，乳酪将出，兼有菜

[1] 《魏书》卷1《序纪》。

果，足接来秋，若得中熟，事则济矣。”[1]这是吸收前秦亡国的前车之鉴的具有战略性视野的观点。因为平城及周围地域已经成为拓跋鲜卑族的主要聚居地，邺城则远在千里之外。按照此意见可以解决如何以少数鲜卑族人来统治汉族和其他少数族，从而在短时期内巩固对新国土的统治，同时也避免与当时在政治与军事上呈现强势的刘裕主政下的东晋进行直接对抗。此外还顺便提供了处理眼前饥荒问题的办法。这些理由打动了以明元帝为首的拓跋统治集团，使平城在未来80年里维持了作为北魏京师的地位。

平城在一个多世纪里作为北魏的首都，影响是深远的。

第一，通过崔浩上述关于定都平城而实行的统治策略，开创了一个少数族能够长久统治包括中原在内的北方地区之先例。其中一个重要原因在于能够以此维持北魏的军事优势。“北魏前期对外作战都是以骑兵为主”，如“拓跋焘的军队主要是骑兵”[2]。骑兵在草原和平原上有着很大的作战优势，并且可以转化为政权的威慑力。平城因为处于半农业半游牧的地理环境，紧邻着蒙古大草原，十分有利于长期保持数量众多的骑兵。此外，平城和被征服地域有着一定的距离，将各地的头面人物迁到京畿，如天兴元年（十二月）“徙六州二十二郡守宰、豪杰、吏民二千家于代都”[3]，对防止可能妨碍北魏统治的类似“地头蛇”势力之形成颇见成效。北魏后来在畿内设立平凉郡、平齐郡以安置投降的守宰和豪杰等举措，也是本着同样的考虑。宋代叶适于此称赞道：“诸胡乘晋乱迭据中土……惟拓跋迁都平城，纯用胡法控勒诸夏，故最为长久。”[4]

第二，平城作为农业和游牧两种经济类型的交集地，管理农

[1]《魏书》卷35《崔浩传》。

[2]《府兵制前的北朝兵制》，载何兹全：《读史集》，上海人民出版社1982年版，第319、320页。

[3]《魏书》卷2《太祖纪》。

[4]叶适：《习学记言序目》卷34，中华书局1977年版，第491页。

民和管理牧民自然就分成两种形式。在朝廷则分为内朝和外朝两个行政系统，内朝的文武官员和管理对象是以鲜卑人为主，外朝就以汉族为主，采用的也是汉晋官制。对地方的管理是以“南部尚书知南边州郡，北部尚书知北边州郡”[1]。这南、北的方位是依据平城来分的，正好北边是游牧区，南边是农业区，这两位尚书之所辖也就成了北魏前期地方和朝廷的内、外朝之衔接点。在整个以平城为京都的北魏前期，行政体系上就一直维持着这种分中有合的双重体制。其好处是使治理上线条清楚，避免混淆行政对象所造成的矛盾，而且由于两个系统之间实际上是内重外轻，也维护了拓跋鲜卑的政治地位。其缺点一是因为势必需要更多的行政官员，而导致行政成本的提高；二是当内、外朝官员进行业务往来时语言沟通就成了大问题，加之有鲜卑语而无鲜卑文字，公文需从文字到口语的翻译大大降低了工作效率，还需要给只会鲜卑语的官员另设“比官”。当北魏的国家机器随着版图的增大而扩展时，行政效率比如此之低下，就变成越来越难以承受的负担了。

第三，在经济上、政治上保持着双重体制也致使民族间隔的保留。而有间隔就有矛盾，这主要表现在两个方面。第一个方面在于对政治权利的分享，由内、外朝合起来组成的朝廷，部门之间出现既有业务合作又有争权夺利的情况是必然的，而内、外朝又存在着种族的分界线，所以超出了一般行政部门之间争权纠葛的范围。如在北魏前期负责对鲜卑部民进行刑审的是“三都大官”[2]，应用的往往是习惯法，所谓“曲赦”也很多。“曲赦骤然增多之时正好在屡次制定律令期间”，可能是为了解决“律令越

[1] 《南齐书》卷57《魏虏传》。

[2] 即内都坐大官、中都坐大官、外都坐大官，简称内都大官、中都大官，外都大官或内都、中都、外都，三者地位不分上下，各同时可由二人担任，多系皇族和贵官为之。参见严耀中：《北魏三都大官考》，载《中华文史论丛》1983年第1辑。

修越严厉和复杂”所引起鲜卑族人的不适应则越多[1]。但对汉族等被统治民众则使用由汉字写成的刑律，而且不断地增加条文和严酷程度，如文成帝时“魏设酒禁，酿、酤、饮者皆斩之……增置内外候官，伺察诸曹及州、镇（胡三省注：魏自道武帝以来有候官，今增其员），或微服杂乱于府寺间，以求百官过失，有司穷治，讯掠取服；百官赃满二丈者皆斩。又增律七十九章”[2]。楼劲先生把原因归结为“由于胡汉各种势力的消长拉锯，国策政略在汉化与保守等关键问题上屡有反复”[3]。这中间当然会引出很多问题与纠纷，虽然北魏前期军事上的不断胜利使“幸运的战争防止了内部的骚动，并巩固了国家内部的权力”[4]。又如关于太武帝拓跋焘于太平真君十一年（450年）杀司徒崔浩的大案。虽然其原因众说纷纭，但其涉及胡、汉之间的意识矛盾和权力斗争应该是主因。从结果上看，一是“真君十一年六月诛浩，清河崔氏无远近，范阳卢氏、太原郭氏、河东柳氏，皆浩之姻亲，尽夷其族……其秘书郎吏以下尽死”[5]。崔浩作为当时汉人担任的最高行政长官，受牵连而被杀者全是汉人，这说明什么？二是崔浩临刑前“絷浩置槛内，送城南，卫士数十人溲其上，呼声嗷嗷，闻于行路”[6]。这些鲜卑卫士应该和崔浩没有什么个人恩怨，他们为什么要依据早期的习惯法施行凌辱刑而采取如此极端的侮辱方式，换个鲜卑高官被处死他们会这样做吗？故而这恐怕和民族之间的心理仇恨相关。在北魏前期的各级行政系统里，虽然表

[1] 严耀中：《北魏前期政治制度》，吉林教育出版社1990年版，第128–135页。

[2] 《资治通鉴》卷128“宋孝武帝大明二年正月”条。

[3] 楼劲：《北朝的法律体系与唐〈格〉、〈式〉之源》，载中国社会科学院历史研究所、日本东方学会、武汉大学三至九世纪研究所编：《第三届中日学者中国古代史论坛文集》，中国社会科学出版社2012年版，第204页。

[4] 黑格尔著，范扬、张企泰译：《法哲学原理》，商务印书馆1961年版，第341页。

[5] 《魏书》卷35《崔浩传》。

[6] 《资治通鉴》卷125“宋文帝元嘉二十七年六月”条。

面上鲜卑族官员处于优越的地位，但在办理具体事务的中下级官员里肯定是汉人居多。可以设想，在需要照章处理与民族相关的纠葛中，鉴于这个“章”是汉字写成，解读这些文书的汉官们有意无意地具有倾向性的概率是很大的。此案中，鲜卑人把长期遭受又难以申明的怨气都发泄在汉族大官崔浩头上，是可以理解的，所以这根源之一还是在于如此的政治双重行政体系。

第四，是表现在文化方面。京师长时期置于平城所造成的行政系统双轨制，致使汉与鲜卑文化呈现分分合合的交错局面。由于汉文化的相对先进，沿着汉化的方向是主流，但北魏也尽量继承了鲜卑文化的传统。如在平城墓葬里的一些陶器有着慕容鲜卑陶器的特征。“这应当是后燕墓葬文化中所保留的鲜卑旧俗。在天赐年间鲜卑旧俗重兴的思潮下，它们被平城文化所吸收”[1]。在祭祀上也保存着更多的鲜卑特色，如“立王神四，岁二祭，常以八月、十月，各用羊一。又置献明以上所立天神四十所，岁二祭，亦以八月、十月。神尊者以马，次以牛，小以羊，皆女巫行事。”祭仪包括“女巫执鼓，立于陛之东，西面。选帝之十族子弟七人执酒，在巫南，西面北上。女巫升坛，摇鼓。帝拜，后肃拜，百官内外尽拜。祀讫，复拜。拜讫，乃杀牲。执酒七人西向，以酒洒天神主，复拜，如此者七。礼毕而返”[2]等。北魏有“神部长”或“神部尚书”之职[3]，属内行官系统的“内典神者”，祭的是鲜卑原先祭奉的“胡神”，当时北魏制度是“内外分部掌祭”[4]，反映出行政双轨制为鲜卑传统服务的功能之一。

---

[1] 倪润安：《光宅中原：拓跋至北魏的墓葬文化与社会演进》，上海古籍出版社2017年版，第306页。

[2] 《魏书》卷108《礼志一》。

[3] 前者属“八部”之一，见《资治通鉴》卷134“宋苍梧王元徽四年二月条”。后者见《魏书》卷108《礼志三》，孝文帝太和十五年（491年）时，王谌任此职。

[4] 严耀中：《北魏前期政治制度》，吉林教育出版社1990年版，第64、65页。

第五，作为京都的平城与地域环境的相互影响。位于游牧和农业地带之间的平城，畜产品的供应是不成问题的。它主要有两个来源，其一是通过对草原诸部的征讨经常能够缴获大量的牲口。如道武帝登国六年（391年）“自河已南，诸部悉平。簿其珍宝畜产，名马三十余万匹，牛羊四百余万头”[1]。其二是建立牧场，如“世祖之平统万，定秦陇，以河西水草善，乃以为牧地。畜产滋息，马至二百余万匹，橐驼将半之，牛羊则无数”[2]。将牲口从草原赶送至平城并不吃力，但位于偏北的平城在粮食供应上却有些困难，北魏也想出两个办法来解决，其一是开辟运输通道，如道武帝要从邺城经中山回平城，便“发卒万人治直道，自望都铁关凿恒岭至代五百余里”[3]。又如太武帝于太延二年（436年）八月“诏广平公张黎发定州七郡一万二千人，通莎泉道”[4]。但平城和华北农业区隔着太行山，即使筑成路也是崎岖小道。走水路更是不行，因此从农业区运入粮食的办法几乎起不了什么作用。其二是自道武帝时代起，以“新民”等名义将被新近征服的土地上的居民强迁至畿内。由此建立起一个很大的京畿农耕区：“定中山，分徙吏民及徒何种人、工伎巧十万余家以充京都，各给耕牛，计口授田。天兴初，制定京邑，东至代郡，西及善无，南极阴馆，北尽参合，为畿内之田；其外四方四维置八部帅以监之，劝课农耕，量校收入，以为殿最。”[5]这至少在北魏初期成功地解决了粮食问题，但随着时间的推移逐渐暴露出两大不利因素。一是随着北魏的版图不断扩大，在迁都之前已经掌有以淮河、秦岭为界的整个中国北方，行政机构也因之水涨船高而不断

[1]《魏书》卷2《太祖纪》。

[2]《魏书》卷110《食货志》。

[3]《魏书》卷2《太祖纪》。

[4]《魏书》卷4《世祖纪上》。

[5] 均见《魏书》卷110《食货志》。

扩充。且因为北魏前期朝廷是内、外朝结合而成，这个情况就越发严重。这中间，带着游牧行国特色的内朝系统逐步行政化也是官员数量增加的一个因素。如作为鲜卑部族遗制的中散官名目越来越繁多，“侍御中散给事于他曹之情形，出现于孝文帝时。与主文中散、奏事中散之给事于他曹之出现于献文帝、孝文帝时，大体同一时期。由此看来，此是中散官到中叶时，分职愈盛的一种现象”[1]。再加上还要在京畿地区保持数十万中军,其中步兵成分也日益增多，这些都需要更多的粮食供应。二是北魏初京畿地区之地广人稀其实也是和该地域不宜大力发展农业有联系的。移入新民进行广泛垦殖的结果，虽然一时解决了平城的粮食问题，但长此久往却造成了严重的水土流失，到迁都之前的献文帝、孝文帝时，平城及周围地区几乎连年发生水灾或旱灾。这两者之一加一减所带来粮食供应的巨大负担，逼得平城作为京都的地位难以继续。

2. 中国北方的统一

北魏前期定都平城的最大功效，是有利于中国北方之统一。统一的过程大致上可以分成两个波次。第一波次的重点在于收拾前秦崩溃之后出现的一些割据政权，其中有的是直接消灭，有的是通过军事打击占据其大部分领土后导致其灭亡。如道武帝拓跋珪在397年末至398年初攻克后燕的中山和邺城。416年，明元帝拓跋嗣遣军攻北燕之幽州，杀其守将而占领之。继之于423年亲征，先后进占原属后秦之滑台、洛阳、许昌等地。426年太武帝拓跋焘西征，遂占蒲坂、长安。次年魏军攻占夏之国都统万，

[1] 郑钦仁:《北魏官僚机构研究》,（台北）稻禾出版社1995年版，第234页。

"获马三十余万匹，牛羊数千万"[1]。430年，魏军占有平凉及整个关中。436年，灭北燕，得龙城及辽西地。439年，灭北凉，其国主沮渠牧犍投降，凉之都城姑臧及河西走廊从此入北魏版图。至此，除了前前后后的一些叛乱之外，基本上实现了中国北方的统一。紧接着，太武帝在其统治的后期开始了以向南扩展为主要方向的第二波，这也可以分为两个高潮。第一个高潮是太武帝在450年亲自率军南下，作为对刘宋进攻的回应。魏军一路所向披靡，动摇了南朝守淮的经济基础，但因为在水乡作战不利而得地甚少。第二个高潮是献文帝拓跋弘时，由于刘宋发生了皇位之争，南朝"青州刺史沈文秀、冀州刺史崔道固并遣使请举州内属"[2]。结果是青、齐诸州尽入北魏版图。495年二月，孝文帝亲率魏军南征，"众号三十万，铁骑弥望"，但渡淮后"久攻钟离不克，士卒多死"[3]而退兵。魏军这次行动又一次暴露了骑兵在攻城能力上的欠缺，因而客观上则使淮河在很长一段时间里作为南北分界线被固定了下来。

北魏在西晋之后北方诸国的争战中脱颖而出，最后统一北方靠的是不断取得的军事胜利。为何北魏的武力显得特别强大？主要有两个原因。其一是在迁都洛阳之前始终保持着一支为数二三十万的骑兵队伍，故而可以"自恃四足"在华北平原、黄土高原、内蒙古草原等有利地形上冲锋陷阵，所向无敌。其二是结合军功制和班赐制使魏军成为一支"虎狼之师"。北魏的骑兵将士基本上由鲜卑人组成，他们的升官封爵主要是靠战功，这和秦商鞅所立的军功制在本质上是一致的。北魏前期不乏从低层升为大将的例子，如"豆代田，代人也。太宗时以善骑射为内细射。

[1]《魏书》卷4《世祖纪上》。

[2]《魏书》卷6《显祖纪》。

[3]《资治通鉴》卷140"齐明帝建武二年二月"条。

从攻虎牢，诏代田登楼射贼，矢不虚发。与奚斤前锋先入，擒刘义隆将毛德祖并长史、司马三人。以功迁内三郎。从讨赫连昌，乘胜追贼，入其宫门，门闭，代田逾宫而出。世祖壮之，拜勇武将军。又如“周观，代人也。骁勇有膂力，每在军陈，必应募先登。以功进为军将长史，寻转军将。击赫连屈丐有功，赐爵安川子，迁北镇军将。世祖即位，从讨蠕蠕。以军功进为都副将，镇云中”[1]等。所谓重赏之下，必有勇夫，打起仗来当然凶猛，犹如虎狼。

北魏前期比商鞅之法高明之处，还在于拓跋统治者们认识到两国交战不仅仅在于前线将士的勇敢，更是必须以举国之力来争搏，也就是现在所谓的体系与体系的对抗，所以一旦获得大胜，其缴获品文武百官也人人有份。如仅在太武帝时，始光二年（425年）“正月己卯，车驾至自北伐，以其杂畜班赐将士各有差”；始光四年“正月乙酉，车驾至自西伐，赐留台文武生口、缯帛、马牛各有差”，同年六月大胜夏国主赫连昌，“以昌宫人及生口、金银、珍玩、布帛班赉将士各有差……八月壬子，车驾至自西伐，饮至策勋，告于宗庙，班军实以赐留台百僚，各有差”；神䴥四年（431年）二月“车驾还宫，饮至策勋，告于宗庙，赐留台百官各有差，战士赐复十年”；太平真君十年（449年）“正月戊辰朔，帝在漠南，大飨百僚，班赐有差”；太平真君十一年（450年）“四月癸卯，舆驾还宫，赐从者及留台郎吏已上生口各有差”；正平元年（451年）“正月丙戌朔，大会群臣于江上，班赏各有差，文武受爵者二百余人”；同年三月“赐留台文武所获军资生口各有差”。上述这些赐赏中所谓“各有差”都是按战功或职位进行普遍分发。史云拓跋焘“至赏赐，皆是死事勋绩之家，亲戚爱宠未曾横有所及……又知人，拔士于卒伍之

[1]《魏书》卷30《豆代田传》《周观传》。

中，惟其才效所长，不论本末。兼甚严断，明于刑赏。功者赏不遗贱；罪者刑不避亲”[1]。如此当然能够激发文武上下的同仇敌忾之心，打胜仗就不难了。这种分享战利品的制度不限于太武帝之世，如文成帝拓跋濬即位后分别在兴安二年（453年）和兴光元年（454年）“班赐从臣各有差”与“班赏各有差”[2]。此即北魏前期通行的所谓“班赐制”。这样做似乎人人有份，还起着“以战养战”的效果，省了一大笔军需及支付文武官吏俸禄的费用。

[1]《魏书》卷4《世祖纪下》。

[2]《魏书》卷5《高宗纪》。

三　从不同角度看孝文帝改革的利弊功过

孝文帝拓跋宏的改革是全方位的，不仅仅是行政体制和政治方向的改变，甚至可以说涉及政权民族性质的变换。需要说明的是，很多学者都认为所谓太和改革应该以太和十四年（490年）为界分为两个阶段，此前的政策变化由“临朝称制”的太皇太后冯氏所主导，此后的改革才真正体现了孝文帝自己的思想、意志和能力。但愈是重大的政治举动，所产生的利弊功过也会愈加凸显。

1. 迁都洛阳与太和改革

在中国历史上，作为京都的城市不仅是当时的政治中心，一般也是军事、文化、商贸的中心，且由此成了人口最密集的地方。又因为是太庙、社稷之所在，所以也成了政权之象征，其变动的意义非凡。

拿太和改革来说，在迁都洛阳之前，其内容主要是在太和八年至十年的时间里先后实施了俸禄制、均田制、三长制。这些制度的实施对北魏很重要，对后世也有很大的影响。不过我们应该注意到，《魏书》对这三项制度的重点内容都是放在《食货志》里叙述的，甚至介绍了一些来龙去脉。如说太和“十一年，大旱，京都民饥。加以牛疫，公私阙乏，时有以马驴及橐驼供驾挽耕载。诏听民就丰。行者十五六，道路给粮禀，至所在，三长赡养之。遣使者时省察焉”[1]。此例表明了三长制在解决灾荒问题时马上就发挥了作用，但这也说明魏收等北朝史家是把这几个制度都放在社会经济的范围里来看待的。因此，从这个角度来观察，这些举措属于传统意义上的行政制度改革，它们的出现也意味着拓跋政权的游牧色彩的进一步消退。故而这些举措虽也为迁都后的改革起着一种量变的作用，但二者之间的差别还是巨大的，并且后者和迁都有着重要的关系。

从立都平城到迁都洛阳，它的背景主要有两个方面。其一是平城已经承受不起作为京师给它带来的沉重负担，于此本章前面已经说过。其二是北魏面临的形势转变。从军事层面上说，强大的骑兵帮助了北魏统一北方，不过从献文帝时代开始，用兵的主要地方就只剩下在淮河流域与南朝来来回回的拉锯战了。江淮地域水道纵横，战略要地分布着坞壁堡垒，成了骑兵难以用武之地。这样一来，崔浩在定都策里提到的平城对供养骑兵的优点也就不复存在。何兹全先生指出，魏军“时间越往后，越是步骑并用，而且步兵的比重越来越大”，有些部队“步骑的比例已是十五比一了”。这“是和汉人服兵役有关。汉人一般是充当步兵，步兵比数的增大，反映出汉人在北魏军队中比数的增大”[2]。从经济层面上说，与平城生态环境恶化相对照，北方农业经济早已从西晋末动乱造成的损失中恢复过来，洛阳重新成为北方最发达的经济中心。与此相关联，通过用战争手段夺取对方的资源财物的记载自文成帝时代起就寥寥无几，也就是说从此时起保障国家机器运转就靠着以农业赋税为主的财政收入。从政治层面上说，在统治秩序已经相对稳固的情况下，处于版图边缘的平城无论是对于行政决策自朝廷到地方之贯彻，还是把各地的赋税所得

[1]《魏书》卷110《食货志》。

[2]《府兵制前的北朝兵制》，载何兹全：《读史集》，上海人民出版社1982年版，第321、322页。

运至京师都是低效率和高耗费的，而迁都至洛阳情况就会大大改观。从对外交往的层面上看，自洛阳至长安再往西，是丝绸之路的正道，自不待言。当时北魏的主要对手是南朝，战时魏军主力从洛阳出发要比平城近得多，和平时期使节之往来谈判的路程当然也更为缩短。此外，“魏、梁通和，要贵皆遣人随聘使交易”[1]，这在洛阳当然要比平城方便得多。所以不管是从必要性还是可能性着眼，北魏到了孝文帝时，国都从平城迁往洛阳已经变得势在必行。

不过话说回来，迁都之意义重大和牵涉方方面面利益之复杂远非百姓搬家所可以比拟的，尤其对于北魏这样由少数族统治的政权更是如此。北魏的京都从农业区域的边缘迁至中心，意味着它从一个半游牧半农业的国家转化为与华土历代一样的农业国家，因此它就必须革除以往的双重行政体制而继承传统的政治制度。更重要的是，中国历史上所谓的“汉化”，其实就是农业社会的文化，是农业文化的代称。“如果人们长期在类似的气候、活动、需求条件下一起生活，则某个种类就从这些对他们所有人来说都切近易解的体验中获得一种优势：快速的互相理解就是结果。结婚和遗传也是个中结果。正是那种需求，那种让人快速而轻松地理解自己需求的需求，把人们最牢固地结合起来。”[2]由于“北朝汉人与胡人之分别在文化，而不在种族”[3]，因此当洛阳的拓跋鲜卑人完全生活在农业社会的经济文化环境之中，在一段时间之后，其气质与心理之快速同化是不可避免的结果。故而是否可以这样说：从定都洛阳起，北魏就在实质上开始变成了一个汉族国家。

---

[1] 《北齐书》卷30《崔暹传》。

[2] [德]弗里德里希·尼采著，孙周兴译：《权力意志》，上海人民出版社2018年版，第14页。

[3] 《魏书司马叡传江东民族条释证及推论》，载陈寅恪：《金明馆丛稿初编》，上海古籍出版社1980年版，第106页。

2. 六镇到河阴：从结果回视改革

政治制度方面的改革，从先前实施的俸禄制、均田制、三长制，到后来颁布的二道职员令和考绩法，虽“百司位号，皆准南朝”[1]，但都没有遇到大的阻力，成功地将原来胡汉相杂的行政双轨制合成传统汉制。其他如修订礼制和军事上“以代迁之士皆为羽林、虎贲”，甚至改拓跋姓为元氏及“代人南迁者，悉为河南洛阳人”等，都没有大问题。但有些改革措施也操之过急，如可能出于“同文”才能体现“同种”的认知，便“诏不得以北俗之语言于朝廷，若有违者，免所居官”[2]。这实际上在短时间内是办不到的，对成年人来说乡音都难改，更不要说使用另一种语言了。那些官阶不小但年纪已大的鲜卑贵族，当然不可能因为不能说汉语而被“免官”。颁布如此无法执行的诏令，带来的唯一的结果只能是对政治威权的损伤。

孝文帝改革最具有根本性意义的地方在于改变了拓跋鲜卑的文化族性，从而在实质上也改变了北魏的政权属性。这种变化主要是通过迁都使大部分的拓跋族人，尤其是文武精英处于新的生活环境之中，促使他们在观念上和习惯上适应新的情况，被重新文化了一番。由于农业文化比拓跋鲜卑的旧文化更丰富更精致，使在政治上依然占据统治地位的拓跋族人得到了更多的享受和满足，虽然他们中间在满足的程度上也拉开了距离而引起不平之情，但他们基本上对改革是接受和支持的，由此孝文帝深得时人崇敬[3]。至少，当时拓跋族人把他的功绩和拓跋珪、拓跋焘相提

---

[1] 《通典》卷19《职官典》。但北魏政权在政治制度方面也有所创新，如《魏书》卷113《官氏志》：“前世职次皆无从品，魏氏始置之。”

[2] 均见《魏书》卷7《高祖纪下》。

[3] 参见胡胜源：《孝文崇拜与东魏政治》，《“国立”政治大学历史学报》2019年第51期。

并论，所以“庙曰高祖……其经纬天地，岂虚谥也”[1]。但问题是在迁都之后为了防守北部疆域的需要，此前在草原深处设立的各个军镇没有被撤除，仍有相当一部分军人在驻守。这些军人总数不少，成分复杂，大体可分为三类。一类是拓跋鲜卑人，应该是少数，且属于中高级军官；一类是原本系各个游牧民族的成员，归附北魏后，属于分部制下成员，是诸镇军人中的大多数；还有一类是由于各种原因去戍边的汉人，数目也不会多。这三类人之间有差别就会有矛盾，但他们也有着两个共同点。一是他们也耕种一些田地来自我解决粮食供给，但依旧生活在游牧的环境和条件里，故而他们的文化观念与习惯和迁都之前没有变化。二是当时北部边境虽有一些游牧民族的骚扰但都不是魏军的对手，所以在迁都后北魏政权以“文治”为主的情况下，守边军人基本上失去了凭战功升迁的可能性，一生苦劳熬到做幢将、军主之类已经是最高的期望了。这两点合起来，就使边镇之人构成了一个共同体，即使是还在诸镇的鲜卑族人亦与迁往洛阳者虽血缘同源，但各方面都变得形若异族，他们“官婚班齿，致失清流。而本宗旧类各各荣显，顾瞻彼此，理当愤怒”。至于一般军人更被“有司乖实，号曰府户，役同厮养”[2]。这样一来，诸镇的军人就和那些迁徙到新都洛阳的人们形成了一种文化与武化，农业区域的汉化与游牧区域的胡化之对立。这中间，虽然武化和游牧化都是鲜卑文化的特色，但它的主要载体已经不是纯粹的鲜卑人，更不是拓跋族人了，所以必须予以区别。

孝明帝正光四年（523年），被黜为怀荒镇将的于景在柔然袭扰时，“镇民请粮，景不肯给，镇民不胜忿，遂反，执景，杀之。未几，沃野镇民破六韩拔陵聚众反，杀镇将，改元真王，诸

[1]《魏书》卷7《高祖纪下》。

[2]《北齐书》卷23《魏兰根传》。

镇华、夷之民往往响应，拔陵引兵南侵，遣别帅卫可孤围武川镇，又攻怀朔镇”及“东西部敕勒皆叛魏，附于破六韩拔陵”[1]。史称此为“六镇之乱”，被视作北魏走向崩溃的一个起始点。在这个事件中有一个值得注意的地方，就是综合史籍上的记载看，在它的一些带头人里面没有一个是明确的鲜卑人，更不用说是拓跋族人了。如沃野镇的破六韩拔陵为匈奴单于的后代，高平镇的赫连恩、万俟丑奴等也是匈奴族人，胡琛则是“敕勒酋长”，秦州的薛珍、杨松柏兄弟、张长命、韩祖香、孙掩、卜胡等都是属于氐族，莫折大提及子天生和念生系羌族，鲜于修礼则为高车族人，等等。在响应破六韩拔陵的“诸镇华、夷之民”里当然也包括汉人，如后来成为北齐政权的开创者高欢。他们的族源虽然各不相同，但有一个共同之处，即都身在游牧经济区，过着和住在洛阳的人们不一样的生活，因此往往被当时的洛阳人与后来的史家统称为“诸胡”。不过六镇军人暴动的导火线出于偶然，纷纷起事只是被共同的意识与利益所驱使，并非有组织的预谋，甚至他们彼此之间有时也互相火拼，所以也只好称他们为“诸胡”。

如果从实质上说，迁都使洛阳的鲜卑人变成汉人，以“元”为姓氏的拓跋人融入“百姓”之中，那么所谓六镇之乱使自四面八方来到该地的人们合成了一个新的“胡”族。其实这并不奇怪，同样的生活环境必定会有同样的生活方式，继而养成同样的习俗和文化心理。历史上在北方草原一再出现如此的情景，如“高车，盖古赤狄之余种也。初号为狄历，北方以为（敕勒，诸夏以为）高车、丁零。其语略与匈奴同而时有小异。或云：其先匈奴甥也……其迁徙随水草，衣皮食肉，牛、羊畜产，尽与蠕蠕同”[2]。此正如朱学渊先生所说：“在成吉思汗出世以前，‘匈

[1]《资治通鉴》卷149“梁武帝普通四年四月”条、卷150“梁武帝普通五年八月”条。

[2]《北史》卷98《高车传》。

奴’、‘鲜卑’、‘柔然’、‘高车’、‘突厥’、‘回纥’、‘鞑靼’等强势部落，在蒙古高原上轮流坐庄。而北方诸族民众的血缘和语言,也在这片苦旱的‘匈奴之地’上不断地融合。”[1]在六镇之乱的前后也出现过一次这样的融合，并与当时在洛阳的新旧汉人形成对立，一直延续到北朝结束。528年发生的“河阴之变”也是如此对立的一个例证。当时契胡酋长尔朱荣以拥立新帝为名率军至洛阳，渡河后不仅“害灵太后及幼主”，而且又在邙山之北、河阴之野将前来迎驾者统统杀死，其中包括“丞相高阳王雍、司空公元钦、仪同三司元恒芝……中山王叔仁、齐郡王温，公卿已下二千余人”[2]。在这次事件里，尔朱荣是不分汉与鲜卑的，也至少说明在他的眼里那些朝官们没有族姓上的区别，都是一丘之貉。而或云尔朱荣“欲肆兵大掠，迭相惊恐，人情骇震，京邑士子不一存，率皆逃窜，无敢出者。直卫空虚，官守废旷”[3]。说明洛阳所有的朝官们乃至读书人对尔朱荣的契胡军队之惧怕和恐慌也没有族姓上的区别，从而显示出武士与文士之对立。

从六镇动乱到河阴之变，直接致使北魏的分裂，形成以长安为都城的西魏和以邺城为京都的东魏。但这两个政权分别被出自六镇的权臣宇文泰和高欢把持。他们死后，557年西魏禅让给宇文泰的儿子宇文觉，史称“北周”。此前，550年高欢之子高洋使魏孝静帝禅位，成立了北齐政权。但这种朝代的变更，并不影响当时社会政治矛盾的总趋势。

依照这个角度进行观察，或许还可以更好地解答一些疑惑。其一是虽然尔朱荣先前受北魏朝廷之命镇压六镇起事军人，但尔朱荣在军阵前擒拿了对方首领葛荣后，“余众悉降”，随后尔朱

[1] 朱学渊:《中国北方诸族的源流》，中华书局2002年版，第85页。

[2] 《魏书》卷10《孝庄纪》。

[3] 《魏书》卷74《尔朱荣传》。

荣将这些人“随便安置，咸得其宜。擢其渠帅，量力授用，新附者咸安”[1]。投降的这数十万六镇将士及其家属由此心甘情愿地追随尔朱荣，使之成为当时最强大的一支武装力量。他们之间的这种关系应该是建立在相互认同的基础上，拿这与尔朱荣和洛阳官员们的彼此仇视相对照，“武”与“文”的异同十分鲜明。故而也可以说，在当时动乱的形势下文化与武化之对抗，也是汉化与胡化的一种表现形式。其二，北齐的高氏皇室属于汉族，但又是六镇居民，“累世北边，故习其俗”[2]，这些至少在当时是没有异议的。但在东魏至北齐的政治中，有两个地方很引人注目：一是北齐有着很激烈的胡、汉斗争，但北齐皇室明显站在胡方的一边，吃亏的也往往是汉人；二是对待姓“元”的拓跋族人，北齐统治者将他们斩尽杀绝。天保十年（559年）“七月，大诛元氏，自昭成已下并无遗焉。或父祖为王，或身常贵显，或兄弟强壮，皆斩东市。其婴儿投于空中，承之以矟。前后死者凡七百二十一人，悉投尸漳水，剖鱼多得爪甲，都下为之久不食鱼”。死者中包括“性行温裕，以高氏婿，颇膺时宠。能自谦退，临人有惠政”[3]的元韶一家。中国古代通过禅让形式的改朝换代，退位的皇帝有终其天年的，也有被谋杀的，但其宗族不分远近亲疏被如此残忍地灭绝，北齐文宣帝高洋的暴行在历史上可谓空前绝后。由此可见，在北齐根本不存在拓跋族和汉族的矛盾，甚至也没有鲜卑人和汉人的纠葛。相反，在政变中被杀的汉官领袖杨愔曾宣称“家世忠臣，输诚魏室”[4]，丝毫没有把魏室当作异族来看待，而那些欺凌与残杀士人的多是出自六镇又家世来历不甚清楚的“诸胡”兼武人。认识到这一点，高氏皇室为何有如此的政治态

[1] 《魏书》卷74《尔朱荣传》。

[2] 《北齐书》卷1《神武纪上》。

[3] 《北齐书》卷28《元韶传》。

[4] 《北齐书》卷34《杨愔传》。

度也就能够解释了。

北魏在分裂之时实际上已经消亡，在这个节点上再回看孝文帝的改革，依然是从不同的角度得出不同的评价。

第一，在迁都和实行文治都势在必行的情况下，进行改革是完全必需的。

第二，改革的内容大体上可分为制度与文化两大块，虽然两者之间也是相关的。前者包括行政、司法、财政等，基本上是沿着适应农业经济的方向，亦因制度统一而提高了效率。军事上的变化系按情势而行，主要趋向是中军的步兵成分大为增加，但北疆诸镇仍以骑兵为主。这固然适应了对南朝作战的需要，但也成了日后六镇造反将士之纵横难挡的原因之一。后者进行得全面而快速，成功之处是使拓跋鲜卑完全融入了汉族的社会，北魏的经济文化之繁荣也达到了新的高度。但也产生了一些问题。

其一，一些拓跋族人因转变太快而一时不能适应。生活习惯之改变至少需要一代人的时间，否则会增添出很多矛盾，如发生了废太子拓跋恂因“深忌河洛暑热，意每追乐北方”[1]而违制奔代的事件等，这些原本是可以避免的。

其二，汉社会文化中本来也是精华与糟粕并存，若把门阀制度里的一些东西照单全收，必然造成弊端而日久生祸。

其三，通过改革，拓跋鲜卑很快地与汉文化融为一体，但由于游牧和农业的社会经济之间的差异客观存在，以六镇为中心的诸胡快速地成为洛阳朝廷的对立面，一如过去鲜卑之取代匈奴，如此矛盾不能解决时，内乱就爆发了。尤其是当少数族成为统治族后，民族差别也就成了政治差别，并附带着一些利益差别。这一点恐怕孝文帝未曾充分意识到，但后来满族执政者吸取了这个教训，所以采取各种保持满族文化特征的措施，不过当满族统治

[1] 《魏书》卷22《拓跋恂传》。

集团及民众个体都觉得保持这些特点付出的成本渐渐大于好处时，这些措施也就慢慢地失去效用，于是满汉交融也一如北魏的胡汉交融，只是时间上有长短之别。

第三，北魏接受了专制的皇帝制度，改革也只能由最高统治者自上而下地推行。这中间，孝文帝顺应时势的勇气、魄力与能力，无疑属于古代皇帝里的佼佼者，也为中华文明的发展作出了贡献。如果要找出其中的不足之处，主要是在于操之过急，造成了一些隐患。看来他明白了儒家文治的重要性，但还没有领悟到中庸之道的精妙。

3. 北周颁《六典》与灭北齐

北魏分裂后，仍有人沿着孝文帝改革的方向走下去，此人即是北周的实际开创者宇文泰。《北史》卷69《儒林传序》赞他“降至尊而劳万乘，待熊安生以殊礼。是以天下慕向，文教远覃。衣儒者之服，挟先王之道，开黉舍，延学徒者比肩；励从师之志，守专门之业，辞亲戚，甘勤苦者成市。虽通儒盛业，不逮魏、晋之臣，而风移俗变，抑亦近代之美也”。在西魏文帝大统元年（535年）三月，执政的宇文泰还“命所司斟酌今古，参考变通，可以益国利民便时适治者，为二十四条新制，奏魏帝行之”。后来至西魏恭帝三年（556年）“春正月丁丑，初行《周礼》，建六官”[1]。其具体内容“是依《周礼》建六官，置公、卿、大夫、士，并撰次朝仪，车服器用，多依古礼，革汉、魏之法。事并施行”[2]。这实际上是一部行政法典，施行于北周一朝。西魏政权刚一建立，宇文泰就开始酝酿和制定这部法典，直到他

[1]《周书》卷2《文帝纪下》。

[2]《周书》卷24《卢辩传》。

临死之前，其实也是北周开国之前，才决心将此贯彻执行。

在这部法典里，虽然行政部门之间的关系实质上与传统官制差不多，但其部门与官员职衔因为主要是依照《周礼》而定，与之前的两晋北魏不同，与同时代的南朝和东魏北齐也不同，而且西周离开宇文泰时代毕竟很遥远，把二者的职官制度死搬硬套地衔接起来，其间有着很多不妥与不便之处是可想而知的，如此也势必增加行政成本和致使行政效率的低下。这些情况宇文泰不可能不知道，在西魏政权存在的20余年时间里，他一直在考虑和委托重臣主持此事，故而是一项经过深思熟虑的重大政治举措。那么宇文泰为什么要这样做？

就民族交融而言，孝文帝改革的成功之处在于将拓跋鲜卑和华夏文化合成一体，失败之处则是让北疆的游牧地带重新形成了一种具有对抗性质的游牧文化。这种文化的载体主要是各个军镇的将士们，他们来自包括汉族在内的不同族裔，但久之则形同一体，而以“胡”作为他们的总代词。由于这种胡文化即游牧文化的载体和军人身份的合一，当情绪和利益的对抗发展成社会动乱时，带着武力特征的“胡化”无疑会占着上风。北魏分裂为东魏与西魏后，六镇旧部大部分成了支撑东魏北齐政权的骨干力量，所谓“六镇扰乱，相率内徙，寓食于齐、晋之郊。齐神武因之，以成大业”[1]。而西至关中的六镇兵将只占总数的十之一二，换言之，西魏的游牧文化，或者说胡化载体要远远少于东魏。这是宇文泰所必须正视的现实问题。宇文泰应该是体会到了孝文帝改革的意向，即作为一个以统治农业地区为主的政权必须要实现以儒家为主的汉化，他所颁布的“六条诏书”里的内容，无不以儒家思想为基础。在第二条“敦教化”中特别强调：“教之以孝悌，使民慈爱；教之以仁顺，使民和睦；教之以礼义，使民敬

[1] 《隋书》卷24《食货志》。

让。慈爱则不遗其亲，和睦则无怨于人，敬让则不竞于物。三者既备，则王道成矣。此之谓教也。先王之所以移风易俗，还淳反素，垂拱而治天下以至太平者，莫不由此。此之谓要道也。”[1]而儒家教化是以《周礼》为规范之本，孔子说：“周监于二代，郁郁乎文哉！吾从周。”朱熹于此注引尹氏曰：“三代之礼至周大备，夫子美其文而从之。”[2]如此礼制一旦施行，则使“本来胡风扑面的北周朝堂，就将满目旒冕爵弁，宛如姬周之朝堂，古风扑面了”[3]，其实这也是宇文泰想要达到的视觉效果。由此就可以理解宇文泰拿《周礼》为范本来改革行政制度，不仅是对孝文帝“肇经周制，光宅中区”[4]意愿之继承，在汉化实践上要比魏孝文帝更加彻底，也更为正统，即以北周为姬周的直接继承者，体现出他“修六官之废典，成一代之鸿规”的目的。而由“擢贤良”所反映出来“宇文泰不尚门资”[5]的观念，则能克服孝文帝汉化中的一大弊病。他的另一个高明之处是让政权，尤其在军事系统上保留一些鲜卑色彩。如“魏氏之初，统国三十六，大姓九十九，后多绝灭。至是，以诸将功高者为三十六国后，次功者为九十九姓后，所统军人，亦改从其姓”[6]。诸如此类的举措，能够起到缓解一些胡人的情绪的作用，使胡汉在政治地位上达到一种平衡，可以说他是真正悟得了儒家的中庸之道。在这一点上，宇文泰与北魏孝文帝相比，亦可谓青出于蓝而胜于蓝。此后的北周统治者基本上继承了宇文泰的意旨和政策，最后相对弱小的北周最终灭掉了北齐，与此是有着重大关联的。

---

[1] 《周书》卷23《苏绰传》。

[2] 《论语·八佾》。

[3] 阎步克：《服周之冕：〈周礼〉六冕礼制的兴衰变异》，中华书局2009年版，第299页。

[4] 《南齐书》卷57《魏虏传》。

[5] 参见陈寅恪：《隋唐制度渊源略论稿》，中华书局1963年版，第95、96页。

[6] 《周书》卷2《文帝纪下》。

与此形成对照，北齐在高欢之后，政治内乱愈演愈烈，主要表现在两个方面。

其一是胡、汉之间的对立中不断透露出血腥的味道，统治集团以为武力能打天下也能解决一切。“北齐是大鲜卑主义的时代”[1]，东魏北齐的军队主要是以六镇将士构成，是诸胡势力的中坚。将领中只有高昂因“所将部曲，练习已久，前后战斗，不减鲜卑”，而使得“鲜卑共轻中华朝士，唯惮服于昂”[2]。一次，高昂“与北豫州刺史郑严祖握槊”，胡人将领刘贵召严祖，高昂“不时遣，枷其使。使者曰：‘枷时易，脱时难。’昂使以刀就枷刎之，曰：‘何难之有？’贵不敢校。明日，贵与昂坐，外白河役夫多溺死。贵曰：‘头钱价汉，随之死。’昂怒，拔刀斫贵。贵走出还营，昂便鸣鼓会兵攻之。侯景与冀州刺史万俟受洛解之乃止”[3]。此后，不断有文官在政治斗争中被鲜卑权贵所杀，但握有军权或擅长权术的统治者或统治集团虽然能够清除眼前的敌方，但后者作为行政部门或系统的代表时，必然有后继者出现，要么斗争依然激烈如前，要么政权在两败俱伤中一起崩溃。

其二是皇室之中的互相残杀，高欢子孙死于非命的数以十计，如“河南、河间、乐陵等诸王，或以时嫌，或以猜忌，皆无罪而殒”[4]。在北齐所有的高氏皇帝中，除废帝高殷因其母为赵郡李氏女，又自幼听学官教习经义而“得汉家性质”外，其余都没有好好接受过儒家教育。儒家的伦理规范是从自身和家族做起，目的是为了巩固社会秩序之根本，皇家一旦内乱，国体也就难保了。文宣帝高洋不仅强奸其嫂，而且竟然使“高氏女妇无亲

[1] 《北朝的民族问题与民族政策》，载周一良：《魏晋南北朝史论集》，北京大学出版社1997年版，第189页。

[2] 《北齐书》卷21《高乾传附高昂传》。

[3] 《北史》卷31《高允传附高昂传》。

[4] 《北齐书》卷8《幼主纪》。

疏，皆使左右乱交之于前”[1]。高洋逼着皇家妇女演出如此场面，是任何一个稍微受过儒家思想教育的昏君都不可能做到的。武成帝高湛也“残忍奸秽，事极人伦”[2]。而北周“由宇文泰开国时，早能尊用周礼，家庭之内，不越检闲”[3]，很大程度上避免了由内部而起的政治混乱。儒家显得重要在于它为社会上下定下了道德行为准则，是汉文化具有凝聚力的一个关键所在，故而反对汉化必与儒学消衰相关，北齐政权“师保疑丞，皆赏勋旧，国学博士，徒有虚名。唯国子一学，生徒数十人耳”[4]。前面所述北齐统治集团中的内乱应该也是失去行为规范的结果。

武功强大可以夺取天下，但不以伦理道德当作行为准则来治理国与家，天下江山是坐不长的。唐代魏征曾比较过北方的这两个政权，说北齐全盛时“西苞汾、晋，南极江、淮，东尽海隅，北渐沙漠，六国之地，我获其五，九州之境，彼分其四。料甲兵之众寡，校帑藏之虚实，折冲千里之将，帷幄六奇之士，比二方之优劣，无等级以寄言”[5]。但北齐竟被相对弱小的北周所灭，其中关于治理国家的政治走势被“武”化还是儒化，应该是一个很关键的因素。

[1]　《北齐书》卷9《文襄元后传》。

[2]　《北齐书》卷12《皇子传》。

[3]　赵翼撰，王树民校证：《廿二史札记校证》卷15，中华书局1984年版，第323页。

[4]　《北史》卷81《儒林传》。

[5]　《北齐书》卷8《幼主纪》。

四 土地制度的实质——以“均田制”为切入点

除了遥远而模糊的“井田制”，自秦统一中国之后，所谓土地制度始自于魏晋南北朝，其形式也集中表现在这个时段。那么，中古时期出现如此现象的背景是什么？它的实质又是什么？

1. 人与土之合：所谓土地制度的实质

土地之重要，在于民众之衣食，国家之赋税皆主要由其所出。但这要有个过程，即先要把土地和人的耕作联系起来之后变成“田”，它才会有人们想要的结果，所以古代一般只讲“田制”。中国古代的共识是“天生蒸民，有物有则”，所以天下的民和土地都归代表天的天子来统治，《诗》云：“溥天之下，莫非王土；率土之滨，莫非王臣。”早期的“各家井田说颇多矛盾，但由王者授田这一点却是一致的。对后世‘均田制’产生影响的，也正是这一点”[1]。就本时期而言，“屯田是用封建国家所掌握的官田荒地进行生产，这和两汉以来个体农民接受政府赋予或假予的公田，性质相同，和以后均田时的‘均给天下之田’，其性质亦复相似。就是说，这些都是用封建国有土地进行农业生产的”[2]。所以根本不存在什么土地私有制或公有制的问题，有的则是如何使民与土结合起来的考虑。民之生活依靠自己在土地上的

[1] 杨际平：《北朝隋唐“均田制”新探》，岳麓书社2003年版，第6页。

[2] 韩国磐：《北朝隋唐的均田制度》，上海人民出版社1984年版，第14页。

劳作，国的富强在于如何更多地从百姓的劳作中榨取剩余果实。因此对统治者来说，主要考虑做两方面的事：首先是如何让农民在土地上进行更多更好的劳动，从而能够为政权提供更为丰盛的物资；其次是如何抵御灾荒和兴修水利，两者之间有联系，但前者是要保证土地的出产，后者带有增加土地出产的意向，即所谓“尽地力之教”的一个内容。当然这两件事都得靠民众来做，而国家在中间起着必不可少的组织协调作用，这也是国家得以存在的理由之一。

在黄河与长江流域有着大片可以被耕作的土地，因此至少在盛唐之前，总的情况还是地多人少。梁方仲先生根据史料，统计出两汉时期每户和每口所拥有的田亩数[1]：

两汉时期人均占有土地数量

年份	平帝 元始二年 （2年）	和帝 元兴元年 （105年）	安帝 延光四年 （125年）	顺帝 建康元年 （144年）	质帝 本初元年 （146年）	桓帝 永寿三年 （157年）
每户平均口数	4.87	5.76	5.05	5.00	5.09	5.29
每户平均亩数	67.61	79.25	71.96	69.33	74.13	—
每口平均亩数	13.88	13.75	14.26	13.87	14.57	—

从上面表中的数字，可以得知每户基本上是五口之家，考虑到每户之中有老有少、有男有女，因此平均每户只有两个成年男劳动力应该是合理的估计。考虑到当时的生产工具，每户平均70亩左右的土地应该是体力上能够耕种的最大数了，虽然当时亩的面积可能比现在要小些。还要明白的是，这里以亩为计量单位的土地已经是可以耕种的“田”了，其实当时还有很多土地是能够被开垦成耕田的，只是人力不足而已。且根据梁先生的统计以及其他史料所提供的情况，对农民而言可以归纳出这么几条：

[1] 参见梁方仲：《中国历代户口、田地、田赋统计》甲表1，上海人民出版社1980年版，第4、5页。

第一，不管土地归谁所有，两汉的普通农民总会在地里干活；第二，在没有大的天灾人祸的通常情况下，农民经过辛勤劳动一般能够存活下去；第三，农民一年的劳动成果，除必须要养家糊口的那部分可以留下来之外，其余的基本上会被别人拿走。至于被谁拿走，农民们是没办法自己做主的。

对于从农民身上拿走的东西，大致上会有三个流向。

一是“名正言顺”地用赋役的形式被官府征收，拿去作为各种开支，包括皇室与各级官吏符合制度的享受。这是从农民身上拿走的大头，如果不是大头了，表明这个政权已经腐烂到崩溃的程度。还要说明的是，因为政府的需求有着多样性，譬如从宫廷到疆土都要有人来守卫，所以要从农民身上得到的，不仅是劳动成果，还有其本身的劳动力，学术上或称之为“力役地租”。

二是由于国土辽阔，人口众多，皇帝或朝廷中枢从普通农民身上取得赋役有一个很长的流程。这过程中所有经办者都能够利用制度上的灵活性或漏洞来满足自己的私欲，如在其权力范围内以各种名义向百姓征发额外的东西来满足自身及同僚的私欲，若“吏事往来，辄发民乘船，名曰‘传役’。每一吏出，徭及数家，百姓苦之”[1]之类。又如寻找由头征发民夫来修筑与民生无关的工程，创造政绩为自己仕途铺路等，一般或以苛捐杂役称之。

三是地方上一些乡绅族长之类或有官方背景，或与官吏勾结以强力占有农民的劳动力与劳动成果，即使这些劳动力或成果本应被官府征用。

很明显，以两汉为例，能够剥削和压迫广大农民的都和权力相关，而和土地的所有权没有什么关系。既然名义上所有土地都归属于皇帝，皇帝就可以将土地连带耕种这些土地的民户赏赐给宠臣贵族，一不满意也可以将其全部没收。如王莽登基后诏令：

[1] 《后汉书》卷76《卫飒传》。

“更名天下田曰王田，奴婢曰私属，皆不得卖买。其男口不满八，而田过一井者，分余田与九族乡党。犯令，法至死，制度又不定，吏缘为奸，天下謷謷然，陷刑者众（师古曰：“謷謷，众口愁声也，音敖”）。后三岁，莽知民愁，下诏诸食王田及私属皆得卖买，勿拘以法。”[1]从这条史料里说明汉代的土地买卖主要是田的使用权和保有权，所有权还是属于朝廷的，所谓“私田的所有权是一种国家既承认私人的一定权利，又可以施加某种限制的所有权”[2]，因此这种权利实质上仅是使用与保有权。而“制度又不定，吏缘为奸”，正可说明各个层面的权利都能够各显神通，从关于土地的官方各种规定里得利。此外，地方上官吏对土地的任意处置权也很大，如秦彭在章帝时为山阳太守，“兴起稻田数千顷，每于农月，亲度顷亩，分别肥瘠，差为三品，各立文簿，藏之乡县。于是奸吏局蹐，无所容诈”[3]。对土地可以给予也可以夺取，这些地方主官其实就是土皇帝，所以当时对土地使用没有特别的条例规定也很正常。故而谁从农民的劳作中得利，完全取决于他在权力关系中的地位与影响，土地方面至多是使用权问题，在政治权力之下意义不大。由此还可以进一步讲，古代行政体系的主要任务在于如何将农民与土地更好地结合，产生更多的剩余价值，并在权力结构中按照各自的位置与影响将这些剩余劳动及成果进行分配。分配得合理稳妥即是政治清明，分配不均引起冲突就会造成政治事件或政治危机。而且因为利益的分配取决于权力的分配，所以能够见到权力斗争贯穿于历史，谋取权力的种种阴谋与阳谋会随处呈现，甚至最后发展到白刃见血，兵戎对阵。

[1] 《汉书》卷24《食货志上》。

[2] [日]堀敏一著，韩国磐等译：《均田制的研究》，福建人民出版社1984年版，第366页。

[3] 《后汉书》卷76《秦彭传》。

2. 关于田制实施之争议

首先要确定的是所谓“田制”的含义，历代的《食货志》都没有给出明确的定义，大概是有关田地的使用及收成分配的官方规定，如“禹平洪水，定九州，制土田，各因所生远近，赋入贡棐”。这也说明田制其实是与税赋之制分不开的。根据汉代人的理解，上古田制中，男劳动力可受年年能够耕种的良田百亩，规定“有赋有税。税谓公田什一及工商衡虞之入也（师古曰：‘赋谓计口发财，税谓收其田入也。什一，谓十取其一也。工、商、衡、虞虽不垦殖，亦取其税者，工有技巧之作，商有行贩之利，衡、虞取山泽之材产也。’）。赋共车马兵甲士徒之役（师古曰：‘徒，众也。’），充实府库赐予之用。税给郊社宗庙百神之祀，天子奉养百官禄食庶事之费。民年二十受田，六十归田”。需要明确的是，此处的“亩”系“六尺为步，百步为亩”，因此一个农夫耕种百亩是力所能及的超大值了，何况当时的农具主要还是木器、石器，因此上古的田制之重头在于收成之分配。其原因是当时地广人稀，没有耕者无田可种之问题，所以统治者主要着眼于分配。汉初战乱之后又“大饥馑。凡米石五千，人相食，死者过半”，人少田多的状况依旧，所以“约法省禁，轻田租，什五而税一，量吏禄，度官用，以赋于民”，还是把制度的重心放在分配上。不过由于田赋太轻，甚至汉文帝有“除民田之租税”之举。如此一来使得占有大量土地再租给耕者而享受佃租，做个“二地主”成为最有利可图之事，所谓“豪民侵陵，分田劫假（师古曰：‘分田，谓贫者无田而取富人田耕种，共分其所收也。假亦谓贫人赁富人之田也。劫者，富人劫夺其税，侵欺之也。’），厥名三十，实什税五也。富者骄而为邪，贫者穷而为奸”。于是土地兼并成了政治上的大问题。不过从“并兼豪党之徒以武断于乡曲（师古曰：‘恃其饶富，则擅行威罚也。’）。宗室有土，公卿大夫以下争于奢侈（师古曰：‘有土，谓国之宗姓受封邑土地者也。’）”等情况来看，通过权力或强力是兼并的主要途径。至于后来自西晋后期至北魏孝文帝太和中，北方有将近百年没有铸造过钱币，拿什么来作为通过买卖土地进行兼并的通货？有意思的是，针对着土地兼并现象，晚年的汉武帝之对策竟是推行代田法。这其实是改进耕种的技术性方法，得到的效果是“用力少而得谷多”和“以故田多垦辟”[1]。也就是说通过提高劳动效率与多开垦土地就可以将兼并现象放在一旁，这当然是基于人少地多的客观条件。但这种“田制”与后来的观念有异，所以给人一种秦汉没有田制的错觉。

魏晋南北朝之所以使人有田制凸显的印象，在于相关的规定中有着内涵和时空上特别的限制，亦由此有了专称。其背景是因为社会动乱造成的人口锐减不仅仅在于汉晋之间，而是延续了魏晋南北朝整个时段，“晋末，天下大乱，生民道尽，或死于干戈，或毙于饥馑，其幸而自存者盖十五焉”[2]。当然这种现象主要见于北方，其实所谓的田制也是主要见于北方，其作用在北朝更得到了强化。关于各种形式屯田的记载很多，其中太和改革中推行的均田制更是影响甚大。这或许和少数民族政权在财政经济上的农业化相关，其根本目的则“旨在确保北魏政府的租课收入”[3]。

贯穿于魏晋南北朝的“屯田”系最先又最广泛实行的田制。虽然屯田历代皆有，但本时期由曹操率先实施的屯田开始呈现以下特色：

其一，在内地大规模地施行，且有着军屯、民屯及兵民合一等多种形式，甚至有“以郿奚官奴婢著新城，代田兵种稻，奴婢

[1] 均见《汉书》卷24《食货志上》。

[2] 《魏书》卷110《食货志》。

[3] 韩国磐：《北朝隋唐的均田制度》，上海人民出版社1984年版，第74页。

各五十人为一屯，屯置司马，使皆如屯田法”[1]。

其二，一般将屯田的管理系统与常规的行政部门区分开来，有着很大的独立性。这也反映了屯田是应政治军事方面特别的需要而设，在时间和空间上是不确定的，一旦需求消失或减弱，就会被撤销或归属地方州郡，后者也意味着它的特殊性的消失。

其三，屯田属下的兵与民具有特殊的籍贯身份，比一般农民更不自由，地位更低。通常官方还提供耕牛与农具，但在收成分配留给耕者的也就更少，如“兵持官牛者，官得六分，士得四分；自持私牛者，与官中分”[2]。又如南朝的始兴“郡大田，武吏年满十六，便课米六十斛，十五以下至十三，皆课米三十斛，一户内随丁多少，悉皆输米”[3]。在北魏甚至“穷其力，薄其衣，用其工，节其食，绵冬历夏，加之疾苦，死于沟渎者常十七八焉”[4]。屯田的兵民遭受如此沉重的剥削肯定生产效率低下，这也是屯田在应急功用失去后被撤销的一个原因。诸如此类的官办生产项目虽能应急需成规模，但专制权力刻薄贪婪的属性必然会致使劳动效率越来越低是难以避免的通病，不过相关官吏与行政部门却由此有直接或间接之利可图则往往热衷于此，亦是屯田之时兴时衰之底蕴。

西晋的《占田课田制》和北朝的《均田制》都是朝廷颁布的正式文书，但和屯田的情况相反，有关具体实施事例的记载却难以寻觅，故而有人怀疑这仅是一纸空文。但这些疑惑应该是可以解释的。

首先，这两项制度都是把土地分配和赋税征收紧密地结合在一起的，故可说北魏均田令“自晋户调式的系统沿袭而来，不单

[1] 《晋书》卷26《食货志》。

[2] 《晋书》卷47《傅玄传》。

[3] 《宋书》卷92《徐豁传》。

[4] 《魏书》卷69《袁翻传》。

是接受了它的法律精神，晋课田法的痕迹也实际上保留在当时社会中”[1]。而且因为“有其谷则国用备，辨其地则人食足，察其人则徭役均。知此三者，谓之治政”[2]，所以兹事体大，不可能是在做空头文章。

其次，占田制是在“平吴之后”，均田制则在孝文帝太和中期颁行的。当时，这两个政权都处于强盛之时，即使有少数官吏对诏令阳奉阴违，也不敢公然抗命，所以一定是会实行的。

再次，受田的对象既有普通民众，也包括官员贵族，如晋制里规定他们“又各以品之高卑荫其亲属，多者及九族，少者三世。宗室、国宾、先贤之后及士人子孙亦如之。而又得荫人以为衣食客及佃客”[3]。魏制中“诸宰民之官，各随地给公田，刺史十五顷，太守十顷，治中别驾各八顷，县令、郡丞六顷”及“奴婢依良”[4]等，都是对各个级别有权有势者十分有利的，因此他们也不会答应让这些诏令悬空起来，反之，积极推行才是他们应有的态度。

最后，无论占田制还是均田制都是比较有原则性的，如“西晋占田制实际上是规定土地所有的最高限额的制度”[5]，因此诏令既出，在总体上官员们不敢也提不出什么理由可以反对。同时在执行的具体过程中必然会因时因地产生千差万别的问题与解决办法，史家们无法也不屑将这些琐碎之事一一记载，所以后世反而见不到这些重要制度是如何实行的。

还需要说明一下的是，这些所谓田制的颁行，目的在于增加

[1]［日］宫崎市定：《晋武帝户调式研究》，载《日本学者研究中国史论著选译》第4卷《六朝隋唐》，中华书局1992年版，第123页。

[2]《通典》卷1《田制上》。

[3]《晋书》卷26《食货志》。

[4]《魏书》卷110《食货志》。

[5]［日］堀敏一著，韩国磐等译：《均田制的研究》，福建人民出版社1984年版，第79页。

朝廷的赋役收入，如占田制在诏令里则称为《户调之式》，是以曹魏的租调令为“户调制的发端”而贯穿于整个魏晋南北朝[1]，并和本时段的各种田制相关联而发展变化。这些“租调徭役基本上不是实现土地所有权的经济形式，而是实现国家权力的法权形式”[2]。魏晋南北朝时，由于地广人稀的现象比其他任何历史时期都突出，所以制度中真正的着眼点在于人，考虑的是如何用田地将劳动力束缚住。结合着三长制的均田制更是为了“占有更多的汉族农民为这个国家提供租赋”[3]。一旦户口的数量慢慢得到恢复，具有针对性的田制的重要性也随之渐渐减退，不过这已经不是本时段的事了。

[1] 郑学檬主编:《中国赋役制度史》，厦门大学出版社1994年版，第75页。

[2] 胡如雷:《中国封建社会形态研究》，生活·读书·新知三联书店1979年版，第134页。

[3] 《论北魏实行均田令的对象与地区——北魏均田制研究之一》，载程应镠:《流金集》，上海古籍出版社1995年版，第36页。

第九章

雨过天晴——百花齐放的时代文化

如果要说魏晋南北朝究竟给我们留下了什么遗产，其中最重要的部分无疑是那个时代的文化。无论是当时的哲学、文学、史学、艺术还是科学与技术，即使是遗留下来的吉光片羽，作为今天的中华传统文化的一部分，依然熠熠生辉。这是因为在那个年代，血沃中原肥了劲草也催放了百花，其间祸福相依的辩证关系，也会给人深刻的印象。

一　放眼世界，远近兼顾

对不少魏晋南北朝的读书人来说，进入他们脑海里的世界无疑要比前人大得多，也亲近得多。

1. 从田园、山水到天下

鉴于对自然理解的深入，感知万象并非身外之物，而是构成了一个围绕着自身的世界，从身边直至天地之间，至于无限。为什么所谓田园诗、山水诗是在魏晋六朝出现？因为在魏晋时期，通过对自然含义的讨论，人们明白田园山水等并非无知无觉的无情物，而是可以当作情感和思想的交流对象，故而田园诗、山水诗之类是主观与客观世界融合的结果。人走进自然，“物色之动，心亦摇焉”[1]。陶渊明的《结庐在人境》[2]就是这类山水诗的代表作之一。

结庐在人境，而无车马喧。
问君何能尔？心远地自偏。
采菊东篱下，悠然见南山。
山气日夕佳，飞鸟相与还。
此中有真意，欲辩已忘言。

[1] 刘勰撰，姜书阁述：《文心雕龙绎旨》卷10《物色第四十六》，齐鲁书社1984年版，第177页。

[2] 陶渊明著，逯钦立校注：《陶渊明集》卷3《饮酒二十首》，中华书局1979年版，第89页。

诗中的南山与飞鸟是在“人境”中呈现的，构成了诗人心中真意的一个组成部分。在这个画面中，人不仅与自然混为一体，而且成了自然界的主体，自然界的一切都迎合着人的情意而展示出它们的姿貌。此类诗作也佐证了“魏晋以来，受任情天真、率性自然的时代风尚之影响，‘兴’开始尝试与‘比’剥离，从政治美刺走向物我相感的含义”[1]。

如果说，人既然能够感受周围之万象，那么也可以从日出日落、候鸟往返等现象里悟出其中规律性的东西。儒家早就认为蕴藏在万物之中的规律性的东西同样贯穿在社会中人与人的关系里，甚至深埋在人的心性中，统称为“天道”或“天理”，而忠孝仁义正是天道或天理在人间的表现。于此，董仲舒是以“人副天数”为出发点来解释这种关联的。韦政通先生认为董仲舒的“所谓人副天数，就是把人身的种种与天相比附，凡人身所有的，天也有，天所有的，人也有”[2]。如此就可以认定忠孝仁义所代表的名教即为天道或天理，但这样比附出来的结论，使天地自然与人依然是两者，而非一体。东汉后期经学之僵化，简单比附的思维方式无疑也是原因之一。魏晋六朝玄谈的一大成果即认识到人的真情本性亦是自然的。《中庸》说：“唯天下至诚，为能尽其性；能尽其性，则能尽人之性；能尽人之性，则能尽物之性；能尽物之性，则可以赞天地之化育；可以赞天地之化育，则可以与天地参矣。”[3]也就是说，人凭着真情本性，就可以和周围自然间的田园山水，乃至天地万物互相连通，自然间的万事万物都可以成为自身情感的寄托对象。

这样一来，其一，无论是菊花飞鸟，还是天际青山，皆与自

[1]　陆月、李昌舒：《朱熹论“兴”的取义与不取义》，载《南京晓庄学院学报》2020年第1期。
[2]　韦政通：《中国思想史》，上海书店出版社2003年版，第323、324页。
[3]　朱熹：《四书章句集注》，中华书局1983年版，第32页。

我构成了生命共同体，也就成了心底谱写出来的诗文之源泉。朱彝尊说“魏晋而下，指诗为缘情之作”[1]，是很有道理的，当然此情缘应该是指向万物。这致使“建安之后，辞赋转繁，众家之集，日以滋广”，数量上“通计亡书，合一千一百四十六部，一万三千三百九十卷”[2]，其中绝大部分作者系魏晋六朝之人。同理，鉴于知道音乐“本乎太始，而生于人心，随物感动，播于形气”，而能“启万物之情，通天下之志”[3]，达到“大乐与天地同和”[4]之妙极境地，所以也成了本时期音乐歌谣创作丰富的原因之一。《宋书》之有《乐志》四卷，《隋书》之有《音乐志》三卷，一个根本的因素就是本时段为它提供了丰富的作品和理论。

其二则是因为人性可与物性相通，人就可以认知万物，参赞天地。所谓“天地之所贵者生也，万物之所尊者人也。役智穷神，无幽不察，是以动作云为，皆应天地之象”[5]。也正如南朝的刘勰所说：“玄黄色杂，方圆体分，日月叠璧，以垂丽天之象。……惟人参之，性灵所钟，是谓三才。为五行之秀（气），实天地之心（生），心生而言立，言立而文明，自然之道也。”[6]人既然为天地之心，情缘万象，按照儒家的精神，就不仅要关心人世间事，也要周览自然而深究其理，近在足下，远及星空，并以各种语言形式阐明之。所以即使是一些名士文人也是把天文地理烂熟于心，如阮籍咏怀诗里就有“混元生两仪。四象运衡玑”之句。

人与万物具有共性而休戚相关的观念除有利于文学艺术的发

[1] 《与高念祖论诗书》，载《曝书亭集》卷3，四部丛刊本。

[2] 《隋书》卷35《经籍志四》。

[3] 《隋书》卷13《音乐志上》。

[4] 《魏书》卷109《乐志》。

[5] 《宋书》卷12《律历志中》。

[6] 刘勰著，姜书阁述：《文心雕龙绎旨》卷1《原道第一》，齐鲁书社1984年版，第1页。

展外，还潜移默化地把当时人意识里的物理空间和社会文化空间联系了起来，一如成公绥在其《天地赋》所云："于是六合混一而同宅，宇宙结体而括囊，浑元运流而无穷，阴阳循度而率常，回动纠纷而乾乾，天道不息而自强。统群生而载育，人托命于所系。"[1]且因为人与万物共存的空间中，包含着对自身历史慎终追远的时间性，由此能够将以人为本的天下一统观念，从生活环境里所触及的各种对象中反映出来，使得"存在者的空间性就同世界具有某种存在论联系"[2]，从而留下了关于人境变迁、枯荣一体的深深思考："丘墓蔽山冈，万代同一时；千秋万岁后，荣名安所之。"[3]

2. 魏晋六朝人眼里的宇宙

儒家对天道的重视与对自然认识之深化推动了对宇宙现象的探索。儒学包含着四维空间及本体性的天文观，"天之言文，始于宣尼赞《易》，一阴一阳之谓道，道有变动曰物，物相杂曰文，天文即天道也"[4]。在魏晋南北朝时期，形而上的无限时空是很好的谈资，儒家通过言说自然树立了系统的以人为本的新宇宙观，席卷而来的佛教思想理论也大大地开阔了人们的视野。据《隋书》卷35《经籍志》称，至隋，华土所得各类佛教经典计"一千九百五十部，六千一百九十八卷"，乃至"民间佛经，多于六经数十百倍"。其中包含着"天地之外，四维上下，更有天

---

[1] 《晋书》卷92《成公绥传》。

[2] [德] 马丁·海德格尔著，陈嘉映、王庆节合译：《存在与时间》，生活·读书·新知三联书店1987年版，第102页。

[3] 阮籍：《阮籍集校注》卷下《咏怀诗》。

[4] 《淮南天文训补注序》，载钱大昕著，吕友仁点校：《潜研堂文集》卷25，上海古籍出版社1989年版，第419页。

地，亦无终极，然皆有成有败。一成一败，谓之一劫。自此天地已前，则有无量劫矣”，及“事物存在于关联之中，彼此即整体”[1]等观念。如此时空之无限学说当然会极大地启迪当时人们的想象力，于是各种有关宇宙之说风行一时，其中有不少能够成一家之言。另外一个原因是在整个东汉时期对道术之士的重视，并且使得精通道术成了进入仕途的一个通道。如安帝永初二年（108年）诏曰：“其百僚及郡国吏人，有道术明习灾异阴阳之度璇机之数者，各使指变以闻。二千石长吏明以诏书，博衍幽隐，朕将亲览，待以不次，冀获嘉谋，以承天诫。”[2]如此道术内容之养成，需要对各种天体物理现象进行大量观察、计算和分析，试图摸清它们的真相和规律，也成了进一步探索天体与天道之助推力。

如此天人合一的宇宙观成了当时的主流，各种关于天地宇宙的说法层出不穷。如东晋虞喜因昼夜之说作《安天论》，以为天地无垠，“其光曜布列，各自运行，犹江海之有潮汐，万品之有行藏也”。其要旨在于阐明天地虽然无穷，但皆有规律可循。目的则是要把天地万物纳入天道或天理之中。虞喜的族祖虞耸又立《穹天论》说：“天形穹隆如鸡子，幕其际，周接四海之表，浮于元气之上。”[3]这些观点很明显是受到董仲舒天人合一论的影响。人生存于社会和物理合成的双重空间里，所以对人而言，认识与理解此世界和认识与理解彼世界在深度与广度上是一致的。且依天人合一说，对时空无限认知之加深，也意味着对人自身价值认识之提高，使人本论更为厚实。

与此关联，汉晋之间各家关于天体的学说发展到了新的阶

[1] Kenneth J. Saunders : *Epochs in Buddhist History*, The Univ. of Chicago Press, Chicago, 1924, p.71.

[2] 《后汉书》卷5《孝安帝纪》。

[3] 均见《晋书》卷11《天文志上》。

段，主要有两个方向。

其一是用于解释更多的具体现象，尤其是关于天象地理的。如怎样比较和理解所见太阳形体大小的变化，虽然按照现今的知识，他们的见解都有问题，但他们的热烈讨论其实也是玄谈的一种深化，是从主体的角度来进行理解，也反映了儒家宇宙观的一种动向，即“儒家说天，自有数义：或浑或盖，乍宣乍安”[1]。据《隋书》卷34《经籍志三》所载可知，至隋有天文类书籍“九十七部，合六百七十五卷”，以及历数类书籍“一百部，二百六十三卷”。这些著作都可以说是对宇宙认识之延伸，而且大部分是在魏晋南北朝所撰或传入的。其中如《婆罗门天文经》《婆罗门竭伽仙人天文说》《摩登伽经说星图》《婆罗门阴阳算历》等都显然与外来文化相关。由此可说本时期人们对天体现象的知识及应用，要大大超出前人。如《外道小乘涅槃论》里提到宇宙若“鸡子，周匝金色，时熟，破为二段，一段在上作天，一段在下作地”，颇似浑天之说。此外，由于天地常可作为宇宙之代称，所以地学与天学的发展具有同步性，两者在中国古代也体现着空间和时间的结合。因为对国家而言，天的重要性是要落实于地的，所以本时段有关地理的著作也出现不少，已知有250余种之多。如“晋世，挚虞依《禹贡》《周官》，作《畿服经》……齐时，陆澄聚一百六十家之说，依其前后远近，编而为部，谓之《地理书》。任昉又增陆澄之书八十四家，谓之《地记》。陈时，顾野王抄撰众家之言，作《舆地志》”[2]等。

其二，视野的扩展与感知的需求合成了推动相关仪器制作的充要条件，于是在这方面本时段的成果不少。如“王蕃善数术，

[1] 颜之推撰，王利器集解：《颜氏家训集解》卷5，上海古籍出版社1980年版，第349页。

[2] 《隋书》卷33《经籍志二》。

传刘洪《乾象历》，依其法而制浑仪”[1]。又宋文帝时“太史令钱乐之更铸浑仪”[2]，此器系用铜所铸造。祖冲之则“改造铜机，圆转不穷，而司方如一，马均以来未之有也”[3]。另外“梁天监中，祖暅造八尺铜表，其下与圭相连。圭上为沟，置水，以取平正。揆测日晷，求其盈缩”。又“陈文帝天嘉中，亦命舍人朱史造漏，依古百刻为法”[4]。北魏安丰王延明的宾馆里祖暅的弟子信都芳便“聚浑天、欹器、地动、铜乌、漏刻、候风诸巧事，并图画为《器准》”[5]等，可见当时创制天文仪器之普遍，成了中国古代天文仪器制造的一个繁盛期。仪器的发达当然会促进天文学的进步，如1974年发掘的北魏元乂墓顶有星象图，标出了三百多颗大小不一之星，其中一部分用线连成星座，中间还有泛着浅蓝色波纹的银河纵贯南北，与实际星空基本相符[6]，这能够估证当时人运用所制仪器对宇宙观察后的认识。

在兵荒马乱的日子里，却有着通过天文学的发展使人们对周围世界及整个宇宙的认知达到了新高度之辉煌，是一个值得探究的现象。大体来说，有这么一些因素：

第一，本着对天道往复，因果有徵之信念，认为“八卦兆而天人之理著，九畴序而帝王之应明。虽可以知从德获自天之祐，违道陷神听之罪”[7]，应该“在天成象，圣人是观，日月五星，象之著者，变常舛度，征咎随焉”[8]。所以越是处于动乱的时代，就越是会努力探索规律，识别征象，以求得上下平安，躲

[1] 《晋书》卷11《天文志上》。

[2] 《宋书》卷23《天文志一》。

[3] 《南史》卷72《祖冲之传》。

[4] 均见《隋书》卷19《天文志上》。

[5] 《北史》卷89《信都芳传》。

[6] 参见王车、陈徐：《洛阳北魏元乂墓的星象图》，载《文物》1974年第12期。

[7] 《宋书》卷30《五行志序》。

[8] 《魏书》卷105《天象志序》。

避祸害。同时出于为政权更迭寻找借口，尤其是为禅代提供符合天命的理由，无论是本时段人所编写的《宋书·天文志》《南齐书·天文志》《魏书·天象志》，还是后世根据史料编撰的《晋书·天文志》《隋书·天文志》，以及相关的《五行志》《符瑞志》《律历志》等，大部分的内容都是将天象和人事挂钩，认为“悬象著明，而休征表于列宿；山河衿带，而地险彰于丘陵；治乱推移，而兴亡见于人事。由此而观，则兼也必矣”[1]，彼此之间在规律性上存在着对应点。

第二，自董仲舒将天人合一论系统化，一直到魏晋南北朝，为了阐释政治之需要，“人事协于天时，民言协于天叙”[2]，人们不断地对天地宇宙进行认识上的深化，并努力将其与实践应用挂起钩来。这样一来，天地之学也就成了儒学在本体论上发展的交接期。同样是以人为本，两汉之说重于外在形体结构之比附，而魏晋六朝玄谈则是通过内向揭示人性之包容自然，人情之结缘万物，并与时空相互感动而趋向无限。前者引出种种“好奇徇异之说”，后者则使人感受天地与人生命同体而充满活力，两者一时并存，便热闹非凡。

第三，外来的宗教文化，趁着华土政出多门、观念混乱之际，从各类知识到意识形态都可以畅通无阻地进入社会的各个层面，视野也就被无限地放大了，诸如三千大千世界、三十三天、十八层地狱之类的概念，至少能够使人认识到天外有天、地下有地。而这在学术上的影响则更显得大一些，如南朝初的“何承天在《元嘉历》中的改革是印度天文学首次比较明显地影响中国古代天文学的证据”[3]。

[1] 《晋书》卷92《伏滔传》。

[2] 《三国志》卷2《魏文帝纪》注引相国华歆等上言。

[3] 江晓原、钮卫星:《天文西学东渐集》，上海书店出版社2001年版，第176页。

二 文学艺术之百花齐放

1. 批评的气度

“在建安以前，我们可以说，没有文学批评”，而“真实的批评的自觉期，当开始于建安时代”[1]。这是因为汉末的清议有发展为玄谈的，也必然会影响到诸如文学、史学等学术领域。中国的文学创作源远流长，但专业性的文学批评却起自魏晋南北朝。曹丕的《典论·论文》开了这方面的先河，其文不长却综合着文学批评的各个方面。所论从文学的社会功能到文体之底蕴，从文本之异同到文人之特质，皆以寥寥数语解析出各自轻重优劣，正是所谓“唯通才能备其体”。其中“文以气为主”的概念之提出，指明了在思想与语言的结合中应该以前者为主，对后世影响极大。曹丕有如此高明的见解，应该是多种时代意识在他头脑里综合出来的论断，如两汉以降逐步形成的有关气本体论的学说，又如几乎同时展开的言尽意与言不尽意之讨论，至少《牟子理惑论》里已经充分阐释了思想和话语之间的体用关系，这些无疑都是曹丕得出“文以气为主”观点的思想基础。他在《典论》中自叙：“余是以少诵诗、论，及长而备历五经、四部，史、汉、诸子百家之言，靡不毕览。”[2]如此之知识涵养，是写得出综合性《文论》的根底，也表现了一个文学批评家“秉持中道”的气度。

---

[1] 郑振铎：《插图本中国文学史》，人民文学出版社1957年版，第218、219页。

[2] 《全三国文》卷8。

继《典论》之后，文学批评的巨著还有《文心雕龙》与《诗品》。它们有着一些共同的特点。

其一，它们的作者都从高处着眼来看待文学，一如曹丕强调“文章经国之大业，不朽之盛事”，刘勰在《文心雕龙·原道》中声称“文之为德也大矣，与天地并生”，锺嵘则重复了《诗·序》之高调：“动天地，感鬼神，莫近于诗。”故而他们评说诸家时，能居高临下，指点文坛。此后，《颜氏家训·文章篇》中亦将道德作为评说才士的首要标准，从而对屈原至谢朓共三十六位著名文人以各自品行缺点而受到“多陷轻薄”和“忽于持操”[1]的指责。

其二，当时进行文学批评的作者们不仅博学多才，有论说百家的气魄，而且在思想上都有着共同的观念来作为自身的立足点及评论的出发点。如曹丕自称“吾备儒者之风，服圣人之遗教”[2]。刘勰则说自己“尝夜梦执丹漆之礼器，随仲尼而南行，旦而寤，迺怡然而喜。大哉圣人之难见也！迺小子之垂梦欤！自生人以来，未有如夫子者也”[3]。所以有学者认为“刘勰以儒家思想为出发点……确立了文学的基本原则：‘道心’是文学的本原，‘圣人’是立言的标准，经书是文章的典范”[4]。锺嵘在“齐永明中为国子生，明《周易》”，所著《诗品·序》里抨击永嘉时诗作中的弊病在于“贵黄、老，尚虚谈，于时篇什，理过其辞，淡乎寡味”[5]，可见他是以儒生的资格而站在儒家的立场上说事的，此亦与魏晋时文人们“并高视当世，连衡孔门”[6]相关。此风

[1] 颜之推撰，王利器集解：《颜氏家训集解》卷4，上海古籍出版社1980年版，第221、222页。

[2] 《三国志》卷2《魏文帝纪》注引《魏书》。

[3] 《梁书》卷50《刘勰传》。

[4] 杨明照：《文心雕龙校注拾遗》，上海古籍出版社1982年版，第5页。

[5] 《梁书》卷49《钟嵘传》。

[6] 《北史》卷83《文苑传》。

延至南北朝末，若颜之推“世善《周官》《左氏》学”，自己亦“习《礼》《传》。博览书史，无不该洽”[1]。又若梁之杜之伟“家世儒学，以《三礼》专门……年十五，遍观文史及仪礼故事”。岑之敬“父善纡，梁世以经学闻……之敬年五岁，读《孝经》，每烧香正坐，亲戚咸加叹异。十六，策《春秋左氏》《制旨孝经义》，擢为高第”，及阮卓“笃志经籍，尤工五言。性至孝”[2]等。如此则必然导致文学的功能朝着“移风俗于王化，崇孝敬于人伦，经纬乾坤，弥纶中外”[3]的方向行进。

其三，曹丕的“文以气为主”观点为后来其他批评家们所继承发扬。如刘勰在《文心雕龙》里特立《养气》一篇，强调“清和其心，调畅其气”是写出好文章的关键所在，其中把人的体质与性情神志用“气”联通起来，也反映出儒家自然观之深化，因为“气与天通”也是天人合一里的一个环节。且由于气以动为存在之征，而生命亦以动为征，故云气无或死气沉沉者则形容其无生命之征象，因此凡医疗、风水、诗文、艺术乃至政治，无不以气通为顺。而文学艺术上所谓气韵，即是表现作品流畅无碍之活力。所以锺嵘在《诗品·序》中指出：“气之动物，物之感人，故摇荡性情，形诸舞咏。欲以照烛三才，晖丽万有，灵祇待之以致飨，幽微藉之以昭告。”而且，气之流动则成风，可被更确切地感受，《文心雕龙·风骨》于此讲得很透彻：“《诗》总六义，风冠其首；斯乃化感之本源，志气之符契也。是以怊怅述情，必始乎风；沉吟铺辞，莫先于骨。故辞之待骨，如体之树骸；情之含风，犹形之包气。结言端直，则文骨成焉；意气骏爽，则文风清焉。”如此，魏晋六朝的批评家们就有了将“气”作为一种度

---

[1] 《北史》卷83《颜之推传》。

[2] 《南史》卷72《杜之伟传》《岑之敬传》《阮卓传》。

[3] 《晋书》卷92《文苑传》。

量的共同标准，即以气之清浊通塞来区分诗文之雅俗高低。

魏晋南北朝批评家们论说文学中的这些共同立场与观念，当然会对那时的文坛产生很大的影响。除在文坛中立下“移风俗于王化，崇孝敬于人伦，经纬乾坤，弥纶中外”[1]之宗旨，其中最明显的是在对人和文学作品评价的标准上，如南朝的丘灵鞠经常夸他儿子丘迟“气骨似我”。另一位名士檀超被称为“少好文学，放诞任气”[2]。《北史·文苑传序》称北魏的文人们“气韵高远，艳藻独构。衣冠仰止，咸慕新风……河朔词义贞刚，重乎气质”等。如此有批评、有争议，是构成完整的学术领域所必须具备的，南朝初期文学与史学能够作为独立的学科而设立为“学”，是和本时期兴盛的上述学术风气分不开的。而文学批评中的气韵说也波及造型艺术等其他领域，如南齐时人谢赫在其提出的品画六法：“一曰气韵生动，二曰骨法用笔，三曰应物象形，四曰随类赋彩，五曰经营位置，六曰传模移写。”其中以“尚其骨气”[3]为首要标准，从而对此后国画之创作影响颇巨。可以说自六朝起，无论是文学还是艺术都着意于气韵生动，重在传神而非形似。

2. 形象与意念之结合

文学的批评是伴随文学创作的丰富而来的，彼此互相促进，才会有文学的繁荣，对文体的讲究“在魏晋南北朝进入成熟阶段”，即“文学理论与创作实践并重”[4]。其中一个非常重要的因素系专业性的批评永远是促进创造性思维之动力。这种繁荣在形

[1] 《晋书》卷92《文苑传》。

[2] 《南史》卷72《丘灵鞠传》《檀超传》。

[3] 张彦远：《历代名画记》卷1，浙江人民美术出版社2011年版，第16页。

[4] 李士彪：《魏晋南北朝文体学》，上海古籍出版社2004年版，第5、6页。

式上至少包括两个方面：一是在体裁、题材和内容上呈现出新的广泛性；二是与史学、艺术等有了更密切之结合，所以魏晋南北朝文学之发展与繁荣不仅是多方面的，而且层次清晰。

对于中国古代文学中的一个重要特色诗歌来说，魏晋六朝是诗之专业创作的奠基期。此前，虽前有《诗经》，后有古诗十九首，但都是民间歌谣中沙里淘金的结果，直到汉魏之间的建安时代才有了重大的转变，出现了以五言诗为代表的专业创作。对此，郑振铎先生赞美道："建安时代是五言诗的成熟时期。作家的驰骛，作品的美富，有如秋天田野中黄金色的禾稻，垂头迎风，谷实丰满；又如果园中的嘉树，枝头累累皆为晶莹多浆的甜果。五言诗虽已有几百年的历史，却只是无名诗人的东西，民间的东西，还不曾上过文坛的最高角。……五言诗到了建安时代，刚是蹈过了文人学士润改的时代，而到了成为文人学士的主要的诗体的一个时期。"[1]虽然在此前的其他诗体里有过伟大的作品，但严格地说，并非是通过对语词结合形式的精细化之后有意识的创作。建安时代的杰出诗人当然是以曹氏父子带领下的王粲等建安七子，说他们的诗作开始具有符合专业性之形式，是因为有了两个时代特征为衬托。其一是有了诗文创作的理论和作品高低的标准；其二诗作中会有意无意地接受音韵学的知识。三国时康僧会"传泥洹呗声，清靡哀亮，一代模式"[2]，另外还有曹植凭天籁而创梵呗的传说。陈寅恪先生指出："上起魏晋，下迄隋唐，六七百年间审音文士善声沙门亦已众矣。"[3]这期间正是中国诗歌创作最辉煌的前奏时代，中国传统的音乐知识与外来的声韵梵呗相结合，推动了作诗的专业化倾向，并非是巧合。

---

[1] 郑振铎:《插图本中国文学史》，人民文学出版社1957年版，第130页。

[2] 《高僧传》卷1《康僧会传》。

[3] 《四声三问》，载陈寅恪:《金明馆丛稿初编》，上海古籍出版社1980年版，第329页。

诗歌之感染力在于用最简单的字词组合，配以动人的韵律来表露强烈的情绪或意愿，“因形创声，随事造曲”，即能“情之所适，发乎咏歌”[1]，所以南朝范晔强调“情志既动，篇辞为贵”[2]。于此需要辨明的是，此系诗人们认识到人是自然之主体，从而将自身之真情本性结缘于人事万物，使得这些客观的东西被主观的情意所“文化”，于是有了各种田园诗、山水诗、玄理诗、咏史诗等出现或繁荣。其中如王瑶先生所说：“山水诗的内容，绝不只是写景，而更着重在由景以抒情，使情景交融起来”[3]。

有韵律的文章即是韵文。从这点上说，它与诗有着共通之处，但区别在于词句的组合形式不同。因此如果粗略地解释，就可以说带着韵律的散文便是韵文。这样一来，既能够讲韵文与诗一样有着久远古老的历史，又应该指出韵文的发展是随着声律音韵的发展而发展的。魏晋六朝的音韵学达到了前所未有之高度，并逐步理论化和系统化。至南齐“永明末，盛为文章。吴兴沈约、陈郡谢朓、琅邪王融以气类相推毂。汝南周颙善识声韵。约等文皆用宫商，以平上去入为四声，以此制韵，不可增减，世呼为‘永明体’”[4]。故而得出本时段的韵文至少在形式上达到了历史上之最高点的结论，不能说是错的。

赋是韵文的一种，也是诗“铺采摛文，体物写志”[5]的表现形式，因为它更讲究韵律的固定搭配，所以魏晋六朝的赋在数量上超过了两汉，内容之广泛也不亚于其他时代。其中，讲究四六

[1]《晋书》卷92《成公绥传》《文苑传论》。

[2]《后汉书》卷80下《文苑传赞》。

[3]《玄言·山水·田园——论东晋诗》，载王瑶：《中古文学史论集》，上海古籍出版社1982年版，第125页。

[4]《南齐书》卷52《陆厥传》。

[5] 刘勰著，姜书阁述：《文心雕龙绎旨·铨赋第八》，齐鲁书社1984年版，第26页。

对偶的所谓骈赋或骈文成了最精致的韵文，“骈文的特点是形式美的呈现”[1]，所以又和散文迥然有别的不同文体，由于在本时段如此雕饰藻采，用典使事之文最为兴盛，“故世称其文体为六朝文”[2]。

包括诗在内的广义之韵文表达着人的主观情感意愿和外在客观事物之结合，其中体现出来的意念可以是强烈的，但构成的形象却是模糊的或幽淡的。然而有一种能够鲜明地显露形象的文体却在魏晋南北朝大放异彩，那就是小说。虽然所谓的小说家也列入了诸子百家之中，神话与传记里也包含着小说的成分，但故事情节曲折，人物形象生动，又并非完全写实的小说文体却是在魏晋六朝兴起与流行的。这样的作品虽然此前可能也有，不过鲁迅先生指出：“现存之所谓汉人小说，盖无一真出于汉人，晋以来，文人方士，皆有伪作。”[3]

本时段的小说按内容大致可分为两大类，一类主要讲的是神怪故事，显然是和当时盛行的道教与佛教分不开，数量不少，其中外来文化元素起着重要作用；另一类则是关于人物的奇闻异事，一般是事出有因而加油添酱，可以《世说新语》为代表。其实还有不少是结合这两类的，如被胡适称为“古代小说流传下来最完整的一篇”的《列异传》[4]，说的是蒋济夫妇梦见亡儿“在地下为泰山伍伯”之苦状，请其父向将要死后为泰山令的一个小吏求情的故事。此可能确有所本，也表现了真人真情真事真理和鬼神灵验之相杂。无论在当时哪一类的小说中，人或鬼神的形象都十分鲜明，而其中往往得自于道听途说及真真假假之人事混合

[1] 《徐庾与骈体》，载王瑶：《中古文学史论集》，上海古籍出版社1982年版，第168页。

[2] 刘麟生：《中国骈文史》，上海书店1984版，第43页。

[3] 鲁迅：《中国小说史略》，上海古籍出版社1998年版，第16页。

[4] 《“三国志”一四“蒋济传”裴松之注引“列异传”》，载胡适：《胡适古典文学研究论集》，上海古籍出版社1988年版，第692页。

在一起的叙说，皆并非出于作者虚构的纯粹“创作”，而这遂成为中国笔记小说之传统主流，由此亦可见魏晋南北朝小说影响之巨大。

形象与意念的关系其实也是反映客观世界与主观情思之间的关系问题，或者进一步可说是人与自然的关系问题。这种关系用绘画艺术来表示，无疑要比诗歌来得更直观和清楚。魏晋六朝在玄谈中重新解决了人与自然的关系问题，而使此后之“中国绘画是以生命体为原点的空间构造，通过营造、构建生命体中的每一个‘节’或‘间’，来展现山水中的人文情怀和洞察宇宙的生命节奏”[1]。而气质神韵也是作为评价画作的重要标准，如《历代名画记》卷5引时人赞顾恺之的画：“虽寄迹翰墨，其神气飘然在烟霄之上，不可以图画间求。”[2]这也体现在如何表达人物形象的气质与精神面貌方面，魏晋以降画家们的最高追求“是执着于人的内在精神性和潜在的无限可能性，张扬人的格调、才情、气质、风韵、心绪、意兴的清高脱俗、潇洒不群”[3]，也由此间接地折射出作者对其笔下所图画人物的态度与评价。

3. 士庶同伤离别情

名教与自然，性情与天理之和合既然成了当时思想意识的主流，士子们就毫无顾忌地释放自己内心的真情实意。其中，生离死别本来就是人生中最痛苦的事情，而在魏晋南北朝这样动乱频繁的时代里，有着更多的流亡四方，更多的死于非命，故而渗透着由此引发伤怀悲痛情感的诗文要远比当时以山水田园为主题的

---

[1] 卓民：《图形“间”的排列、秩序——莫高窟第217窟经变青绿山水解析》，载《敦煌研究》2018年第1期。

[2] 张彦远：《历代名画记》卷5，浙江人民美术出版社2011年版，第88页。

[3] 徐建融：《晋唐美术史研究十论》，上海大学出版社2011年版，第136页。

多，即使在后一类诗里也不乏咏唱伤别之情的，加之“六朝歌诗在声音上也以哀怨为其基调”及“当时善声沙门莫不以竭尽哀亮为能事”[1]。其中，声意合拍的挽歌形式系最突出，也是最普遍的主题诗，另外悼亡诗、寡妇诗、临终诗、拜墓诗之类，以及拟古的《薤露行》等，当时也都配有曲调能唱，亦属挽歌之列。这些都令人印象深刻。

关于挽歌，《北堂书钞》卷92云“挽歌者，执绋，相和之声，为歌以寄哀”，犹如今之哀乐或民间送葬时之哭调，凄凉而婉约。从源头上说，汉代《薤露》《蒿里》可以说是开了挽歌之先河，应该是起自于民间的歌谣，但到了魏晋南北朝则成了文人们喜爱的一种创作题材，若阮籍《咏怀诗》“登高临四野，北望青山阿。松柏翳冈岑，飞鸟鸣相过”所导致触景伤情的叹息，能够表达对生命的珍惜和对生死无常之感慨。又如阮瑀《七哀诗》曰：“丁年难再遇，富贵不重来。良时忽一过，身体为土灰。冥冥九泉室，漫漫长夜台。身尽气力索，精魂靡所能。嘉肴设不御，旨酒盈觞杯。出圹望故乡，但见蒿与莱。”再如陶潜的《拟挽歌词》：“幽室一已闭，千年不复朝。千年不复朝，贤达无奈何？”傅玄所作的挽歌为：“人生尠能百，哀情数万端。不幸婴笃病，凶候形素颜。衣衾为谁施？束带就阖棺。欲悲泪已竭，欲辞不能言。存亡自远近，长夜何漫漫。寿堂闲且长，祖载归不还。”此景此情，入灵堂而追悼者，当于此而共鸣。潘岳的《悼亡诗》也有同感：“荏苒冬春谢，寒暑忽流易。之子归穷泉，重壤永幽隔……望庐思其人，入室想所历。帏屏无仿佛，翰墨有余迹。流芳未及歇，遗挂犹在壁。怅恍如或存，回遑忡惊惕。如彼翰林鸟，双栖一朝只。如彼游川鱼，比目中路析。”由此可以想见未亡人抚着死者棺木哀哀欲绝的泣诉之状。欧阳建被杀临刑前

[1] 许云和：《汉魏六朝文学考论》，上海古籍出版社2006年版，第120页。

所写的《临终诗》则是从另一个侧面来表示哀别之情："上负慈母恩，痛酷摧心肝。下顾所怜女，恻恻心中酸。二子弃若遗，念皆遘凶残。不惜一身死，惟此如循环。执纸五情塞，挥笔涕汍澜。"[1]诸如此类的挽歌，在现存的魏晋南北朝诗歌里数量可观，如陆机一人就写了近十首之多。晋代还有一位"善音乐"的袁山松，史云："时张湛好于斋前种松柏，而山松每出游，好令左右作挽歌，人谓'湛屋下陈尸，山松道上行殡'。"[2]在这方面，当时南方和北方毫无二致，如兆魏孝庄帝被尔朱兆所囚而作五言诗："权去生道促，忧来死路长。怀恨出国门，合悲入鬼乡！隧门一时闭，幽庭岂复光？思乌吟青松，哀风吹白杨。昔来闻死苦，何言身将当！"[3]也可以说是自作挽歌。文人们喜唱挽歌是因为生死之别可以表露出最强烈的情感，且能够以民谣为依托而精致化，并在更广的范围里赢得共鸣。除士人之外，民间也有不少情感真挚的挽歌，如民谣《华山畿》："华山畿，君既为侬死，独生为谁施。欢若见怜时，棺木为侬开！"挽歌由此变成情歌，却是士子们所难以模仿的。也正因为挽歌能传达如此诗情，所以士人常以此来显露自己的才华。如"宋孝武殷贵妃亡，(丘)灵鞠献挽歌诗三首，云'云横广阶暗，霜深高殿寒'。帝擿句嗟赏"[4]。但流传下来的挽歌多是经过文字加工的,因而绝大部分还是出自士人之手。

生离当然比死别更常遇，就像阮籍《咏怀诗》所云："杨朱泣歧路，墨子悲染丝。揖让长离别，飘摇难与期。"尤其是男女思念之情，如刘铄的《拟行行重行行诗》："眇眇凌羡道，遥遥行远之。回车背京里，挥手于此辞。堂上流尘生，庭中绿草滋。

[1] 以上诗均见逯钦立辑校:《先秦汉魏晋南北朝诗》，中华书局1983年版，第342-1410页。

[2] 《晋书》卷83《袁瑰传附袁山松传》。

[3] 杨炫之著，范祥雍校注:《洛阳伽监记校注》卷1，上海古籍出版社1978年版，第11页。

[4] 《南齐书》卷52《丘灵鞠传》。

寒鳌翔水曲，秋兔依山基。芳年有华月，佳人无还期。日夕凉风起，对酒长相思。悲发江南调，忧委子衿诗。卧看明灯晦，坐见轻纨缁。泪容旷不饬，幽镜难复治。愿垂薄暮景，照妾桑榆时。”[1]以送别为主题的诗也自成一类，并且数量逐渐增多。如鲍照《与荀中书别诗》：“劳舟厌长浪，疲斾倦行风。连翩感孤志，契阔伤贱躬。亲交笃离爱，眷恋置酒终。敷文勉征念，发藻慰愁容。思君吟涉洧，抚己谣渡江。惭无黄鹤翅，安得久相从。愿遂宿知意，不使旧山空。”又如张融《别诗》：“白云山上尽，清风松下歇，欲识离人悲，孤台见明月。”这些主题先行的送别诗，一般皆能情景交融，抒情为主，且有具体对象以示交情深厚，故多为后世所仿。也有两者合在一起的，如孔融的《杂诗》：“远送新行客，岁暮乃来归。入门望爱子，妻妾向人悲。闻子不可见，日已潜光辉。孤坟在西北，常念君来迟。褰裳上墟丘，但见蒿与薇。白骨归黄泉，肌体乘尘飞。生时不识父，死后知我谁？孤魂游穷暮，飘摇安所依？”吟唱着这样的诗就更会令人伤悲了。

可以与挽歌归为同类的是墓志与诔碑。这类后来被称为“墓志文化”的特殊文体，除为死者“累其德行，旌之不朽”外，也是生者“以辞遣哀”,示“凄焉如可伤”[2]之情。近年来本时段墓志的大量出土，其中有些“铭曰”，其实就是挽歌。如北魏元诠墓志中：“羡扃既掩，兰釭已灭，泉夜冥冥，松飕屑屑。天地长久，陵谷或亏，惟功与德，不朽传斯。”又如元显儁墓志的铭辞：“愔愔夫子，令仪令哲，独抱芳兰，陵践霜雪。且琴且书，俞光俞烈，扶摇未抟，逸翰先折。春风既扇，暄鸟亦还，如何是节，剪桂雕兰。泉门掩烛，幽夜多寒，斯人永矣，金石流刊。”[3]如

[1] 徐陵编，穆克宏点校：《玉台新咏笺注》，中华书局1985年版，第126页。

[2] 刘勰著，姜书阁述：《文心雕龙绎旨·诔碑第十二·哀吊第十三》，齐鲁书社1984年版，第40–44页。

[3] 赵超：《汉魏南北朝墓志汇编》，天津古籍出版社2008年版，第65、69页。

此哀辞，若配乐而歌，亦能催人泪下。生死离别之所以具有如此的情感力量，是因为“语言本身是表达的集体艺术，是千千万万个人的直觉的总结”[1]，而在生死场面的亲身感受是最能触动心弦的。

以挽歌为例是因为它能够反映出魏晋南北朝文学发展，尤其是诗歌发达的一大背景。在这个时段里，我们可以找到相关内容的各种形式及个例，看出从民间歌谣到文人创作之间既层次分明又互相关联之清晰的谱系图，这是我们在解析诗经与楚辞时所缺乏的资料。我们可以为此说出一大堆理由：如当时政治控制较为松弛而成为秦始皇之后思想最解放的时代；如包括文学艺术在内的大量外来文化之进入及与传统文化之融合；如大量的人口迁徙促进了地域和民族文化之交流，“夷歌成章，胡人遥集”[2]，当然也会结出文学艺术的新果子来；如生离死别是社会上每一个人都会碰到之事，而且往往是刻骨铭心，寄托在各种话语上的相关情感必定也会是特别多；如年代离我们比较贴近，遗存给我们的东西当然要比先秦时多得多；等等。此外，还有一个不容忽视的客观原因，即纸张在魏晋南北朝已经得到普遍的应用，这使得本时段写成的和保存至今的各种书籍要大大多于秦汉，其中包括许多文士的诗作和记录下来的各地民谣，丰富了我们的有关认知。

---

[1]　[美]爱德华·萨丕尔著，陆卓元译：《语言论——言语研究导论》，商务印书馆1985年版，第206页。

[2]　《艺文类聚》卷55《梁元帝“职贡图序”》。

三 宗教在社会中崭露头角

宗教，这里指的是有系统学说和有组织的信仰之结合的意识形态。在中国古代，第一个在社会中表现出来如此形态的宗教是东汉末期的黄巾事件。从此，宗教作为魏晋南北朝的重要社会存在，影响着中国文化，也影响着中国历史。

1. 宗教形态成熟之背景

与世界上所有的古代文明相同，宗教的雏形一开始就在华夏文明中起着重要的作用，但与其他文明相比，走的路子却不一样。由于生存环境里的一些特殊性，早早以农耕经济为主的华夏先民重视以家族为本的集体力量，很快形成了祖先崇拜的信仰形态。同时，农业生活里的靠天吃饭，不仅发展成对天崇拜，而且使人们将天当成人民的始祖，“天生蒸民，有物有则”。在这个过程中，祭祀成了社会信仰，也成了华夏早期宗教的主要形式。利用祭祀的礼仪，可以凝聚群体的力量，可以厘清和制定社会的等级与秩序，所以国之大事，在祀与戎。这样一来，宗教的主要活动就成为社会制度的一部分，为现实的需要服务，于是宗教与政治一体化并从属于后者。至少从有文字记载的商周起，一直到秦汉，尽管朝代在更换，制度有发展，但宗教和现实政治之间的这种基本关系没有大的变化，甚至随着体制里专制集权的分量加强，宗教的从属性质也变得愈发明显。

中国宗教的这种状况到东汉后期开始有了很大的转变，主要有两个原因：一是愈演愈烈的政治剧斗与动乱使朝廷的社会控制力被大大削弱；二是外来宗教文化之影响不断增加，既有陆路传播而来的，也有海路传播来的。正所谓“道由人弘，法待缘显”[1]，在这两个因素合成下，就导致了成熟宗教之浮出，并从观念与形式两个方面显露出来。前者主要表现于信仰与政治的追求合二为一，以黄巾为榜样，诸如此类带着宗教色彩的政治动乱不绝于整个魏晋南北朝，成汉政权之建立即是成功的范例；后者不仅在于经书、仪轨、修行与崇拜场所等具备，还有了全国性的教团组织。具备这些条件的，就是从汉末开始在社会中显露头角的道教与佛教。其中，佛教虽然在传入华土之前，已经比道教具有更成熟、更系统的宗教特征，但作为一种社会的重要宗教存在，却要比道教晚得多。不仅由于佛教系外来宗教，更重要的是佛教的僧团必须由“出家人”组成。这意味着一旦成为僧人，就要和家族、家庭生活完全隔离开来，从而与传统的社会文化严重相悖，所以自汉至西晋官方明文禁止汉人出家为僧。永嘉之变导致西晋崩溃，北方的少数族政权当然不会，也无暇维护相关的汉晋制度。南方的东晋虽然没有明确废止传统的禁条，但一来朝廷的社会控制力已十分虚弱，二来士族精英们被佛教深奥的教义所吸引与服膺，以往的禁令从此成为一纸空文。

魏晋南北朝时期的个体，虽然可以受到家庭宗族乃至亲友的现实关怀，但心灵上的慰藉却得之不易。少数士大夫还能够凭借所学在茫茫生死中去追求一些导向永恒的信念，但普通老百姓只能在眼前碰到困难时向神灵乞求保佑来聊以自慰。道教、佛教与先前各种崇拜的最大不同，在于它们告知世上每一个人，不管其身份与处境如何，都可以通过己能所及的努力，在今生或来世弥补罪过，取得善报，得到不朽与长生，及升入天堂或净土。因此

[1]《出三藏记集》卷1《序》。

它们的教义在社会里一旦被大众所知晓，就如泼向庄稼地里的水，再也无法回收。对统治者来说，即使使用最血腥的手段也遏制不住宗教的存在和发展，只能够用适当的方式来去弊谋利。而通过从魏晋南北朝开始的各种政治实践与经验总结，即使是外来的佛教也可经过改造而落地生根，成为稳定社会、丰富文化不可缺少的一部分。

2. 僧官制度建立的意义

所谓僧官制度，其实并非仅仅针对佛教，而是作为前后名目繁多的宗教管理制度的一种代称。这种制度在两晋南北朝成型，作为行政系统里的一个分支，主要出于两个原因。

其一，自汉末黄巾起事，不断发展的道教与佛教都显露出不同程度的政治诉求，从而对统治秩序构成了威胁和挑战。但这种威胁要变成现实的一个关键要素是宗教能否利用信仰来进行组织。黄巾起事领导人张角就“分遣弟子周行四方，转相诳诱。十余年间，徒众数十万，自青、徐、幽、冀、荆、扬、兖、豫八州之人，莫不毕应”，并“置三十六方”[1]而组织成强大的政治力量。东晋末信奉五斗米道的孙恩、卢循起事同样也是利用神道鼓惑信徒，“旬日之中，众数十万”[2]，成为葬送司马氏政权的一个重要因素。佛教虽然后来，但在魏晋时也已经形成了规模很大的教团。如西晋末外来僧人佛图澄之“受业追游，常有数百，前后门徒，几且一万。所历州郡，兴立佛寺八百九十三所。弘法之盛，莫与先矣”[3]。虽然僧侣起事反对官府还要更晚些，但讲究

[1] 《资治通鉴》卷58“汉灵帝光和六年”条。

[2] 《晋书》卷100《孙恩传》。

[3] 《高僧传》卷9《佛图澄传》。

统治方略的统治者们当然清楚，那些游离于体制的组织，很有可能成为冲击政权的异己力量，故而设立机构管理僧人、道士等宗教神职人员，可以在很大程度上起到预先消解自行宗教组织之政治作用。

其二，对各个宗教神职人员立籍管理，既是控制人口的必要举措，也是保证朝廷赋役收入所必不可少的。由于在通常的情况下，僧侣或道士不参加体力劳动，也免除赋役之征，享受与士族类似的待遇。其中的历史根由，于道教而言，其信奉及传教之骨干大多出于士族，原本就无须服役；对佛教来说，东晋十六国之前“出家人”基本上是西来的和尚，被当作外宾般地招待着，当然不会有什么服役的问题。永嘉之后，在寺院出家之途大规模地向汉人开放，问题就变得严重起来，设立僧官控制僧籍以防劳动力在这个口子上大量流失即成为要务。这应该是当时建立僧官制度的一个现实动因。

中国的僧官制度起始于东晋十六国时期，应该是与不少汉人出家为僧有着直接的关联。由于史料的缺乏，僧官管理的具体内容不是很清楚，但从《高僧传》《世说新语》《弘明集》等现存资料来看，即使在有了僧官之后的5世纪，外来的洋僧们似乎依旧无拘无束，没有一丁半点受到管束的迹象。这是否说明至少在这个时段，僧官们的工作对象仅在于内地出家的僧侣？其中可能的原因，不仅在于外来僧人人数很少，而且他们不落僧籍，与上述僧官们工作的一项主要任务没有关系。鉴于专业管理出自同行更能胜任之考虑，僧官们多数是由僧人来担当就显得更加恰当。谢重光先生指出：“僧官作为官，必须站在官府的立场上，代表官府监管教团，执行世俗政权的宗教政策；而作为僧，则又必须站在佛教的立场上，维护僧侣的合法权益，促进佛教的传播和发展。”[1]后来对道教的管理亦与此类似，这种以僧治僧的行政制度很好地联结了政治权力和宗教之间的利益关系。在中国历史的绝大部分时间里，教团在具体的场所内（寺院、道观等）得到基本自治，当局又在整个国家的范围里控制着宗教的规模和意识形态之趋向，利用其达到“进可以系心，退足以招劝”[2]之治效。二者的中间环节是以僧官制度为代表的宗教管理机构。由此，长期以来宗教在从属政治的前提下，获得了发展的空间，双方各得其所，体现出具有华夏特色的一种处世智慧。

僧官制度的建立及其不断地被强化，证明了在中国的历史上，帝王的专制政权始终居于神权之上，是政治利用宗教，而不是宗教操弄政治。宗教在魏晋南北朝虽然获得了空前的发展，但它的兴衰也是取决于政治权力的意愿。用不着说魏太武帝、北周武帝的两次大规模灭法，即使是在极为推崇佛教的梁武帝时代，梁朝的基本政治体制与法律，国家重大政策等也是本于儒家的理念。这里还有两点可以辩说一下：一是梁武帝曾表示过“暇日欲自为白衣僧正”[3]，但只是想以皇帝天子的身份来直接掌管佛教而已，而不是反过来；二是被认为梁武帝佞佛最出格的举动，即舍身佛寺为奴再让群臣出钱赎身，其中岂不也包含着他既想用钱财施舍给寺院而又不愿出自国库的意图吗？至于直接导致梁朝灭亡的侯景之乱，更是与佛教没有什么关系。

3. 义理与修行的分与合

宗教是一种意识形态，这就意味着各个宗教之教义都自行构

[1] 谢重光：《中古佛教僧官制度和社会生活》，商务印书馆2009年版，第44页。

[2] 《宋书》卷97《夷蛮传》。

[3] 《续高僧传》卷5《梁钟山开善寺沙门释智藏传》。

成一个理论体系，至少对成熟的宗教来说即是如此。在魏晋南北朝，佛教是在自己的思想库里挑出适合华夏社会的部分进行中国化的改造，道教则在凝聚各个传统宗教因素的基础上汲取佛教的一些观念与规范而自成体系。二者有着各自的立场，道教本于生生之不息，佛教彻悟空有之相即，但大同而永恒却是彼此一致的追求。宗教是立足于实践的社会存在，信仰的实现是要通过称之为修行的自我努力，教义所起到的是向导的作用。即使朝着相同的目标，也可以有无数条道路能走，不仅道教与佛教各行其道，就是一教之内也存在着不少教派，各自都有认为行得通的路。这中间，义理是体，修法为用，这种符合华土传统的思维模式，在本时段已经显露得很清晰了。

修行的路子以教义为基础，而教义之表达必须靠着语言文字，如僧祐《出三藏记集序》所云："开物导俗，非言莫津。"至隋代，道教教义被笔录下来成为典籍的有"经戒三百一部，九百八卷。饵服四十六部，一百六十七卷。房中十三部，三十八卷。符录十七部，一百三卷"。佛教则有"大乘经六百一十七部，二千七十六卷。小乘经四百八十七部，八百五十二卷。杂经三百八十部，七百一十六卷。杂疑经一百七十二部，三百三十六卷。大乘律五十二部，九十一卷。小乘律八十部，四百七十二卷。杂律二十七部，四十六卷。大乘论三十五部，一百四十一卷。小乘论四十一部，五百六十七卷。杂论五十一部，四百三十七卷。记二十部，四百六十四卷"[1]。上述典籍里绝大部分是写成或翻译于魏晋南北朝的，它们能保存到唐初修《隋书》之时，得益于纸张使用的普及，每一种经本有了大量的抄本，便于传世。在数以万计的敦煌文书里，宗教类本子就占了大多数。

[1]《隋书》卷35《经籍志四》。

各类经籍有同有异，同者显示该教之总义与特色，异者多系阐明各自修行意向及门径。试以佛教在华土的禅学为例，有渐悟、顿悟之分。其大流奉行定慧双修，持之以恒，渐入悟境。尤其慧之获得，主要来自教义之启迪，所以说："禅也者，妙万物而为言"，若"僧先、昙猷等，并依教修心，终成胜业"[1]。在认定渐悟是修佛之道的基础上，南北朝时达摩所倡导的禅法，慧文、慧思、智颛所创的天台禅法等都是通过自成一说的教义和修法相结合而形成中国佛教中的新流派。而自南朝初年起，顿悟之说大行其道。如高僧中"竺道生执大顿悟，支道林、道安、慧远、埵法师及僧肇均属小顿悟"[2]。顿悟说的教义基础在于佛性论，亦若"佛教传统的观点：总相基于诸因，故其性一也"[3]。竺道生根据《涅槃》经义"剖析佛性，洞入幽微，乃说阿阐提人皆得成佛"[4]。所谓"阿阐提人"即原本指"不可救药者"，基于"真如平等"，涅槃学家则认为他们也有能够成佛之本性，只是被邪念恶欲所蒙蔽，但只要方法得当，这些蒙蔽物亦可一下子去掉而直指人心，见性成佛。"放下屠刀立地成佛"是顿悟学最形象化的说法。这种学说后来在唐代由慧能等发展成最具华土特色的南禅，一般通称为禅宗。正因为可以凭机遇而觉悟，故而可以不立文字，教外别传，没有必要苦苦研读佛经。由此可见，不同的教义有着不同的修行之道。

从本佛性而顿悟说之强调到以教外别传，指心见性的慧能禅之成立，在这最显华土特色的佛学中，免不了使人有着受到中国传统思想影响所致的印象。比较能够贯连得起来的，一是孟子人

[1] 《高僧传》卷11《习禅篇论》。

[2] 汤用彤：《汉魏两晋南北朝佛教史》，中华书局1983年版，第447页。

[3] Jungnok Park：*How Buddhism Acquired a Soul on the Way to China*, Equinox, Sheffield, 2012, p.98.

[4] 《出三藏记集》卷15《道生法师传》。

性本善说至少是为皆有佛性论能够被中国人接受作了铺垫：因为人性原本善良，所以能够成佛的因果关系十分明显。此外，若多欲则性恶，须不断努力方可改造本性的荀子说，其实也是和渐悟理论联系得起来的。二是通过高僧加入玄谈，大家彼此影响，如关于言尽意与言不尽意的辩论，其中一方的见解当然能够为不立文字的思路张本。亦主顿悟说的慧远云："其妙物也，运群动以至壹而不有，廓大象于未形而不无，无思无为，而无不为。是故洗心静乱者以之研虑，悟彻入微者以之穷神也。"[1]如此观念指导下，不读佛经却可全解佛意，岂不也是一种"无思无为，而无不为"？

与此相关还可以解释一个问题，为什么从魏晋南北朝开始作为外来户的佛教在普及性和影响力上胜过了土生土长的道教？当然原因有多种，但主要方面无疑和教义所决定的修行路线有关。从道教方面讲，它所追求的主要是长生不老与进入神仙世界，附带符水、禁咒之术以驱鬼辟邪。汉晋之间的道教侧重于建立共同乐生的太平世界，因而屡屡起事和朝廷对抗，由此也遭受残酷镇压而牺牲惨重。自南北朝起道教把如此追求的重心转移至个人对青春活力与生命永恒之追求，但社会上有着这种愿望者还是少数，且实施如此追求的修行方式，若吐纳导引、炼丹，乃至房中术所需之时间、物力与财力非一般人所负担得起或办得到，"而金丹玉液长生之事，历代糜费，不可胜纪，竟无效焉"[2]，且"为药所误者甚多"而致使"华山之下，白骨如莽"[3]，于是在吸引信徒上就有了局限性。佛教明白只有与世俗社会的各个层面结合，才能对他们产生影响，于是巧妙地将信仰追求分成真谛与俗谛两

[1] 《出三藏记集》卷9《庐山出修行方便禅经统序》。

[2] 《隋书》卷35《经籍志四》。

[3] 颜之推撰，王利器集解：《颜氏家训集解》卷5，上海古籍出版社1980年版，第327–328页。

个层面。前者系领悟因缘和合中的色空关系而进入涅槃境界，当然也只能局限于少数高僧的范围内。后者宣称，“而有物起者，是名为俗谛；若无有言说，所起物亦无”[1]，即凡是可言之事物皆在俗谛范围里，可权宜处之。本时段出现的《大乘起信论》的“一心（真常心）二门（清净门、杂染门）”学说，就是把对真如之追求和现象界之应付通过修心联系起来，在理论上开创了将真谛与俗谛相连的中国通道。实践上以净土信仰为中心，宣称任何人都能够通过本人环境所允许的条件下的努力，若做功德善事，甚至心中念佛，死后即可升至净土，脱离苦海。佛教很机智地把两者比喻成体用关系，俗谛是真谛适应世间社会各种情况下循因果关系的方便之道。这样一来，任何佛教信徒，无论高贵卑贱、富有贫穷、出家或不出家，都能够沿着方便的途径达到信仰的理想世界，从而使佛教的社会接受度超过了道教。

4. 华土特色宗教形态的社会功用

作为全国性的宗教应该是全民的也是全域的，魏晋南北朝时期的道教和佛教就已经达到了这样的程度。东汉晚期的道教也已经具有如此的性质，不过道教如此性质显示出来之日，即是拉开魏晋南北朝序幕之时。

那么，如此成熟宗教的出现，对当时与此后的中国社会意味着什么?

第一，中国人的精神生活变得更为丰富，教团成了除宗族之外可以体验社会生活的第二类合法群体。通过宗教，人们不仅可以指望将来，指望子孙，还可以指望来世。也就是说，宗教所展示的宏大因果律，给了人们更多行善止恶的原动力。同时也给了

[1] 实叉难陀译：《大乘入楞伽经》“偈颂品第十之初”。

人们更多生存下去的勇气，在魏晋南北朝这样多灾多难的动乱时代，显得尤为重要。

第二，对于统治者来说，宗教所具有的凝聚民众的强大能力起先造成不小的麻烦，因此有了“灭法”等针锋相对的镇压，但统治者很快发现宗教有着稳定社会秩序和道德的功能，能够起到巩固统治的作用。社会道德主要由生活习惯中形成的公德和统治意识形态主导下的行为准则所合成。正统儒者所肯定的佛教在这方面的功能，一是佛教轮回报应说有助于公德之巩固，二是一些佛徒对儒家道德之身体力行。这中间以僧官制度为代表的行政部门之设立是本时段的一大创举，保证了宗教从属于政治。从此中国社会有个人宗教信仰的自由，但没有通过宗教组织进行政治活动的自由。

第三，佛教与道教的合法性得到承认后，对中国社会文化的丰富和发展起到巨大的作用。一是走向成熟的宗教必然在内部有着创建与革新宗教理论的强大推动力，魏晋南北朝时期的道教成功地把各种传统文化里的思想精华融合和提升为系统的理论，佛教则是将本有之理论实施中国化，成为近代之前唯一被中国社会接受成体系的外来宗教思想。本时期之后，宗教的思想理论在三家一致或三教合一名义下合成了以儒家为主的哲学体系。二是从魏晋南北朝开始佛教与道教对各种地方崇拜，包括一些少数族的原始信仰不断地进行统合。可以说此后的各色地方神祇不是被佛教收罗，就是纳入道教的万神殿；内地的宗教场所基本上不是由道士便是由僧尼管理。由于这在客观上也加强了疆域内的文化统一性，因此历代官方基本上采取容许及鼓励的态度。三是宗教的社会性质决定着它所附带的文化能够深入各个领域与层次。通过这个途径，佛教将南亚与中亚文化全面地介绍进华土，并且从本时段开始，佛教及其附带的文化成了中国传统文化的一部分。

第四，早已有之的祭祀制度与道教、佛教无关，所以后者一般也得不到由国库支出的财政支持，少数被视为具有官方背景的寺观，基本上只是得到统治集团里某些成员的权势庇荫和钱物供养。所以当权者的时局变动使得其有随之被断供之危险，也可能因而衰败。华土民众的宗教信仰带有很大的现实功利性，宗族制度里的各种潜规则也不允许它的成员尽其一切财产作为宗教供养，故而宗教所得的奉献施舍有着很大的局限性，不能成为教团和寺观的主要经济来源。如此社会状况决定了佛教与道教的教团与寺观必须自行解决经济问题。从本时段开始，主要依靠两个途径，一是努力吸引信众取得香火钱，包括举办有偿法会等；二是如同世俗，自行生财，于是有了所谓道观经济、寺院经济等名称。但这对佛教来说阻力尤为巨大，因为按照佛教戒律，一是不许僧侣参加生产劳动；二是禁止拥有所谓八不净物，即“一田园、二种植、三谷帛、四畜人仆、五养禽兽、六钱宝、七褥釜、八象金饰床及诸重物”[1]。但在华土，佛教为了自身的生存发展就顾不上这些清规戒律了，从两晋六朝起佛教进行生产经济活动的记载不绝于书。如东晋高僧法显为沙弥时“尝与同学数十人于田中刈稻”[2]，这稻田是属于寺院的。同时，寺院拥有的田产也由各种途径而增多，如西魏文帝于京师之大中兴寺，“又于昆池之南置中兴寺庄，池之内外，稻田百顷，并以给之”[3]。所以至少到南北朝时，寺院经济已经有了很大的规模，所谓“寺院庄田”“寺院地主”“寺院领主”等后来被作为标签性的名词很是常见，也成了中国佛教的一大特色。关于这些，已有不少学者的论著做了考证和叙说。于此只是指出，中国的宗教经济其实还开创了一种新的生产关系模式。因为任何僧侣，包括寺主、住持、方

[1] 《佛祖统纪》卷4。

[2] 《出三藏记集》卷15《法显法师传》。

[3] 《续高僧传》卷24《西魏京师大僧统中兴寺释道臻传》。

丈等，虽然律文规定不能拥有个人私产，但高级僧侣通过对寺院管理权之运用，实际上等于拥有了寺院生产资料的所有权。简单地说，他们成了不是地主的地主，凭着在教团内取得的权势享受着与世俗财主一样的物质生活。这样一来，就有了用强力或暴力占有生产资料和用资本占有生产资料外的第三种对生产资料的占有形式，即形成个人通过掌握寺产的管理和支配权来实际占有生产资料的模式，或可以称之为一种有特色的“权位所有制”。

总之，上述一些成型于魏晋南北朝，且具有特色的宗教社会措施，保证了佛、道两教的影响力一直能够在中国社会长期存在，部分甚至还延续至今。

参考文献

一、古籍

班固.汉书［M］.北京：中华书局，1962.
范晔.后汉书［M］.北京：中华书局，1965.
陈寿.三国志［M］.北京：中华书局，1959.
房玄龄，等.晋书［M］.北京：中华书局，1974.
沈约.宋书［M］.北京：中华书局，1974.
萧子显.南齐书［M］.北京：中华书局，1972.
姚思廉.梁书［M］.北京：中华书局，1973.
魏收.魏书［M］.北京：中华书局，1974.
令狐德，等.周书［M］.北京：中华书局，1971.
李百乐.北齐书［M］.北京：中华书局，1972.
李延寿.北史［M］.北京：中华书局，1974.
李延寿.南史［M］.北京：中华书局，1975.
魏征，等.隋书［M］.北京：中华书局，1973.
杜佑.通典［M］.北京：中华书局，1984.
司马光.资治通鉴［M］.北京：中华书局，1956.
钱大昕.潜研堂集［M］.吕友仁，校点.上海：上海古籍出版社，1989.
王夫之.读通鉴论［M］.北京：中华书局，1975.
严可均.全三国文［M］.马志伟，审订.北京：商务印书馆，1999.
李昉.太平御览［M］.北京：中华书局，1960.
钱仪吉.三国会要［M］.上海：上海古籍出版社，1991.
刘知几.史通通释［M］.浦起龙，释.上海：上海古籍出版社，1978.
赵翼.廿二史札记校证［M］.王树民，校证.北京：中华书局，1984.
王应麟.困学纪闻［M］.沈阳：辽宁教育出版社，1998.

曹植.曹植集校注［M］.赵幼文，校注.北京：人民文学出版社，1984.
张华.博物志校证［M］.范宁，校证.北京：中华书局，1980.
郭茂倩.乐府诗集［M］.上海：上海古籍出版社，1998.
王粲.王粲集注［M］.吴云、唐邵忠，注.郑州：中州书画社，1984.
朱彝尊.曝书亭全集［M］.王利民，校.长春：吉林文史出版社，2009.
杨衒之.洛阳伽蓝记［M］.范祥雍，校注.上海：上海古籍出版社，1978.
颜之推.颜氏家训集解［M］.王利器，集解.上海：上海古籍出版社，1980.
刘义庆.世说新语［M］.刘孝，标注.上海：上海古籍出版社，1982.
欧阳询.艺文类聚［M］.汪绍楹，校.上海：上海古籍出版社，1982.
董诰.全唐文［M］.上海：上海古籍出版社，1990.
黎靖德.朱子语类［M］.王星贤，点校.北京：中华书局，1986.
僧祐.弘明集 广弘明集［M］.上海：上海古籍出版社，1991.
释僧祐.出三藏记集［M］.苏晋仁、萧链子，点校.北京：中华书局，1995.
嵇康.嵇康集校注［M］.戴明扬，校注.北京：中华书局，2015.
二十二子［M］.上海：上海古籍出版社，1986.
赵超.汉魏南北朝墓志汇编［M］.天津：天津古籍出版社，2008.
刘勰.文心雕龙绎旨［M］.姜书阁，述.济南：齐鲁书社，1984.
释慧皎.高僧传［M］.汤用彤，校注.北京：中华书局，1992.
逯钦立，辑校.先秦汉魏晋南北朝诗［M］.北京：中华书局，1983.
道宣.续高僧传［M］.北京：中华书局，2014.
志磐.佛祖统纪［M］.释道法，校注.上海：上海古籍出版社，2012.
陶渊明.陶渊明集［M］.逯钦力，校注.北京：中华书局，1979.
张彦远.历代名画记［M］.杭州：浙江人民美术出版社，2011.

二、今人论著

刘起釪.尚书学史［M］.北京：中华书局，1989.
柳曾符、柳定生，选编.柳诒徵史学论文续集［M］.上海：上海古籍出版社，1991.
陈寅恪.金明馆丛稿初编［M］.上海：上海古籍出版社，1980.
冯契.中国古代哲学的逻辑发展［M］.上海：华东师范大学出版社，1997.
梁方仲.中国历代户口、田地、田赋统计［M］.上海：上海人民出版社，1980.

周一良.魏晋南北朝史札记［M］.北京：中华书局，1985.
谭其骧.长水粹编［M］.石家庄：河北教育出版社，2000.
陈寅恪.隋唐制度渊源略论稿［M］.北京：中华书局，1963.
傅乐成.汉唐史论集［M］.台北：联经出版公司，1977.
李卿.秦汉魏晋南北朝时期家族、宗族关系研究［M］.上海：上海人民出版社，2005.
熊德基.六朝史考实［M］.北京：中华书局，2000.
田余庆.东晋门阀政治［M］.北京：北京大学出版社，2005.
王伊同.五朝门第［M］.北京：中华书局，2006.
唐长孺.唐长孺社会文化史论丛［M］.武汉：武汉大学出版社，2001.
牟发松.汉唐历史变迁中的社会与国家［M］.上海：上海人民出版社，2011.
张承宗，等.六朝史［M］.南京：江苏古籍出版社，1991.
胡适.胡适古典文学研究论集［M］.上海：上海古籍出版社，1988.
林久贵、李霞.曹操全集［M］.武汉：崇文书局，2020.
王质.雪山集［M］.北京：中华书局，1985.
叶适.习学记言序目［M］.北京：中华书局，1977.
胡阿祥.东晋南朝侨州郡县与侨流人口研究［M］.南京：江苏教育出版社，2008.
陈明光.六朝财政史［M］.北京：中国财政经济出版社，1997.
贺云翱.六朝文化：考古与发现［M］.北京：生活·读书·新知三联书店，2013.
何兹全.读史集［M］.上海：上海人民出版社，1982.
王怡辰.魏晋南北朝货币交易和发行［M］.北京：文津出版社，2007.
罗宗真.六朝考古［M］.南京：南京大学出版社，1994.
唐长孺.魏晋南北朝史论丛［M］.北京：生活·读书·新知三联书店，1955.
汤用彤.魏晋玄学论稿及其他［M］.北京：北京大学出版社，2010.
王国维.观堂集林［M］.北京：中华书局，1959.
胡适.中国哲学史大纲［M］.北京：中华书局，2013.
吕思勉.吕思勉遗文集［M］.上海：华东师范大学出版社，1997.

熊十力.体用论［M］.北京：中华书局，1994.
牟宗三.政道与治道［M］.桂林：广西师范大学出版社，2006.
田汉云.六朝经学与玄学［M］.南京：南京出版社，2003.
吕思勉.吕思勉读史札记［M］.上海：上海古籍出版社，1982.
高晨阳.阮籍评传［M］.南京：南京大学出版社，1994.
陈焕章.孔教经世法［M］.上海：上海书店出版社，2016.
彭丰文.两晋时期国家认同研究［M］.北京：民族出版社，2009.
胡春涛.山西五至八世纪造像碑的图像志研究［M］.南宁：广西美术出版社，2017.
倪润安.光宅中原：拓跋至北魏的墓葬文化与社会演进［M］.上海：上海古籍出版社，2017.
郑钦仁.北魏官僚机构研究［M］.台北：稻禾出版社，1995.
朱学渊.中国北方诸族的源流［M］.北京：中华书局，2002.
阎步克.服周之冕——《周礼》六冕礼制的兴衰变异［M］.北京：中华书局，2009.
周一良.魏晋南北朝史论集［M］.北京：北京大学出版社，1997.
杨际平.北朝隋唐均田制新探［M］.长沙：岳麓书社，2003.
韩国磐.北朝隋唐的均田制度［M］.上海：上海人民出版社，1984.
胡如雷.中国封建社会形态研究［M］.北京：生活·读书·新知三联书店，1979.
程应镠.流金集［M］.上海：上海古籍出版社，1995.
韦政通.中国思想史［M］.上海：上海书店出版社，2003.
江晓原、钮卫星.天文西学东渐集［M］.北京：上海书店出版社，2001.
郑振铎.插图本中国文学史［M］.北京：人民文学出版社，1957.
杨明照.文心雕龙校注拾遗［M］.上海：上海古籍出版社，1982.
逯耀东.魏晋史学的思想与社会基础［M］.北京：中华书局，2006.
李士彪.魏晋南北朝文体学［M］.上海：上海古籍出版社，2004.
王瑶.中古文学史论集［M］.上海：上海古籍出版社，1982.
刘麟生.中国骈文史［M］.上海：上海书店出版社，1984.
鲁迅.中国小说史略［M］.上海：上海古籍出版社，1998.
徐建融.晋唐美术史研究十论［M］.上海：上海大学出版社，2011.

许云和.汉魏六朝文学考论［M］.上海：上海古籍出版社，2006.

谢重光.中古佛教僧官制度和社会生活［M］.北京：商务印书馆，2009.

汤用彤.汉魏两晋南北朝佛教史［M］.北京：中华书局，1983.

刘俊文，主编.日本学者研究中国史论著选译（第4卷）［M］.北京：中华书局，1992.

［德］弗里德里希·尼采.权力意志［M］.孙周兴，译.上海：上海人民出版社，2018.

［德］黑格尔.法哲学原理［M］.范扬、张企泰，译.北京：商务印书馆，1995.

［德］海德格尔.存在与时间［M］.陈嘉映、王庆节，译.北京：生活·读书·新知三联书店，1987.

［日］池田温.中国古代写本识语集录［M］.东京：东京大学东洋文化研究所，1990.

［日］宫崎市定.九品官人法研究：科举前史［M］.韩昇、刘建英，译.北京：中华书局，2008.

［日］堀敏一.均田制的研究［M］.韩国磐等，译.福州：福建人民出版社，1984.

Kenneth J. Saunders. *Epochs in Buddhist History*［M］. Chicago：The University of Chicago Press,1924.

JungnokPark. *How Buddhism Acquired a Soul on the Way to China*［M］. Equinox：Sheffield，2012.

后记

20世纪80年代后期，因为对佛学产生了兴趣，就多次到苏渊雷先生府上请教，当然话题也不止于佛家。每次他都是在一扩搭出来的小房间里和我谈话的，这是他的书房兼画室。我去的时候总是见到他在工作，曾问他为何如此辛苦？苏先生说只有做事情才会觉得活着有价值，虽然生命可能只是一个符号，但工作可以增加它的意义。当时在我心中就直接产生一个想法：人如果不能学习和工作，活着就等于行尸走肉。从此，这个想法就一直没有离开过我。现在老了，更是想再看些书，再写些或许对别人有用的东西，以免自己成为家人和社会的负担。幸好，书是读不完的，要做的事情也会接踵而来。去岁，老友杨际平兄来函说他的一个学生，即人民教育出版社的编辑李卿博士请他撰写一部“印象魏晋南北朝史”。但是他太忙，希望我来接手。我与际平兄相识于1985年在乌鲁木齐举行的敦煌吐鲁番学会的第二次年会，他长我数岁，但学问和见识则高我不止一截。几十年来，我也一直视他为自己效法的榜样，所以他要把这个写作任务给我，当然使我惶恐不已，不过亦难以违命，只能尽力而为。

鉴于能够用不同的角度去观察过去的现象，历史给我们的印象就会有深度和立体感。以我的理解，印象中的历史，就是以人为本的历史，因为是人的活动才构造出当时的历史。紧迫之下生命力的四处投射，在政治上可能造成乱象，文化上则呈现昌盛，彼此并不矛盾，而能共存。

人民教育出版社推出这一系列丛书，大概是要开出一条叙说中国历史的新路子，即通过作者对历史的感受来加深读者的印象，以求在彼此心灵上产生对中华传统之共鸣。故而要避免以一般通史的规范来写这一时段的历史，大致上在顾及本时期的全面情况外，力图突出自己心目中的重点，即将印象和认知最深的地方进行较详细的介绍，并阐述一些自己的看法，以供读者参考。其实这也是历代史者的通常做法。如此建筑于个人色彩上的印象难免具有局限性，如能与志同道合者进行交流互通，其实也就满足了。

我们是以今人之感受来谈对这一时段历史的印象，有意无意地会多从魏晋南北朝究竟给我们现在的中国留下什么来着眼，然后再用现代的观念来评判当时算是乱世还是盛世。其实这往往也是每一代史家所属意之事，由此所谓的历史遗产才会具有现世之价值。从最坏的角度讲，那个时代里数以千万计无辜夭折的生命，表明魏晋南北朝无疑是一个“悲惨世界”。不过，由于受到辩证逻辑的支配，本时段所涌现出来的各种新生事物，从政治经济到思想文化，不仅塑造了当时社会的另一面，也在这片华夏土地上增添了不少精神与物质财富，从而久久地影响着中国的历史。

尼采说过：知觉不会立即尾随“印象”出现，因为它需要一番内向的转化。如果这个过程由被动变成主动，就得借用理性来进行扬弃。由于每个人对“理”的感悟不同，所以通过文字来将印象进行组合，既是对个人知觉的深化，也是个体对外在世界的一种回射，后者使成文的印象具有方向性和特殊性。当今叙述魏晋南北朝史的著作有十余部，我自己也曾写过一本《中国历史·两晋南北朝史》（人民出版社2009年版），但数百年历史所包含之体量，即使有再多的文字来勾描论说也不为过。程应镠师有诗云："议论终须不傍人"，这也应该包括尽量不重复自己说过的东西，其中有些观点虽然有着连续性，但肯定也会呈现出时光流过所带来的变化。读者诸君若有兴趣将两本拙著对照着翻阅一下，也许能够体谅作者初衷之不妄。

严耀中

2020年11月18日